O SEN TIDO DO PEN SAR

Dados Internacionais de Catalogação na Publicação (CIP)
(Câmara Brasileira do Livro, SP, Brasil)

Gabriel, Markus
  O sentido do pensar : a filosofia desafia a inteligência artificial / Markus Gabriel; tradução de Lucas Machado – Petrópolis, RJ : Vozes, 2021.

  Título original : Der Sinn des Denkens
  ISBN 978-65-5713-145-9

  1. Pensamento I. Título.

21-61443   CDD-128.3

Índices para catálogo sistemático:
1. Pensamento : Filosofia   128.3

Cibele Maria Dias – Bibliotecária – CRB-8/9427

O SENTIDO DO PENSAR

Markus Gabriel

A filosofia desafia a inteligência artificial

Tradução de Lucas Machado

EDITORA VOZES

Petrópolis

© by Ullstein Buchverlage GmbH, Berlin. Publicado em 2018 por Ullstein Verlag

Tradução realizada a partir do original em alemão intitulado
Der Sinn des Denkens

Direitos de publicação em língua portuguesa – Brasil:
2021, Editora Vozes Ltda.
Rua Frei Luís, 100
25689-900 Petrópolis, RJ
www.vozes.com.br
Brasil

Todos os direitos reservados. Nenhuma parte desta obra poderá ser reproduzida ou transmitida por qualquer forma e/ou quaisquer meios (eletrônico ou mecânico, incluindo fotocópia e gravação) ou arquivada em qualquer sistema ou banco de dados sem permissão escrita da editora.

CONSELHO EDITORIAL

Diretor
Gilberto Gonçalves Garcia

Editores
Aline dos Santos Carneiro
Edrian Josué Pasini
Marilac Loraine Oleniki
Welder Lancieri Marchini

Conselheiros
Francisco Morás
Ludovico Garmus
Teobaldo Heidemann
Volney J. Berkenbrock

Secretário executivo
João Batista Kreuch

Editoração: Maria da Conceição B. de Sousa
Diagramação: Raquel Nascimento
Revisão gráfica: Nilton Braz da Rocha / Fernando Sergio Olivetti da Rocha
Capa: Rafael Nicolaevsky

ISBN 978-65-5713-145-9 (Brasil)
ISBN 978-3-550-08193-4 (Alemanha)

Editado conforme o novo acordo ortográfico.

Este livro foi composto e impresso pela Editora Vozes Ltda.

*Técnica, o pequeno engano titânico, não é nada que preserve
o ser humano de si próprio.*
Durs Grünbein

Sumário

Prefácio, 9

Introdução, 17

1 A verdade sobre o pensamento, 35

2 Técnica de pensar, 93

3 A digitalização da sociedade, 149

4 Por que apenas seres vivos pensam, 204

5 Realidade e simulação, 241

O fim do livro – Uma observação final patética, *339*

Agradecimentos, 343

Referências, 347

Glossário, 365

Índice de pessoas, 387

Índice geral, 393

Prefácio

O presente livro é o último de uma trilogia à qual pertencem *Por que o mundo não existe* e *Eu não sou meu cérebro*. Ele é escrito de tal modo que possa ser compreendido sem conhecimento de ambos seus predecessores. Como eles, ele pertence a um gênero que se dirige a todos que têm prazer em ter pensamentos filosóficos. E justamente sobre esse processo do **pensamento** se deve tratar aqui. Nas páginas seguintes, desenvolverei, de uma maneira universalmente compreensível e acessível, uma teoria do pensar (humano).

O pensar [*Denken*][1] é, talvez, *o* conceito central da filosofia. Desde Platão e Aristóteles a filosofia se compreende como uma ciência que reflete [*nachdenkt*] sobre a reflexão [*Nachdenken*]. Essa reflexão sobre a reflexão é a origem da lógica. A lógica, por sua vez, é um dos fundamentos de nossa civilização digital, uma vez que, sem o avanço da lógica filosófica do século XIX, nunca se teria chegado ao desenvolvimento da informática. Especialmente

---

1. A opção por traduzir, aqui, *das Denken* como *pensar*, e não como pensamento, pode soar estranha ou não intuitiva. No entanto, ela nos pareceu ser indispensável, a fim de se poder estabelecer uma distinção, importante para o andamento do livro, entre o pensar como *das Denken*, ou seja, entre o nosso pensar como uma modalidade particular dos sentidos (uma das teses centrais que Gabriel visa a defender no livro), e o pensamento, *Gedanke*, como objeto dessa modalidade dos sentidos. Assim, traduzimos por *pensar* todas as instâncias de *Denken* (inclusive a do próprio título do livro) e de suas variantes que se referem ao pensar como modalidade dos sentidos, enquanto reservamos a tradução por pensamento para o termo *Gedanke* e todas suas variantes, na medida em que se referem não ao pensar como *modalidade do sentido*, mas sim ao pensamento como *objeto dessa modalidade de sentido* [N.T.].

influentes foram, aqui, George Boole (1815-1864) e Gottlob Frege (1848-1925), ambos matemáticos, lógicos e filósofos. Isso porque eles apresentaram uma teoria do pensar e, partindo dela, desenvolveram os primeiros sistemas lógicos formais, que estão no fundamento da informática atual. Assim, eles prepararam a revolução do computador à digitalização de nossos dias.

Espera por você um livro filosófico que consegue se virar sem jargão técnico difícil de entender. Para entendê-lo, você não precisa se aprofundar nos aspectos técnicos da lógica. Isso porque o nosso pensar humano é, como deve ser mostrado aqui, um órgão dos sentidos. O pensar é algo sensível (no melhor caso, portanto, agradável), e não um exercício violento, em que se proíbe a si próprio caminhos criativos de pensamento. Pelo contrário. O pensar filosófico é um processo criativo, motivo pelo qual filósofos como os românticos e Friedrich Nietzsche chegaram até mesmo ao ponto de avizinhar-se da poesia.

A filosofia não é, em última instância, nem exatamente como a matemática, nem como a lírica (ou algum outro gênero de arte). Ela faz fronteira com ambos os campos e constitui um lugar de intersecção. Assim, a filosofia é o modo e a maneira mais universal de refletir sobre a nossa reflexão. Ela é ainda mais universal do que a matemática, que constitui uma forma de linguagem e de pensamento que serve de fundamento para as ciências naturais e tecnológicas. Ao mesmo tempo, a filosofia está mais próxima dos fenômenos concretos de nosso dia a dia. Ela quer fundamentar as nossas vivências e a nossa percepção. Ela não quer, portanto, apenas desenvolver modelos por meio dos quais se possa prever e direcionar acontecimentos anônimos da natureza ou o comportamento de seres vivos. Antes, ela visa a um conhecimento da **realidade** e de nossa vivência da realidade. A filosofia visa à sabedoria, que significa, em última instância, um saber exato sobre tudo aquilo que, na realidade, não sabemos. Por isso ela foi entendida por Sócrates, entre outros, como um saber de nosso não saber, sem o qual não se pode atingir nenhuma sabedoria.

O pensamento é a intersecção entre a realidade natural e a psicológica. Nessa medida, é apropriado ligar os temas dos livros anteriores – o mundo (que, certamente, na realidade, não existe de modo algum) e o Eu (que não é idêntico ao cérebro). Pensar significa, entre outras coisas, produzir ligações e conhecer ligações. Ligamos, no pensamento, realidades muito distantes e produzimos, assim, novas realidades.

O pensamento não é de modo algum um acontecimento distante da realidade, [que se dá] em uma torre de marfim. A filosofia, por isso, não deve ser reduzida ao jogo de espelhos acadêmico, no qual filósofas e filósofos profissionais referem, em detalhadas análises individuais, uma posição a argumentos e cadeias de pensamento complexos.

Ninguém menos do que Immanuel Kant distingue, em suas preleções sobre lógica, que foram proferidas na Universidade de Königsberg, entre um "conceito escolástico" e um "conceito cósmico" de filosofia[2]. O conceito escolástico é a construção teórica sistemática, cujo ofício é praticado e proferido em institutos e seminários filosóficos. Trata-se, aqui, de uma arquitetura dos conceitos fundamentais, sem os quais não poderíamos apreender a nossa racionalidade própria. Kant nomeia esse processo do mesmo modo que seu conhecido livro, a *Crítica da razão pura*.

No conceito cósmico se trata, em contrapartida, de uma ocupação dos "objetivos últimos da razão humana"[3], do que não faz menos parte a pergunta sobre o que é o ser humano e no que consiste exatamente a nossa faculdade de pensamento. Somos mera-

---

2. Kant, 1977b, p. 446.

3. Ibid.

mente uma parte da natureza? Talvez um animal especialmente esperto, possivelmente, na verdade, deslumbrado com a sua inteligência? Ou o ser humano seria mesmo uma testemunha de uma realidade não sensível?

> Esse conceito elevado dá à filosofia *dignidade*; ou seja, um valor absoluto. E, em verdade, também é apenas ela que tem valor *interior*, conferindo primeiramente a todo outro conhecimento o seu valor[4].

Todas as filósofas e todos os filósofos que existiram até então – que se nomeia de maneira mais ou menos arbitrária: Platão, Aristóteles, Immanuel Kant, Georg Wilhelm Friedrich Hegel, Friedrich Nietzsche, Jean-Paul Sartre, Michel Foucault, Edith Stein, Hannah Arendt, Jürgen Habermas e Martha Nussbaum – se inseriram, por meio de sua contribuição ao conceito cósmico de filosofia, na memória cultural. Não há, por parte de Platão, nem mesmo um único tratado acadêmico. Mas, nos diálogos transmitidos por ele são articulados, em linguagem e forma de diálogo simples, alguns dos mais profundos pensamentos filosóficos que já foram formulados.

Infelizmente, nas últimas décadas, chegou-se, na Alemanha, a uma decadência parcial da cultura de debate público filosófico. Segundo minha tese, o responsável por isso é, principalmente, o **naturalismo**. Ele pensa que todo verdadeiro saber e todo progresso pode ser reduzido a uma combinação da ciência natural e do domínio tecnológico das condições de sobrevivência do ser humano. Mas isso é um erro fundamental, sim, uma perigosa cegueira, que hoje nos assola na forma de uma crise ideológica: no retorno em grande estilo da certamente nunca realmente desaparecida religião como paradigma de explicação da realidade; nas seduções demagógicas dos assim chamados "populistas", que invocam antigas identidades

---

4. Ibid.

nacionais que nunca existiriam em realidade; e na crise da esfera pública que surgiu pelos meios de comunicação da internet. Todas essas crises não se deixam derrotar mentalmente sem novos esforços de pensamento filosóficos. Isso porque o progresso nas ciências naturais e tecnológicas não contribui automaticamente, sem reflexão ética, para a melhoria da vida humana. Antes, elas destroem, justamente, o nosso planeta por meio de progresso desenfreado, o que deve ser ocasião para a reflexão e para uma correção de curso.

Como em todos os tempos em que existíamos, está em jogo, hoje, o ser humano e – por causa do desenvolvimento tecnológico de seu poder –, com ele, a continuidade de toda a vida em nosso planeta. A filosofia só pode colocar para si esse desafio ao desenvolver ela mesma novas ferramentas e modelos do pensar, por meio dos quais possamos conhecer melhor a realidade. Ela é, hoje, resistência contra as mentiras da era pós-fática. Isso porque a filosofia se volta contra a afirmação sem sentido de fatos alternativos, contra as teorias da conspiração e cenários apocalípticos infundados, a fim de que nada disso se prolifere definitivamente e não se chegue realmente, em um futuro próximo, ao fim da humanidade.

Por isso, adoto a seguir, mais uma vez, o partido de um **humanismo esclarecido** e apropriado ao seu tempo, que defenda as habilidades intelectuais e éticas da humanidade contra os nossos desdenhadores pós e trans-humanistas.

O **novo realismo**, cujos traços teóricos fundamentais foram, com a trilogia que encerra com este livro, apresentados à esfera pública para além da universidade, é minha proposta para a superação de erros fundamentais de pensamento, aos quais nós, para o nosso prejuízo social e humano, ainda estamos presos. Faz parte deles em particular o "medo da verdade", como o expressa Hegel, em proliferação hoje, ou, em outras palavras, o "medo do saber", como o filósofo norte-americano Paul Boghossian (* 1957) o caracteriza, filósofo que já criticou muitos erros de pensamento que estão no fundamento da Pós-modernidade, entre os quais, que não haveria nenhuma verdade, fatos objetivos ou realidade[5].

Não pressuponho o conhecimento de ambas as publicações anteriores. Cada um dos três livros se basta por si mesmo. Por isso, repito aqui e ali algumas das considerações que já foram apresentadas em ambos os trabalhos anteriores, para que toda leitora e todo leitor estejam em condição de formar um retrato próprio, como base nas leituras escolhidas, dos temas discutidos.

Livros filosóficos têm a função de estimular os leitores à reflexão própria. O que se pode aprender com a filosofia é refletir e ordenar de uma maneira abrangente os próprios preconceitos sobre questões essenciais do ser humano, como *O que ou quem é verdadeiramente o ser humano? O que nos distingue de outros animais?* ou *Podem computadores pensar?*

No fim, o mais importante não é se eu pude lhe convencer de minhas posições. O que conta não é senão a verdade. Uma vez que ela não pode ser facilmente constatada por meio do autoexame do pensamento humano, sempre haverá diferenças de opinião filosóficas. Por isso, seria um erro fundamental pensar que poderíamos responder alguma questão de uma vez por todas. Antes, trata-se de colocar o pensamento em movimento, a fim de, dessa maneira, abrir novas formas e campos de pensamento. Como você verá, considero um critério decisivo do **real**, que também possamos nos enganar. Uma vez que o pensamento é algo real, não estamos livres do erro na pergunta sobre como exatamente ele é constituído. Todavia, considero, naturalmente, correta a minha teoria, caso contrário não a apresentaria aqui.

O título deste livro é intencionalmente ambíguo. A tese fundamental enuncia que, em nosso pensar, lidamos com um sentido,

---

5. Hegel, 1986, p. 74. • Boghossian, 2013.

exatamente como no ver, ouvir, sentir, tocar ou saborear. Tocamos, ao pensar, uma realidade que, em última instância, é acessível apenas ao pensamento, assim como as cores são normalmente acessíveis apenas à visão e os sons apenas ao ouvido. Ao mesmo tempo, também viso a dar um novo sentido para o pensar, uma direção para a orientação em nosso tempo, uma vez que ele – como sempre foi e sempre será – é transtornado por múltiplas correntes ideológicas e suas propagandas correspondentes. Pense apenas em todos os pensamentos que você teve nos últimos tempos sobre o Donald Trump! Faz realmente sentido ter todos esses pensamentos? Não seria isso justamente um dos casos da estratégia midiática triunfante de Trump, de modo que falamos frequentemente sobre todos os escândalos que se amontoam em torno de sua figura?

Por causa da enchente de informações a que estamos inevitavelmente expostos em nossa **infoesfera** – em nossos arredores digitais –, são colocados novos desafios para o pensamento filosófico. O presente livro é uma tentativa de refletir sobre o que seria propriamente o pensamento, a fim de, possivelmente, recuperar um pouco de controle sobre o âmbito que hoje é reivindicado pelos questionáveis magos do vale do silicone e pelos seus adeptos tecnófilos na afirmação de criar verdadeira inteligência artificial. Precisamos desenfeitiçar os nossos *gadgets* eletrônicos e descartar a crença em sua onipotência, se não quisermos virar vítimas da digitalização, viciados em informação sem salvação e zumbis tecnológicos.

Introdução

O ser humano é o animal que não quer ser um. Isso se deve ao fato de que ele, em algum momento, começou a refletir sobre quem ou o que ele verdadeiramente é[6]. Por termos uma imagem implícita ou explícita do ser humano, reivindicamos também ter opiniões sobre aquilo em que consiste uma boa vida. A **ética** como a disciplina que, entre outras coisas, reflete sobre como seria uma boa vida, apoia-se na **antropologia**, a disciplina que se ocupa com a questão sobre como exatamente o ser humano se distingue de outros seres vivos e do âmbito inanimado do **universo**[7].

A nossa imagem do ser humano e nossos valores estão estreitamente ligados um com o outro. Um **valor moral** é um princípio para o comportamento humano. Ele distingue as ações em tais, que devem ser, portanto, as boas – ou seja, moralmente corretas –, e tais, que não devem ser – portanto, as ruins; ou seja, as moralmente incorretas. Cada sistema de valores deve ter, aí, espaço para ações que, via de regra, não são nem boas, nem ruins (andar no lado es-

---

6. Uso no texto principal, pela simplicidade da expressão, o masculino gramático genérico como ser humano, cientista, filósofo ou leitor. Desse modo, não se deve sugerir que uma parte do público leitor e escritor represente paradigmaticamente a humanidade. Crianças, comatosos, transexuais, mulheres, homens, funcionários de partido, cristãos, muçulmanos, negros, brancos, morenos, loiros, idosos e ruivos representam todos a humanidade com igual direito, mesmo se nem todos têm razão em todas as suas opiniões. O ser humano é um pássaro razoavelmente colorido (sem penas).

7. Expressões em negrito são definidas do modo mais preciso possível no texto principal. As definições são novamente exibidas no glossário, de modo que você possa compreender transparentemente os vocábulos que eu introduzo.

querdo da calçada em vez do direito; levantar o polegar; respirar fundo; passar manteiga no pão e assim por diante), assim como para ações que são inteiramente inaceitáveis; ou seja, más (p. ex., ser cruel com crianças ou ataques de gás venenoso em civis). Nem toda ação moralmente incorreta é, ao mesmo tempo, má, pois nem toda ação moralmente incorreta, como uma mentira inocente para proteger um amigo ou trapacear em uma noite de jogos, causa um dado de longo alcance no próprio sistema de valores. O mal, em contrapartida, mina o sistema de valores em que ele surge inteiramente. O protótipo de ditador totalitário sádico, por exemplo, do qual, infelizmente, nos últimos séculos, houve exemplos demais, mina o seu próprio sistema de valores, motivo pelo qual ele tem de produzir um aparato de vigilância total, já que ele não pode mais confiar em nada e em ninguém.

Enquanto estivermos em profunda incerteza sobre quem ou o que é o ser humano, não poderemos calibrar corretamente o nosso sistema de valores. Com o ser humano, também a ética está em jogo. Isso significa, bem notado, não que os outros seres vivos (ao que também as plantas pertencem) ou mesmo que a matéria inanimada seria moralmente irrelevante, pelo contrário. Mas, para avaliar o que devemos ao resto da realidade que é tocada por nós, temos que nos colocar a pergunta sobre quem somos verdadeiramente e quem nós, em vista da verdade sobre nós, queremos ser no futuro[8].

Infelizmente, é muito difícil, visto mais exatamente, mesmo impossível, determinar, de um ponto de vista neutro, *quem* é o ser humano. Isso porque toda determinação do ser humano é uma autodeterminação. Essa autodeterminação não pode simplesmente nomear fatos naturais, pois o ser humano é um ser vivo espiri-

---

8. A pergunta sobre o que devemos a nós mesmos e sobre o que em geral é do mais profundo significado se encontra no centro de duas das mais importantes posições da ética filosófica contemporânea: a de Thomas M. Scanlon (* 1944), por um lado, assim como a de Derek Parfit (1942-2017) de outro. Cf. Scanlon, 2000; Parfit, 2011a; 2011b; 2016.

tual. **Espírito** é a capacidade de conduzir uma vida à luz de uma representação do que o ser humano é. Isso se manifesta concretamente no fato de que fazemos uma imagem de nossa própria vida em que nos retratamos sob que condições ela seria bem-sucedida. Queremos, aí, ser felizes, sem que possamos dizer de uma maneira universalmente válida o que é realmente a felicidade. Vista filosoficamente, a **felicidade** não é senão a caracterização para uma vida bem-sucedida, para o que não há nenhum padrão universalmente válido que se deixa listar em um catálogo. No melhor dos casos, podemos indicar quais condições gerais devem estar em vigor para uma busca bem-sucedida da felicidade, é isso que são, a saber, direitos humanos.

No tempo atual, todavia, o conceito de ser humano está em jogo. A era digital leva a que o privilégio anterior do ser humano de resolver problemas de maneira inteligente seja melhor exercido em muitas áreas por máquinas que, por sua vez, foram construídas por seres humanos, a fim de facilitar a vida e a sobrevivência.

Desde a sua primeira grande fase em Atenas, onde, ao mesmo tempo, a primeira democracia foi formada, é uma tarefa central da filosofia expor os enganos no mercado de ideias. O mercado de ideias atual é a internet, como meio central da era digital. O *slogan* deste livro enuncia, por isso: *pensar first, digital second*. Essa é uma versão adaptada para o nosso tempo do famoso lema do Esclarecimento formulado por Kant: "Tenhas coragem de se valer de seu próprio entendimento!" Em tempos de sistemas globais de propaganda, que colocam o nosso pensar digitalmente conectado no ritmo dos minutos de anúncios e colocam as postagens em confusão e alvoroço, isso é urgentemente necessário.

A **primeira tese central do livro** diz que o nosso pensar é um sentido, como nosso ouvir, sentir, saborear, nosso sentido de equilíbrio e muito mais do que conta hoje como parte de nosso sistema sensorial. A tese central é mobilizada contra a representação amplamente difundida hoje de que o nosso pensar é um processo de tratamento de informações, que não se deixaria replicar no essencial em silício ou em alguma outra matéria não viva. Em suma: computadores pensam tampouco quanto as boas e velhas pastas de nossa burocracia analógica. Programas são, simplesmente, sistemas de administração de dados que podemos utilizar para resolver problemas que nunca poderíamos sobrepujar tão rapidamente sem a sua ajuda: reservar voos, resolver equações, traduzir (de maneira mais ou menos aceitável) línguas, escrever livros ou enviar e-mails.

Ao mesmo tempo, argumentarei a favor de que a nossa inteligência humana é, ela mesma, um caso de inteligência artificial. O pensar humano não é um processo que se dá de maneira natural que se pode compreender sem a parte espiritual, tal como são os processos no sol, o giro da lua em torno à Terra, a expansão do universo ou tempestades de areia. Tudo que tem uma parte espiritual é produzido por seres vivos humanos.

O ser humano é o ser vivo que é consciente dessa condição e, por isso, orienta a sua vida pelo fato de poder intervir de maneira intencional nas condições de vida. Por isso, os seres humanos dispõem de uma **técnica** refinada, um sistema de melhoramento e simplificação das circunstâncias de vida. O ser humano está conectado, em seu autoentendimento, com a técnica. A raiz profunda dessa conexão se remete, a meu ver, ao fato de que somos producentes de nossa própria inteligência. O modo e a maneira como pensamos são marcados por condições gerais socioeconômicas, desenvolvem-se há milênios em alta cultura e se transformam constantemente. Assim, surge uma inteligência artificial: nosso espírito[9]. Nosso espírito – ou seja, nossa autodeterminação como seres humanos – foi registrado há milênios pela primeira vez na forma

---

9. Cf. mais extensivamente Gabriel, 2017; 2018.

da escrita. Antes, transmitia-se possibilidades de autodeterminação em outras **mídias** (como discurso oral, obras de arte, rituais). Essa transmissão nos marca porque ela nos confronta com a pergunta sobre quem queremos ser no futuro.

A vida humana gira há milênios em torno da pergunta sobre o que é verdadeiramente o ser humano. Uma das respostas mais antigas enuncia que o ser humano seria um ser vivo dotado de razão. Vem de Aristóteles a fórmula correspondente do ser humano como *zôon logon echon*, o ser vivo que, de acordo com a tradução ou compreensão, dispõe de linguagem, pensamento ou também razão.

Mas exatamente esse suposto privilégio e característica distintiva está em jogo na era digital. O filósofo italiano que leciona em Oxford, Luciano Floridi (* 1964), vai até o ponto de ver na inteligência artificial de nossos dias uma profunda humilhação do ser humano, no mesmo patamar que as grandes revoluções na imagem do mundo e do ser humano, como o retrato heliocêntrico do mundo, a teoria da evolução de Darwin e a exploração de Freud do inconsciente[10].

De fato, faz muito tempo que computadores que trazemos continuamente conosco – como por exemplo smartphones, smartwatches e tablets – superam a maior parte dos seres humanos em inteligência em situações simuladas. Programas jogam xadrez melhor do que seres humanos, nos derrotam também no Go e em outros bons e velhos jogos de Atari. Eles são melhores escritórios de viagem, buscam rapidamente em toda a internet, conhecem a temperatura em todos os cantos e confins de nosso planeta, eles encontram em gigantescas entradas de dados padrões que não poderiam ocorrer a nenhum ser humano em um tempo muito curto, e realizam provas matemáticas que, posteriormente, só podem ser compreendidas com muito esforço e suor pelos melhores matemáticos humanos.

---

10. Floridi, 2011, p. 3.

Em vista desses progressos cientistas, futurólogos, filósofos e políticos especulam sobre quando demorará até que a infoesfera, como Floridi chama os nossos arredores digitais, atinja uma espécie de consciência planetária e se livre da dependência do ser humano. Alguns temem que em um futuro não tão distante surja um desastre nuclear digital, que seria caracterizado como **singularidade** ou como superinteligência. Essa posição é considerada especialmente por Raymond Kurzweil (* 1948), que, assim, é herdeiro de pioneiros da pesquisa em IA como Marvin Minsky (1927-2016). Personalidades conhecidas como Bill Gates (* 1955) e Stephen Hawking (1942-2018) alertaram sobre que logo se poderia chegar a uma explosão de inteligência na qual as máquinas inteligentes tomariam o comando e poderiam exterminar a humanidade.

Outros consideram isso bobagem e consideram que a infoesfera é tão inteligente quanto os nossos sapatos. O filósofo norte-americano John Rogers Searle (* 1932) argumenta, como um dos pioneiros da filosofia da inteligência artificial, já há anos e anos que computadores produzidos pelos seres humanos não podem realmente pensar, e que a probabilidade de que eles possam obter algum dia consciência é exatamente 0%.

A verdade se encontra, provavelmente, em algum lugar no meio. A infoesfera e a revolução digital não levam nem a um futuro distópico, como é retratado nos filmes do *Exterminador do futuro* ou em romances como o de Michel Houellebecq *A possibilidade de uma ilha*, nem o mais recente impulso de aceleramento do progresso tecnológico leva à solução de todos os problemas da humanidade, como, por exemplo, Frank Thelen (* 1975) afirma esperar em um diálogo comigo na *Philosophie Magazin*[11]. O problema de água e de fome da humanidade não será vencido por meio de melhores algoritmos e computadores mais rápidos. Inversamente, o progresso tec-

---

11. Gabriel e Thelen, 2018, p. 58-65.

nológico da indústria digital – ou seja, a *performance* mais elevada por meio de hardware mais eficiente – contribui para o problema da água e de fome –, pois descartamos rapidamente demais nossos smartphones e tablets, a fim de que possamos comprar novos assim que a *performance* tenha se elevado novamente. Os computadores não resolvem nossos problemas morais. Antes, os acentuam. Isso porque construímos terras estranhas em regiões pobres do mundo para produzir smartphones, usamos plástico para o nosso hardware e gastamos um sem-número de energia para a manutenção da realidade digital. Cada clique e cada e-mail gasta energia, do que apenas não nos damos conta imediatamente. Isso não torna as coisas melhores.

De fato, por meio do progresso tecnológico, a medicina e as condições de vida em sociedades industriais podem ser rapidamente aprimoradas. Como dano colateral da digitalização de nossa infraestrutura experimentamos, todavia, por outro lado, guerras cibernéticas, *fake news*, ataques cibernéticos grandiosamente planejados a estruturas digitais e os fenômenos de alienação social devido à contínua disponibilidade [de tudo] assim como à nova esfera pública nas mídias sociais. Isso sem falar dos processos evidentemente muito reais como escândalos de escuta (na Era Obama); propaganda de Twitter (na Era Trump); robôs eleitorais que minam a democracia; ataques terroristas planejados na internet; um aparato de vigilância chinês de longo alcance, que é implementado na república do povo para medir e sancionar o comportamento on-line; e muito mais do mesmo tipo.

Para desemaranhar o novelo conceitual, parto a seguir de duas proposições antropológicas centrais, com as quais nos confrontaremos continuamente. A **primeira proposição antropológica central** enuncia: O ser humano é o animal que não quer ser um. Essa proposição central explica a confusão atualmente corrente que circula sob o teto do pós-humanismo e do trans-humanismo. Ambos os movimentos se constroem com base na despedida do ser humano e nas boas-vindas ao ciborgue, que consiste de partes animais-humanas e técnicas.

Pós e trans-humanismo, que, hoje em dia, são especialmente disseminados na Califórnia, pensam que o ser humano se deixaria superar. No lugar do ser humano entra, então, o bom e velho super-homem, que Friedrich Nietzsche (1844-1900) foi o primeiro a invocar. Não é por acaso que a **tecnologia** e pesquisa norte-americana se prescreve o super-homem, onde, de fato, o super-homem, assim como outros super-heróis, pertencem firmemente ao acervo da cultura pop, que é disseminada por Hollywood e sugere que seria possível removermos as nossas correntes terrenas como meros mortais e irromper para um futuro infinitamente melhor.

Nesse contexto, já o sociólogo e filósofo francês Jean Baudrillard (1929-2007) lembra do rumor de que ninguém menos do que Walt Disney teria se deixado congelar para ser ressuscitado em um futuro distante tecnologicamente avançado[12]. Um dos principais problemas dos animais é, a saber, que eles são mortais. Tudo que seres vivos mortais fazem gira fundamentalmente em torno da vida e da morte, no que eles geralmente acham a vida boa e a morte ruim. Já há muito tempo se liga a técnica com a fantasia de superar a morte sobre a Terra. Hoje em dia, esse desejo "patológico" se volta para remover definitivamente a nossa animalidade e se tornar um **inforgue,** que consiste apenas de informações digitais estendidas a todos os âmbitos.

Se nos dissolvermos em informações sobre nós mesmos, parece se tornar possível rodar o nosso espírito em um hardware aprimorado. Essa ideia é drasticamente representada na brilhante série norte-americana *Westworld*. Nessa série é apresentado um parque temático futurista chamado Westworld, no qual seres humanos e

---

12. Baudrillard, 1981, p. 52.

robôs indistinguíveis de seres humanos se encontram. Os seres humanos podem usar disso inteiramente para o seu prazer. Na segunda temporada (*alerta de Spoilers!*) se revela que a firma que dirige o parque extrai, do comportamento dos visitantes, dados de comportamento, para, desse modo, aperfeiçoar os seus robôs. Por trás de toda essa empresa se esconde o espírito carregado em um servidor de um dos criadores de Westworld, que planeja se ligar a um dos corpos de robô perfeitos e, assim, fundir inforgue e ciborgue.

Toda essa fantasia, todavia, não se deixa nunca realmente se realizar. Contra essa fuga da realidade, defendo, por isso, um humanismo esclarecido. O humanismo esclarecido se baseia em uma imagem do ser humano que, por uma questão de princípio, não deixa sobrar nenhuma dúvida de que todos, sejam estrangeiros, nativos, amigos, vizinhos, mulheres, crianças, homens, comatosos ou transexuais contam como seres humanos em sentido pleno. É necessário enfatizar isso, pois as posições humanistas clássicas que foram desenvolvidas na Modernidade e sobretudo desde a Renascença, geralmente viam homens brancos, europeus, adultos, politicamente importantes e ricos implicitamente ou mesmo explicitamente como o padrão do ser humano. Mesmo os escritos de Kant são, infelizmente, cheios de suposições racistas e misóginas, motivo pelo qual ele priva seres humanos que eram profundamente estranhos a ele, como os habitantes do hemisfério sul, da humanidade, justamente, ao explicar como, por exemplo, a raça dos "negros" expressamente pelo "forte crescimento dos animais"[13]. Mas Kant,

---

13. Cf. Kant, 1977c. Kant justifica lá, entre outras coisas, a introdução de "negros" como escravos, uma vez que "escravos vermelhos (americanos)" "são fracos demais para o trabalho no campo, para o que se precisa de negros" (p. 22). Ele pensa que "todos os negros fedem" e, de fato, a um "fedor fosfórico", pelo efeito do qual ele explica a pele negra. "Além disso, é necessário um calor úmido para o forte crescimento dos animais, e, em suma, surge o negro, que é bem adequado ao seu clima, a saber, [é] forte, carnoso, articulado, mas, sob a riqueza do provimento de sua terra mãe, preguiçoso, mole e gracejador" (p. 23).

justamente, não é apenas um famoso racista, mas antes de tudo um teórico da dignidade humana universal, o que levanta a pergunta sobre como ele pode unificar ambas as coisas em uma pessoa.

A **segunda proposição antropológica central** enuncia que o ser humano é um ser vivo livre e espiritual. Isso significa que nós, seres humanos, podemos nos mudar ao mudarmos a nossa imagem do ser humano. A nossa liberdade espiritual consiste em que a forma de vida humana determina a si própria. Definimos o nosso ser-humano [*Menschsein*] e descobrimos, então, com base nisso, valores morais que orientam o nosso agir.

Isso não significa que seres humanos sempre ou mesmo apenas muito provavelmente agem da maneira que seus valores prescrevem. Liberdade significa, justamente, poder agir assim ou assado – moralmente ou imoralmente. A nossa liberdade espiritual também significa que não podemos fazer absolutamente nada sem dar normas a nosso comportamento e estabelecer direções [para ele]. O horizonte último de nossa autodeterminação, o valor mais elevado, é estabelecido, na Modernidade, por meio da concepção de ser humano. O valor mais elevado não é mais procurado fora do ser humano, em uma esfera divina, mas sim em nós mesmos. Isso não significa que uma voz da consciência nos conduz, mas antes que nós mesmos podemos nos conduzir e controlar, que reconhecemos que somos todos seres humanos. Desse modo, a Modernidade se orienta pelo ser humano como portador da razão e reconhece, em suas últimas consequências, também o valor da vida de animais não humanos. O humanismo esclarecido demanda, por isso, também o reconhecimento dos direitos dos animais e o cuidado com o meio ambiente para o fornecimento das condições de vida de seres humanos e outros animais em nosso planeta.

Justamente isso já está na expressão *homo sapiens*, que foi introduzida pelo cientista natural sueco Carl von Linné (1707-

1778) em seu *Systema naturae*. Segundo ele, o ser humano é, diferentemente de todas as outras formas de vida, aquele ser vivo que dirige a si próprio a demanda: "Nosce te ipsum, conheça a si mesmo"[14]. Sabedoria (*sapientia*) é a capacidade de determinar a si próprio. O problema é que a sabedoria não significa automaticamente que também se faz o certo. Por isso, o oráculo de Delfos da Grécia antiga, a quem se atribui esse dito e que Linné cita, designa Sócrates como o mais sábio de todos os seres humanos[15]. Isso porque Sócrates entendeu a estrutura da injunção e é, desse modo, realmente sábio: a resposta ao que é o ser humano não é determinada por meio da indicação de alguma norma prescrita por deus ou pelos deuses ou pelo cosmos, mas sim pelo fato de que nós determinamos a nós mesmos. Estamos condenados à liberdade, como Jean-Paul Sartre (1905-1980) disse com uma fórmula que tende a induzir um tanto ao erro[16].

Este livro é, por isso, um ato de autodeterminação. A autodeterminação do ser humano é realizada em duas esferas. Em uma das esferas se trata de que seres humanos – queiramos ou não – são seres vivos, animais de uma determinada espécie. Apenas assim estamos em condições de conhecer a realidade. O conhecimento não é um processo que se dá no espaço vazio, mas sim está insuperavelmente ligado a parâmetros biológicos. Não somos nem deuses, nem anjos, nem programas de computador que são rodados no **wetware**, na matéria úmida de nosso sistema nervoso. Em uma outra esfera, porém, não somos apenas animais de uma determinada espécie. Isso porque, diferentemente dos "mais tardios mamíferos pré-humanos da evolução", segundo Durs Grünbein, não somos nenhum "ser vivo no meio do caminho entre a humanidade e o

---

14. Linné, 1773, p. 62. Cf. mais extensivamente a esse respeito Gabriel, 2015.

15. Cf., a esse respeito, Platão, 1986.

16. Sartre, 1991, p. 764.

resto do zoológico"[17]. Como seres vivos espirituais, entre os quais o sentido do pensar é particularmente formado por meio da reflexão e da linguagem, nós, seres humanos, estamos em contato com infinitas realidades espirituais.

Como o filósofo norte-americano Saul Aaron Kripke (* 1940) observou corretamente, a realidade não deveria ser confundida com o "objeto gigante e disperso [...] que nos circunda"[18]. A realidade que conhecemos não é de modo algum idêntica com o sistema total material-energético do universo. Real é aquilo sobre que podemos nos enganar, e que exatamente por isso também podemos apreender como ele, afinal, é. Nosso pensar pertence à realidade, é ele mesmo algo real – exatamente como os nossos sentimentos, unicórnios (em filmes como *O último unicórnio*), bruxas (no carnaval e no *Fausto*, de Johann Wolfgang Goethe), dor de barriga, Napoleão, vasos sanitários, Microsoft e o futuro. Tratei disso exaustivamente no meu livro *Por que o mundo não existe*.

Experimentamos, por causa da globalização da produção de mercadorias e da conexão digital de nossos serviços de notícias, um perigoso impulso ideológico. Por uma **ideologia** entendo em geral uma concepção distorcida do ser humano que cumpre uma função socioeconômica, via de regra a justificação implícita da divisão, em última instância injusta, de recursos. Hoje se nos faz crer a todo instante que a realidade poderia ser inteiramente diferente do que pensamos. Isso é, então, sustentado com o *slogan* político de uma "era pós-fática", de *fake news* e fatos alternativos até a *pós-verdade*.

Desse modo, chegamos à era da bela nova metafísica. A **metafísica** é, aqui, uma teoria da realidade no todo, que distingue entre um mundo real (o ser) e a aparência e engano em que nós seres humanos supostamente caímos. A nossa era é inteiramente meta-

---

17. Grünbein, 2017, p. 132.

18. Kripke, 1993, p. 28.

física. Ela se constrói com base na ilusão de que a nossa vida como um todo, em suas facetas mais importantes, é uma ilusão, através da qual dificilmente ou de modo algum podemos ver.

Mas essa ilusão de que a realidade é uma ilusão distrai do que realmente ocorre: a revolução digital das últimas décadas é uma consequência da sociedade do saber moderna. Na era do Esclarecimento ainda vigorava a ligação de todas as formas do saber no primeiro plano, com o objetivo de uma "educação do gênero humano"[19]. Na segunda metade do século XIX se impõe então, com o positivismo, a doutrina de que todas as conquistas humanas espirituais relevantes podem ser buscadas simplesmente nas ciências tecnológicas e naturais. A metafísica que dita o tom hoje é, por isso, o **materialismo**. Com isso quero dizer tanto a doutrina de que tudo que existe é constituído de matéria como também a concepção ética de que o sentido de nossa vida humana consiste, em última instância, no acúmulo de mercadorias (carros, casa, parceiros sexuais ou de vida, smartphones) e no seu aniquilamento prazeroso (queima de combustível fóssil, luxo ostentoso, restaurantes cinco estrelas).

Sociopoliticamente, o materialismo corresponde à representação de que um governo trabalha primariamente com diretrizes de desempenho, a fim de dividir melhor os recursos materiais de modo que tantos cidadãos possam, o quanto possível, alcançar o prazer do desperdício. Desse modo é novamente favorecida a manutenção de nossa imagem materialista do ser humano.

A revolução digital está estreitamente ligada com os instrumentos de vigilância da Modernidade. Como se sabe, ela surgiu dos projetos de pesquisa militares na Guerra Fria, o que a série de TV *The Americans* reconta de maneira clara. As grandes empresas de internet de nossos dias são plataformas de propaganda por meio das quais a paisagem das mídias tradicionais é colocada sob pres-

---

19. Lessing, 1980.

são, pois ela só pode agarrar ainda a atenção do público por meio de fortes comentários e escândalos.

Aqui, todavia, não se trata tanto de uma descrição *social*, mas sim de uma revisão *filosófica* de erros de pensamento que estariam no fundamento da ideologia materialista atual. Em particular, nos ocupamos com o próprio pensar. Uma ideologia é um tipo de vírus espiritual que circula por trás do circuito sanguíneo dos pensamentos e, primeiramente, ataca imperceptivelmente aqui e ali os fundamentos da saúde, até que ele arrebate violentamente alguém. Para usar uma formulação de Peter Sloterdijk (* 1947), trabalharei, por assim dizer, em um coimunismo; ou seja, no aprimoramento de nosso sistema imunológico espiritual[20]. Precisamos nos vacinar contra a falsa representação de que não podemos conhecer a realidade e de que a realidade, na era da internet, possivelmente não existe mais de modo algum.

Por isso, lançamo-nos, neste livro, conscientemente, na boca do leão: a era dos *reality shows* e da sociedade em avanço da internet. A tarefa consiste em reobter um sentido para o nosso próprio pensar que nos proteja do erro de estarmos prestes a desfazer o homem e entre em uma era paradisíaca da digitalização total.

A primeira tese central é, como dito, que o nosso pensar é um sentido. Temos, ao lado das conhecidas modalidades do sentido – entre as quais estão o ouvir, ver, sentir, saborear e cheirar, mas também o sentido de equilíbrio e alguns outros – também o sentido do pensar. Irei desenvolver essa tese em uma **nooscoptese** [*Nooskopthese*]: o nosso pensar é, desse modo, um sentido, por meio do qual espiamos o infinito e, entre outras coisas, podemos representá-lo matematicamente. O nosso pensar não é, portanto, como outros sentidos, limitado e restrito aos nossos arredores próximos, mas sim pode – por exemplo na forma da mecânica quântica – se refe-

---

20. Sloterdijk, 2012, p. 713.

rir mesmo a outros universos ou apreender a estrutura matemática fundamental de nosso universo na linguagem da física teórica. O nosso nooscópio ultrapassa, por isso, também a realidade corporal, e nos liga com o infinito.

A tese central se volta contra a representação corrente de que o nosso aparato mental consiste meramente de percepções e cognições; ou seja, de um lado, de estados que o mundo exterior desencadeia em nós e, de outro, de estados que surgem a partir da ligação interna de percepções. Não é verdade, em última instância, que um mundo exterior independente de nossa consciência excita nossas terminações nervosas, a partir do que se dão processos internos no fim dos quais está uma imagem que não tem mais nada a ver com o mundo exterior. A nossa vida espiritual não é nenhuma alucinação que surgiria no interior de nosso crânio. Antes, estamos, por força de nosso sentido do pensar, em contato com muito mais realidades do que poderíamos pensar à primeira vista.

Neste livro, tira-se do caminho o erro fundamental da teoria do conhecimento moderna: **a cisão sujeito-objeto**. Essa cisão consiste na falsa concepção de que nós, como sujeitos pensantes, nos encontramos diante de uma realidade à qual não nos encaixamos. Por isso se tem na Modernidade amplamente a impressão de que não poderíamos de modo algum ou também nem mesmo de maneira aproximativa conhecer a realidade como ela é em si mesma. Não estamos, porém, como seres vivos pensantes e perceptivos, diante de uma realidade separada de nós. Sujeito e objeto não são partes opostas de um todo superior. Antes, somos parte da realidade, e nossos sentidos são mídias que produzem um contato entre o real que nós mesmos somos e o real que nós mesmos não somos. Essas mídias não distorcem, por assim dizer, uma realidade independente delas. Antes, elas são elas mesmas algo real, intersecções, justamente. No pensar se trata, por isso, como em outros de nossos sentidos, também de intersecções.

Intersecções possibilitam a comunicação entre diferentes campos de sentido. Tomemos, por exemplo, nossas experiências visuais. Eu vejo neste momento um boneco vodu do Berlusconi que eu comprei em uma loja de um museu português. Eu vejo esse boneco de meu ponto de vista. Eu não poderia tomar esse ponto de vista se eu não tivesse um cérebro intacto, se eu, justamente, dormisse, se eu não me lembrasse mais do boneco. Pertence, porém, também ao meu ponto de vista, o fato de que possa reconhecer novamente o boneco. A presença real do boneco é, aí, exatamente tão essencial para o meu estado espiritual de percepção quanto o meu cérebro.

Eu percebo em cores. Tenho a paleta de cores conscientemente disponível para mim apenas porque sou um ser vivo cujos receptores de cor foram selecionados por milhões de anos no âmbito da evolução. A visão [*Gesichtssinn*] do ser humano, também chamada de sentido da visão [*Sehsinn*], é uma intersecção que possibilita uma comunicação entre os campos da física, em que se investiga determinadas radiações, e o campo de minha vida consciente, na qual eu posso comprar bonecos vodu e ver conscientemente. A nossa visão, assim como o nosso ponto de vista subjetivo, não é, aí, nem um pouco menos real do que a radiação envolvida, o boneco vodu e as partes elementares sem as quais não poderia haver o boneco vodu.

O mesmo vale para o nosso pensar, como veremos. O pensar é uma intersecção real, que nos coloca parcialmente em ligação com realidades não materiais – números, justiça, amor, eleição, o belo artístico, verdade, fatos e muito mais. O pensar está também, porém, em contato direto com sistemas material-energéticos, motivo pelo qual também podemos refletir sobre eles.

Uma outra tese nesse contexto é que aquilo que nós pensamos – ou seja, nossos pensamentos – não é nada de material. Chamo de **imaterialismo** a afirmação de que não há apenas um sistema material-energético, o cosmos físico. O pensar é a apreensão de pensamentos. Pensamentos não são nem estados cerebrais nem alguma forma de processamento de informações que se pode medir fisicamente. Todavia, seres humanos não poderiam ter pensamentos sem serem vivos e se encontrarem em estados cerebrais ou em estados corporais.

A combinação das teses expostas leva à **segunda tese central**, o **externalismo biológico**. Este afirma que as expressões por meio das quais descrevemos e apreendemos nossos processos cerebrais se referem essencialmente a algo que é biológico (cf. p. 208ss.). Disso concluirei que não pode haver nenhuma verdadeira inteligência artificial no sentido comum do termo. Os nossos sistemas modernos de processamento de dados, dos quais naturalmente faz parte a onipresente internet, não pensam realmente, pois eles não têm nenhuma consciência. Isso, porém, não os faz menos perigosos, nem o debate sobre a digitalização menos urgente.

Temos de recuperar o sentido do pensar e protegê-lo contra a representação equivocada de que nosso pensar seria um processo ou um cálculo que seria realizado por um computador cerebral dentro de nosso crânio – um processo que, em princípio, poderia ser replicado e simulado com exatidão. As simulações do pensar são elas mesmas tampouco um pensar quanto um mapa Michelin da França é idêntico à região que ele retrata (cf. p. 93ss.). Todavia, aquilo que nós chamamos de inteligência artificial é inteiramente real. Só não é inteligência e, por isso mesmo, é perigoso.

Uma fonte subestimada até agora de perigo da digitalização consiste em que a nossa autocompreensão como seres humanos é orientada por um modelo de pensamento [*Denkmodell*] enganoso. Isso porque ao pensarmos que a tecnologia de dados avançada automaticamente conquista o espaço de pensamento [*Denkraum*] do ser humano, fazemos um falso retrato de nós mesmos. Dessa maneira, atacamos o núcleo de nosso ser humano.

Em cada época em que novas descobertas tecnológicas da humanidade foram obtidas difundiu-se a representação de que artefatos poderiam tomar o controle. **Animismo** é a crença na onianimidade [*Allbeseeltheit*] da natureza; hoje em dia, essa crença é também chamada de **panpsiquismo**. A inteligência artificial não é, todavia, um ataque externo, mas interno ao ser humano. Isso porque não são nossos artefatos, mas nós mesmos que nos atacamos, pois fazemos uma imagem falsa, anímica deles.

Desde sempre o ser humano considera o seu próprio pensar como algo que vem de fora, que lhe foi concedido por deuses, pelo único Deus ou, como nos filmes do gênero *2001: Uma odisseia no espaço* (1968, Stanley Kubrick), possivelmente por extraterrestres (ou de modo mais vulgar *Prometeu* [2012, Ridley Scott], onde extraterrestres são mostrados inconfundivelmente como nossos criadores). Por isso, parece-nos fácil, por causa de nosso longo exercício cultural-histórico, imaginar que nossos próprios processos de pensamento [*Denkvorgänge*] também se encontram em sistemas não vivos. Isso, porém, é uma superstição que temos de superar. Muitos prefeririam atribuir inteligência a um smartphone do que a um polvo ou a um pombo. Mas isso é um erro, que, ademais, tem consequências morais fatais – para os seres humanos, para outros seres vivos e para nosso meio ambiente. É, então, urgente restaurar um contato realista, não extraviado pela ficção científica, com nosso sentido humano, demasiado humano do pensar.

1
A verdade sobre o pensamento

Complexidade sem fim

Uma primeira aproximação do pensar consiste na consideração de que o pensar tem algo a ver com a redução da complexidade. No pensar, processamos dados brutos e os convertemos em informação, ao distinguir entre o essencial e o inessencial. Desse modo, podemos apreender padrões na realidade. Esse tipo de redução de complexidade é uma pressuposição da capacidade de se orientar na realidade com o auxílio do pensar.

O pensar é, de fato, um tipo de viagem pelo infinito. Que estejamos constantemente expostos à infinitude e, por isso, simplifiquemos a realidade no pensar, pode ser constatado por ocasião de uma consideração diariamente compreensível.

A estação central de Colônia está geralmente lotada. Imagine que você se encontra, em uma manhã de segunda, no caminho para a plataforma 9, para fazer, lá, uma baldeação. Talvez você ainda tenha algum tempo, esteja com fome e procure, no caminho, por alguma alimentação. Possivelmente você busca ainda uma lembrancinha para alguém.

Enquanto você desvia dos transeuntes, analisa as lojas gastronômicas e se mantém de olho por uma lembrancinha, certos objetos e acontecimentos chamam a sua atenção. Se se quiser se esquivar de transeuntes é preciso observá-los e rapidamente poder prever seu próximo movimento; se eles buscam por alimentação, se reconhecem o supermercado na estação central – assim como o quiosque de Currywurst –, se mantêm seus olhos fixados em uma lembrancinha, se procuram, de acordo com a preferência, por uma loja de flores ou por uma loja de brinquedos, se prestam atenção aos acontecimentos que se desenrolam na estação central. Por fim, também deve-se manter no rebuliço, protegendo-se de ladrões de carteira e esquivando-se de transeuntes apressados. Tudo isso pressupõe que se reconhece a cena como um todo como uma manhã de segunda na estação central e se insere os acontecimentos individuais na cena como um todo.

Troca de cena, a primeira: Imagina agora que um físico e um engenheiro se posicionaram em uma distância razoavelmente segura da estação central. Eles se colocam a pergunta sobre quanta energia o sistema da estação central consome. Aqui, eles também incluem a manutenção de energia dos transeuntes que pertencem ao sistema da estação central. Todos os interesses e experiências dos transeuntes não entram, todavia, nos seus cálculos. Talvez o físico se faça até um retrato da situação que se basta inteiramente sem o conceito de ser humano, utilizando para a sua avaliação apenas conceitos que se orientam pela realidade material-energética do universo. Aí, ele se concentraria, segundo o conhecimento atual, juntamente à radiação eletromagnética, na assim chamada matéria bariônica; ou seja, na matéria construída por átomos. A matéria escura e a energia escura, como o nome já sugere, não são suficientemente conhecidas para serem inseridas nesse cálculo.

Troca de cena, a segunda: Um grupo de extraterrestres observa, por meio de uma técnica não conhecida por nós, a região do Planeta Terra que conhecemos como a estação central de Colônia. Os extraterrestres não sabem que seres humanos pensam que, na

Terra, tudo gira em torno do ser humano. Eles não são seres humanos e não compartilham nem nossos interesses, nem nossos medos. Por isso, eles também não sabem que seres humanos na estação central de Colônia atentam sobretudo ao comportamento de outros seres humanos e se orientam de acordo com ele. Eles não investigam nem os seres humanos, nem as mercadorias, nem ainda a manutenção de energia que é conduzida por seres humanos, mas se ocupam com objetos e acontecimentos de uma escala inteiramente diferente.

Talvez seus instrumentos sejam de uma resolução tão alta que eles atuam em uma escala muito pequena, que nem sequer é acessível a nossos pesquisadores humanos. Talvez os extraterrestres sejam tão pequenos (relativamente à nossa ordem de grandeza) que se movimentam na escala Planck; ou seja, lá onde as leis da física que nós conhecemos não são mais facilmente aplicáveis. Possivelmente, os extraterrestres se orientam, porém, também por unidades de massa inteiramente diferentes. Quem sabe se o número de insetos por metro cúbico é decisivo para eles, se eles se encontram eles mesmos, antes, na escala das realidades observáveis para insetos?

Poderíamos, aqui, ainda encenar tantas cenas até que você não tenha mais vontade de ler esse texto e eu esteja à beira da morte, já que continuei a escrever trocas de cena. Isso porque há infinitas possibilidades de apreender uma única cena como aquela de uma manhã de segunda na estação central de Colônia. Cada uma dessas possibilidades corresponde a uma realidade, com suas leis e sequências de acontecimentos.

Eu chamo essas realidades em número infinito de campos de sentido[21]. Um **campo de sentido** é uma ordenação de objetos na qual eles se interligam de um modo determinado. Chamo de **sentido** o modo e a maneira da interligação de objetos. Os sentidos

---

21. Cf. Gabriel, 2013; 2016.

(p. ex.: ver, ouvir, saborear) pertencem ao real (cf. p. 204ss.). Uma cena vista é essencialmente relacionada ao ver. O nosso ver é o sentido de tal cena. O mesmo vale para aquilo que ouvimos. Se escuto uma batida, o meu escutar faz parte do real tanto quanto a batida. Os nossos sentidos não veem como que por um buraco de fechadura a realidade, mas sim tomam parte eles mesmos em como as coisas são na realidade.

Naturalmente, também há sentidos que nenhum pensador conhece. No mínimo não temos boas razões para excluir isso. Todos os campos de sentido só seriam conhecíveis se houvesse um deus onisciente. Mas mesmo um deus onisciente teria dificuldades com os infinitos campos de sentido, pois ele não apenas teria de conhecer todos os campos de sentido que se encontram fora de seu próprio campo de sentido, mas também o seu próprio campo de sentido, para realmente poder conhecer tudo. Isso traz dificuldades das quais não se trata neste livro, já que elas pertencem ao âmbito da teologia filosófica.

(Apenas um pequeno experimento mental à margem: se Deus conhece tudo fora de si mesmo e por fim também a si mesmo, então há uma esfera total do que Deus conhece. A essa esfera pertencem, então, tanto Deus como também o mundo [tudo que não é Deus]. Se Deus, porém, apreende continuamente Deus e o mundo, ele também se apreende apreendendo continuamente Deus e o mundo? E se apreende apreendendo que ele apreende continuamente Deus e o mundo? Pode Deus refletir sobre Deus e o mundo e, ao mesmo tempo, refletir sobre o fato de que ele reflete sobre Deus e o mundo? Uma garrafa sem fundo.)

O ponto de toda essa consideração sobre trocas de cena infinitas consiste em que não há nenhuma realidade privilegiada, nenhum campo de sentido a partir do qual se possa apreender e conhecer, de maneira dotada de sentido, todos os campos de sentido. Mesmo se se pudesse resolver o problema de Deus traçado, isso mudaria pouco na posição do ser humano, uma vez que não somos Deus e, portanto, não somos oniscientes. No lugar de *um mundo* ou de *uma realidade*, entra uma infinitude de campos de sentido. Não há o real no singular; antes, trata-se, no real, de uma complexidade irredutível, que nunca pode ser simplificada.

Também não nos assenhoramos dessa realidade pelo fato de que usamos o singular *a* realidade ou *a* complexidade. Aqui deve-se apenas mostrar que nenhum exame, mesmo de uma única cena que nos seja familiar, pode apreender tudo que pertence a essa cena. Por fim, também faz parte disso a possibilidade de uma troca de cena. E ninguém pode apreender uma cena como uma manhã de segunda na estação central de Colônia junto com todas as trocas de cena possíveis.

Pensar? O que é isso realmente?

Assim, chegamos ao protagonista desse livro, o pensar. Como aproximação provisória do pensar podemos dizer que ele é uma viagem por campos de sentido que têm por finalidade nos possibilitar, por meio da apreensão de fatos, uma orientação no infinito. O **pensar** [*Denken*] é a apreensão de pensamentos [*Gedanken*]. Um pensamento é um conteúdo do pensar. Ele é aquilo que se apreende. Um conteúdo do pensar se ocupa com aquilo que ocorre em um campo de sentido, por exemplo, com o que é representado em um quadro de David Hockneys. Conteúdos de pensar têm uma forma. Eles cuidam para que um objeto – por exemplo alguém que acabou de pular em uma piscina – apareça de um determinado modo àquela ou àquele que pensa. Isso costuma ser expresso na filosofia da seguinte maneira: que algo é apreendido *como* algo. Eu apreendo, por exemplo, alguém que acabou de pular em uma piscina *como* um nadador. Por isso não tento salvar essa pessoa, mas assisto a cena de modo mais ou menos não participativo. Pensamentos têm, portanto, um objeto. O **objeto de um pensamento** é aquilo de que o pensamento trata. O **conteúdo do pensamento** é, em contrapartida, o modo e a maneira como o pensamento trata de seu objeto (*como* o que aparece ou como um objeto aparece a alguém que pensa).

Como ainda esclarecerei (cf. p. 318ss.), não podemos produzir pensamentos, mas apenas recebê-los. Pensamentos nos ocorrem. Podemos ser simplesmente os receptores; ou seja, configurar o nosso pensar na frequência de onda certa. O filósofo norte-americano Mark Johnston (* 1954) fala, de modo correspondente, de que, no pensar, não somos "produtores de presença (*producers of presence*), mas "amostradores de presença (*samplers of presence*)"[22]. Ou seja, recebemos dados, dirigimos esse processo, mas não pelo fato de que preparamos anteriormente esses dados.

O pensar dispõe de marcas do caminho pelas quais ele se orienta. Uma marca do caminho para se orientar pela estação central de Colônia é o conceito de transeunte, uma outra, o conceito de plataforma. Um conceito cumpre a função da igualização do desigual, o que o filósofo britânico Hilary Lawson (* 1954) define como um todo como pensar. A ideia não é remetida a Lawson, mas sim determina a história da filosofia de Platão até Theodor Wiesengrund Adorno (1903-1969), que a submeteu, em seu livro *Dialética negativa*, a uma crítica fundamental[23]. A ideia de o pensar = distorcer é a fonte de incontáveis erros de pensamento que serão desmascarados aqui.

Para entender o que está realmente em jogo gostaria de ilustrar esse pensamento. A plataforma 1 e a plataforma 9 da estação central de Colônia são razoavelmente diferentes nos detalhes. Os degraus da escada não são sujos na mesma medida, outras linhas param lá, e

---

22. Johnston, 2009, p. 131s.; destaques meus.

23. Adorno, 1973. Cf. tb. o trabalho hoje pouco lido do jovem Adorno, 1990.

as luzes também não são, fisicamente consideradas, idênticas, uma vez que elas estão diferentemente gastas. Além disso, a plataforma 1 se encontra em um outro lugar do que na plataforma 9. Isso significa, expresso filosoficamente, que a plataforma 1 e a plataforma 9 são diferentes uma da outra pelo fato de que elas têm, nos detalhes, diferentes propriedades. Uma **propriedade** é aquilo por meio do qual algo se distingue de outra coisa com a qual poderia confundi-lo.

Por mais que a plataforma 1 e a plataforma 9 não sejam idênticas, por causa de suas propriedades distintas, elas são comparáveis. A sua comparabilidade é produzida por meio da função que elas tomam. Tanto a plataforma 1 como a plataforma 9 recebem trens. O plano de viagem dá informações sobre quando e para onde exatamente o trem viaja – ou pelo menos, como é previsto que o faça. A plataforma 1 e a plataforma 9, desse modo, de fato não são idênticas, mas são, em alguns aspectos, semelhantes. Essa semelhança da plataforma 1 e da plataforma 9 é resumida no conceito da plataforma. Um conceito toma, frequentemente, a função de igualar o desigual. Por isso, conceitos são consideravelmente úteis. Sem eles, não podemos nos orientar. Eles são as marcas do caminho graças às quais podemos de algum modo conhecer algo.

O pensar é o meio no qual nos orientamos em nossa viagem pelo infinito. Ele dá a direção em que ficamos de olho por objetos e acontecimentos que são importantes para determinados objetivos, por exemplo, para o objetivo de alcançar o seu trem ou para comprar, no caminho para a estação central, um refrigerante. Naturalmente, é possível se orientar de um modo inteiramente diferente na estação central; por exemplo, se se quer vender drogas lá ou se procura como policial, do outro lado da lei, identificar traficantes de drogas. Também espionagem certamente ocorre na estação central de Colônia e só é percebida por um número mínimo de pessoas. Isso porque, para reconhecer a espionagem, necessitam-se de conceitos que espiões e serviços secretos, como o seu nome já diz, preferem manter secretos.

Não só seres humanos podem pensar

Sem pensar, não poderíamos nos orientar no infinito. Graças ao seu pensar, você pode compreender o que eu descrevi sobre a estação central de Colônia. Você certamente imagina de algum modo a cena esboçada. O modo e a maneira como você imagina essa cena é um exercício de sua imaginação, que é parte de seu pensar. Retratar-se algo na imaginação é um modo e maneira de apreender um pensamento; ou seja, de pensar.

O pensar não é um privilégio do ser humano. Outros seres vivos também se orientam. Eles dispõem igualmente de conceitos que eles empregam no pensar como marcas do caminho. Um porco pensa, por exemplo, que ele receberá alimentação. Ele pensa que há perigo quando alguém corre ameaçadoramente em sua direção com um machado. Ele certamente ainda pensa muitos pensamentos de que não temos ideia, já que, na vida de porco, outras marcas do caminho são importantes. Assim como porcos não podem nem imaginar quem é o Super Mario, e por que ele fica maior quando ele pega um cogumelo, não podemos nem imaginar tudo que ocorre na vida de porco e que conceitos o porco emprega para se divertir nos campos de sentido que são importantes para ele.

Aqui, é importante nos libertarmos de um preconceito que surgiu da filosofia dos últimos séculos. Esse preconceito traz o nome de **virada linguística**, que é a transformação do exame do real no exame de nossos instrumentos linguísticos para o exame do real.

Essa virada acompanha geralmente a opinião de que o nosso pensar é constituído de maneira inteiramente linguística, de modo que supostamente se pensa literalmente de maneira diferente, quando se fala em outra língua. Em particular, ligou-se a isso no passado, às vezes, a reivindicação de que apenas seres humanos podem pensar, pois apenas eles dispõem de uma linguagem na qual eles pensam. Eu considero isso falso de cabo a rabo. Também outros seres vivos dispõem de uma linguagem, e é absurdo partir do pressuposto de que o pensar seria uma prerrogativa do ser humano. Isso apenas é plausível quando se identifica uma forma determinada do pensar com o próprio pensar. Apenas entre seres humanos há – até onde sabemos – Matemática superior e pensamentos racionais sobre *O labirinto maluco*. Até onde sei, nenhum outro ser vivo pode jogar *O labirinto maluco*, mas posso estar enganado a esse respeito. A linguagem é indispensável como código para pensamentos na vida humana. Na forma da comunicação oral e da escrita, ela está na origem de nossa **civilização;** ou seja, da organização da vida humana em conjunto por meio da formulação explícita de regras do jogo.

Para fugir da armadilha da virada linguística, podemos distinguir entre conceitos e **palavras**. Estas são marcas do jogo em uma linguagem natural como alemão, hindi, árabe e assim por diante. "Palavra" é uma palavra, "Ai" e "e". Certamente, não é fácil distinguir e classificar exatamente as unidades de palavra, motivo pelo qual a linguística é uma ciência que busca examinar essa classificação para diferentes línguas e em geral. A linguística se ocupa, então, com a formação estrutural linguística. Ela subdivide, por meio da constituição científica de modelos, comportamentos linguísticos em unidades para as quais valem certas regras que a linguística apresenta. Isso traz a dificuldade de que o comportamento linguístico factual, por exemplo, de todos os chineses que falam chinês padrão (que já é uma categoria linguística) é, em última instância, não abarcável. Todavia, pode-se nomear certas estruturas sem as quais uma comunicação dotada de sentido em chinês não seria possível. A comunicação dotada de sentido pressupõe que falantes podem reconhecer o comportamento de outros falantes como em conformidade às regras [da língua]. Por isso, a linguística busca por regras no comportamento linguístico para, desse modo, distinguir entre unidades de sílaba, palavra, proposição e texto.

Um conceito, porém, diferentemente de uma palavra, não é uma marca de jogo em uma linguagem natural. O conceito que tenho de uma plataforma é exatamente o mesmo conceito que uma italiana tem de um binário. As palavras "plataforma" e "binário" significam, a saber, o mesmo. O seu significado é o significado da plataforma, que iguala plataformas distintas e as distingue de outros objetos em campos de sentido relevantes que não são plataformas.

Naturalmente, ocorre que o significado de palavras em línguas distintas coincide apenas parcialmente, motivo pelo qual se chega ao pensamento de que pensamos diferente em línguas diferentes. Mas seria mais certo dizer que não *pensamos diferente* em línguas diferentes, mas sim *pensamos outra coisa*.

Isso também vale, naturalmente, no interior de uma única língua. Não é preciso fazer nenhuma especulação selvagem aqui, por exemplo, sobre a (suposta) alteridade do pensamento europeu e do Extremo Oriente. Como o filósofo norte-americano Willard Van Orman Quine (1908-2000) enfatizou certa vez com razão, o problema da tradução originária (*radical translation*) – ou seja, da tradução de uma linguagem até então não conhecida por nossos linguistas –, já começa em casa[24]. Mesmo quando, a saber, buscamos tornar compreensível para nós o que os outros que entendemos linguisticamente pensam, notamos com frequência o bastante que não estamos na mesma frequência de onda do outro, que aquilo que eles pensam com as suas palavras é profundamente estranho para nós, talvez mesmo incompreensível.

---

24. Quine, 2003, p. 63: "Bem considerado, o problema da tradução originária começa em casa".

Pode, portanto, ser constatado, que o pensar não é o mesmo que uma conversa silenciosa, espiritual consigo mesmo. O pensar como apreensão de pensamentos é codificado conceitualmente, mas não linguisticamente. Podemos traduzir em uma linguagem aquilo que pensamos, o que, porém, não significa que, por isso, apreendemos isso melhor ou de maneira mais precisa. Um retrato pode ser a expressão de um pensamento com o mesmo direito que uma proposição. Isso porque um retrato representa algo como algo – mesmo que seja a ordenação das cores no quadro de uma obra de arte do expressionismo abstrato. Pensamos frequentemente com imagens, quando retratamos para nós mesmos uma cena. As imagens nas quais pensamos podem expressar pensamentos (algo que pode ser verdadeiro ou falso) tanto quanto proposições.

Naturalmente, há uma retroalimentação entre o pensar e a expressão de pensamentos. Ao expressar determinados pensamentos linguisticamente, aprendemos, frequentemente, algo sobre aquilo que nós verdadeiramente pensamos. Todavia, o código em que pensamos não é ele mesmo uma linguagem natural. Uma proposição de uma linguagem natural é, então, apenas verdadeira ou falsa, quando ela é entendida como a expressão de um pensamento. Sem um entendimento não linguisticamente codificado, uma proposição, portanto, é tampouco verdadeira ou falsa como manchas de tinta em uma tela. Uma proposição e um retrato apenas expressam pensamentos, quando alguém pensou pensamentos, sem que esse pensar seja, por sua vez, da forma de uma proposição ou de uma imagem.

A amplitude do universo

Quem está convencido da virada linguística ou é afetado por outras dúvidas sobre a capacidade do ser humano de conhecer uma realidade independente de nós, ou não terá de modo algum lido até aqui, ou possivelmente até se perguntou, irritado, como sei de tudo isso que eu afirmo. Assim, alguém poderia se perguntar: "Quem sabe, afinal, como porcos pensam e se eles de algum modo pensam?" E, ainda: "Como, por favor, Markus Gabriel sabe a respeito da suposta complexidade infinita do real? Isso tudo não seriam reivindicações de saber um tanto imodestas?"

Para encarar esse problema, gostaria de ir ainda mais fundo. Afinal, como saber verdadeiramente que há uma realidade que se encontra fora de nossa consciência? Não poderia toda a nossa vida ser um longo sonho? Ou mesmo uma ilusão radical, na qual não há um mundo exterior, como é o caso em um sonho ou no filme *Matrix*?

A filosofia responde a essas perguntas desnorteadoras na subdisciplina da **teoria do conhecimento**, que se ocupa especialmente com a pergunta sobre o que é o conhecimento (humano) e o quão longe ele vai. O que podemos saber ou, em outras palavras, conhecer?

Mas não é preciso ser um filósofo profissional para se colocar perguntas da teoria do conhecimento. Somos confrontados diariamente já há muito tempo com o problema de que se torna cada vez mais difícil distinguir o real do falso; ou seja, de ilusões. Em questões sociais e políticas se chega sempre ao fato de que julgamos as coisas, na maior parte das vezes, por meio das lentes de nossos valores e preconceitos. Nesse sentido, parecemos estar presos a nossas opiniões e não poder apreender nenhuma realidade objetiva.

Na era da informação, somos bombardeados com informação, sem que nos comuniquem de onde ela vem e se as fontes são confiáveis. Por causa da velocidade com que verdadeiras notícias e *fake news* se disseminam e da facilidade absurda com que podemos tomar informações acessíveis a nós por cliques, perde-se rapidamente o chão sob os pés. O nosso **mundo da vida** hoje dá a muitos a impressão de [ser] um gigantesco sistema de ofuscação [*Verblendungszusammenhangs*], através do qual ninguém pode mais realmente ver.

Mas isso engana. O que acontece é exatamente o contrário: a era da informação é uma época de rápido crescimento do saber e da multiplicação da realidade. O novo não é que a realidade se esconda por trás de telas e mídias, mas sim que, por causa de nossa entrada midiática no universo, criamos novas realidades e transformamos antigas. Não perdemos o nosso contato com a realidade, mas sim o tornamos infinitamente complexo. Nunca houve, por assim dizer, tanta realidade na vida humana quanto hoje.

Aqui, gostaria de chamar a atenção para um erro amplamente difundido. Ele porta o nome de **empirismo**; é a tese de que tudo o que podemos saber sobre a realidade remete, em última instância, a uma interpretação de dados fornecidos por nossos sentidos. Por um *sentido* se entende, nesse contexto, um sistema que recebe estímulos do ambiente e transforma a esses estímulos, de modo que nunca podemos apreender o próprio estímulo, mas apenas, em última instância, uma interpretação do estímulo.

Um dos muitos que reconheceu as dificuldades dessa posição foi o físico de Oxford, David Deutsch (* 1953). Em seu livro *O começo da infinitude* ele explica o empirismo como um erro fundamental, como uma filosofia ruim, que não apenas é falsa, como também inibe o avanço do conhecimento das ciências[25]. Ele pensa que a física moderna – para ele, antes de tudo, a teoria quântica – pesquisa a amplitude infinita do cosmos, sem, para tanto, apenas recolher dados observacionais e moldá-los, então, em uma teoria. O fundamento do saber físico é, segundo Deutsch, a realidade de abstrações (*reality of abstractions*)[26]. Para essa tese, ele dá, tomando de empréstimo do físico e informático Douglas Richard Hofstadter (* 1945), um argumento exemplar.

---

25. Deutsch, 2011.

26. Ibid., p. 107-124.

Imaginemos que construímos uma cadeia de dominó. Cada uma das peças está encabada com o chão, de modo que podemos a qualquer momento as erguer novamente ou também constatar que elas não foram derrubadas. Suponhamos, agora, que os cabos são dirigidos por um software que resolve simples problemas matemáticos, por exemplo, a soma de números inteiros. Isso ocorreria, então, de modo que primeiro duas e depois mais duas peças cairiam, quando se quisesse, por exemplo, calcular 2 + 2. A quinta peça permaneceria de pé. Assim que uma peça permanece de pé, isso mostra o fim do cálculo, de modo que se pode contar agora quantas peças caíram, o que é o resultado da função $x + y = z$ para quaisquer valores que se possa calcular com o seu sistema de dominó. Naturalmente, é mais fácil com uma calculadora de mão, mas isso é apenas um exemplo.

O ponto é, agora, que alguém que veja apenas peças de dominó poderia perguntar por que a quinta peça ficou de pé. Ele poderia ver os cabos e constatar que o quinto permaneceu reto. Mas nenhuma explicação apenas dos processos físicos seria melhor do que a explicação de que a quinta peça ficou de pé, porque $2 + 2 = 4$ e o software de nosso constructo calculou corretamente. Por isso, a quinta pedra também se distingue da sexta ou da sétima. Ambas ficam de pé fisicamente porque o fio as mantém de pé. Mas há uma diferença significativa entre a quinta e todas as outras peças, pois ela é a primeira peça na linha que ficou de pé, motivo pelo qual podemos utilizar esse sistema de dominó como uma calculadora de fato consideravelmente ruim, mas funcional.

Por meio desse exemplo, Deutsch quer mostrar que a física não é uma teoria reducionista; ou seja, uma teoria que reduz tudo que acontece a estruturas material-energéticas. Por **reducionismo** pode-se entender, nesse contexto, a suposição de que a física, em sua construção de teorias, esforça-se por reduzir todos os acontecimentos e estruturas do universo a um modelo fundamental, como a distribuição de partículas elementares no âmbito fundamental do universo. Nas suas maiores variantes, o reducionismo leva à afirmação materialista de que todos os acontecimentos e estruturas no universo não são senão configurações material-energéticas.

As leis básicas da aritmética não são, elas mesmas, estruturas material-energéticas, mas sim, como se diz, abstratas. O número 2, por exemplo, não se encontra em nenhum lugar, e também não surgiu em algum momento. Ele é sem lugar e sem tempo e, assim, abstrato. Se temos a capacidade de conhecer objetos abstratos como números, figuras geométricas, espaços de muitas dimensões e quantidades infinitas, o nosso conhecimento não pode, como ocorre no empirismo, ser fundamentado como um todo no fato de que recebemos estímulos do universo, os quais nós interpretamos. Isso porque estruturas abstratas não surgem por meio de nossa interpretação, mas, antes, mostram frequentemente o que realmente é o caso.

Deutsch conclui de tudo isso que, por causa de nossa capacidade de fazer matemática, temos contato com infinitudes. Esse contato, segundo ele, não é sensorial. Ele não consiste em que estamos em um esquema-de-reações-a-estímulos, como se admite quando se percebe estímulos do ambiente como cores ou tons. Não precisamos interpretar nenhum dado que seja oferecido aos nossos órgãos do sentido, para, com essa base, ter, então, intelecções matemáticas. Em suma, Deutsch contesta que o empirismo seja verdadeiro e argumenta que só se compreende a teoria quântica adequadamente se for reconhecido que "algo abstrato – não físico, como, por exemplo, o conhecimento em um gene ou uma teoria – muda algo físico"[27]. Exatamente como vimos no caso da quinta peça do exemplo do dominó.

---

27. "It is a claim that something abstract – something non-physical, such as the knowledge in a gene or a theory – is affecting something physical" (p. 114; trad. minha).

Segundo Deutsch, o universo – ou seja, a esfera de objetos da física – não é nem redutível a pequenas partes nem ainda ao cosmo como a grande estrutura que abrange todas as outras estruturas. Por isso, ele considera tanto o reducionismo quanto o holismo por razões físicas como falso. O **holismo** (do grego antigo *to holon* = o todo) reduz todos os acontecimentos e estruturas do universo a sua estrutura total. O reducionismo, em contrapartida, quer, via de regra, explicar estruturas complexas por meio da atuação conjunta de estruturas mais simples, o que, no caso ideal de uma teoria completamente reducionista, levaria a uma explicação dos menores elementos constituintes do universo (os quais, certamente, ainda não encontramos).

Nem reducionismo nem holismo se deixam derivar do conhecimento físico atual. Não sabemos hoje nem se existem os menores elementos constituintes da matéria, nem se o universo observável é um grande todo físico. Indiferentemente de o quão longe chegue a pesquisa física, ela não poderá nunca excluir que há outro universo que está conectado ao nosso de uma maneira inacessível para nós, ou que há elementos constituintes, que constituem, por sua vez, a unidade que considerávamos, até o momento, a menor. Além disso, há muito a favor de uma interpretação da teoria quântica segundo a qual há, de fato, muitos universos, e não apenas o nosso.

Também nas ciências naturais se chega, por causa da crescente pesquisa da complexidade, que pode ser estudada cientificamente mais exatamente do que antes por simulações de computador, a uma rejeição do empirismo clássico. A **visão de mundo** científica moderna se transforma rapidamente em vista das descobertas que percebemos diariamente como revolução digital. O progresso tecnológico se acelera desde a descoberta da teoria quântica, que forma um time muito forte com a lógica e a informática. A partir disso se constrói a nossa civilização científica [*naturwissenschaftlich*] e tecnológica atual.

Todavia, cientistas como Deutsch ainda não se livraram inteiramente de um preconceito. Esse preconceito opõe o nosso pensamento aos sentidos. Com isso, porém, não se faz uma revisão da velha representação do que é verdadeiramente um sentido. Por isso, gostaria de enfatizar novamente que temos de superar esse preconceito obstinado de que, no pensamento, apenas processamos dados que nos são dados pelos nossos sentidos. Precisamos ir ainda adiante e superar não apenas o velho empirismo, mas também desenvolver uma nova teoria do conhecimento e da percepção que nos permita entender o nosso pensamento como um sentido, para, então, testar e examinar essa hipótese também de modo apropriado às ciências naturais e às ciências humanas.

Os sentidos de Aristóteles

A primeira teoria elaborada dos sentidos se encontra em Aristóteles, o tataravô da maior parte das ciências existentes até hoje. O seu escrito *Sobre a alma* marcou por pelo menos dois milênios a compreensão da sensibilidade humana. Em uma passagem muito influente, ele chega à conclusão cuidadosamente formulada de que o ser humano teria supostamente cinco sentidos: "o ver, o ouvir, o cheirar, o saborear, o tocar"[28]. A fundamentação que ele oferece para tanto é, segundo a opinião atual, rocambolesca, e consiste em uma série de pressuposições falsas. Aristóteles se baseia em suposições sobre os quatro elementos, água, terra, fogo e ar, que reconhecemos há muito tempo como falsas. Apesar dessa história prévia um tanto questionável, que, nesse meio-tempo, foi ultrapassada pela neurobiologia e física modernas, isso é tão amplamente difundido que falamos diariamente de nossos cinco sentidos.

---

28. Aristóteles, 2011, p. 127 (424b22s.).

A fisiologia moderna dos sentidos sabe, nesse meio-tempo, que não há apenas as cinco modalidades do sentido propostas por Aristóteles. Uma modalidade de sentido corresponde, em uma primeira aproximação, a um de nossos sentidos, como por exemplo o ver. Mas também nosso sentido de equilíbrio, nosso sentido de calor, nossa propriocepção – ou seja, a experiência da posição de nossas partes do corpo –, assim como nossa sensação do tempo, podem ser compreendidas como sentidos. Por causa de nosso sentido do tempo notamos quando é hora de partir ou acordar.

As modalidades individuais nos fornecem informações que experimentamos como qualidades. Às modalidades dos sentidos são, de modo correspondente, atribuídas qualidades dos sentidos. Experimentamos uma diferença entre vermelho e verde, entre diferentes sombreados e tonalidades, mas também como a nossa posição no espaço se transforma. Pense, por exemplo, em como se olha repentinamente para cima quando o avião decola, mesmo quando nada mudou verdadeiramente na direção de nossa visão. Percebemos com diferentes modalidades de sentido que o avião decola ou aterrissa. Uma vivência qualitativa singular (o cheiro do café que se encontra na mesa diante de mim no trem; o azul do cinto no [trem] ICE) se chama **quale** (no plural, **qualia**).

Nossas modalidades de sentido influenciam umas às outras, o que se designa como **penetração cognitiva (*cognitive penetration*)**. Em geral, parece ser o caso que aquilo que aprendemos sobre a realidade transforma as nossas experiências sensórias, os nossos *qualia*. O mesmo vinho tem um gosto diferente para um conhecedor de vinhos do que tem para um laico, a mesma sinfonia soa de uma maneira diferente para um *expert* do que para alguém que não conhece o contexto ou que ouve a sinfonia pela primeira vez e deixa passar sequências de tons às quais não está habituado.

Aristóteles foi o primeiro a tentar distinguir os nossos órgãos dos sentidos por meio de uma análise das modalidades e das qualidades e situar as diferenças [entre eles] em nossa constituição biológica. Mesmo se ele se equivocou amplamente aí, porque havia muito que ele, como pioneiro radical, não podia de modo algum conhecer, devemos a ele intelecções valorosas. Isso porque nem tudo que Aristóteles disse sobre a alma foi superado.

Common sense agora sensível

O que de bom grado se deixa passar desapercebido em toda crítica justificada dos detalhes empíricos da fisiologia dos sentidos de Aristóteles é a sua doutrina, infelizmente um tanto obscura, do sentido comum. Até hoje falamos do saudável entendimento humano, o que corresponde à expressão latina *sensos communis* e, em Aristóteles, é chamado, em grego, de *aisthêsis koinê*. Em inglês, fala-se de *common sense*; em francês, de *bon sens*. No uso linguístico atual, isso designa, de uma maneira muito vaga, convicções corretas amplamente compartilhadas, no que não é claro como se poderia realmente constatar quais opiniões a maior parte dos seres humanos realmente compartilha. Aristóteles ligou originariamente com o sentido comum, o *common sense*; todavia, uma ideia inteiramente diferente.

Bem observado, na famosa passagem em que nomeia os cinco sentidos, Aristóteles não se coloca claramente nem sequer a pergunta sobre se há um sentido comum. Antes, ele diz, que, em vista de sua explicação, se estaria a princípio justificado em contar com cinco sentidos. Ele faz, então, para si mesmo a objeção de que deveria haver outra **modalidade dos sentidos**, que ele vincula ao sentido comum. Assim, Aristóteles se depara com um problema senso--fisiológico que até hoje de modo algum foi solucionado, que hoje é conhecido como o **problema da formação**. Esse problema consiste em que não percebemos, por assim dizer, qualidades isoladas, mas, antes, fazemos delas uma unidade de experiências reunidas. A nossa experiência consciente é uma impressão mais ou menos uniformizada. Eu, por exemplo, estou, no momento, diante de uma cena de trem, e não de uma salada de dados dos sentidos. Algo diferente ocorre sob a influência de drogas, já que drogas alucinógenas, por exemplo, fazem com que nossos qualia diluam sinesteticamente. Mas também aí resta uma cena mais ou menos estável.

Por isso Kant vai ao ponto de compreender a nossa consciência como um todo como uma estrutura de penetração cognitiva. Na principal obra de teoria do conhecimento da Modernidade, a *Crítica da razão pura*, ele se expressa da seguinte forma:

> É apenas *uma* experiência na qual todas as minhas percepções são representadas como [estando] em uma interligação contínua e conforme a leis: assim como é em apenas *um* espaço e [um] tempo em que todas as formas do fenômeno e todas as relações de ser ou não ser ocorrem. Quando se fala de experiências distintas, então elas apenas são tantas percepções, na medida em que pertencem a uma e a mesma experiência universal. A unidade contínua e sintética das percepções constitui, a saber, justamente a forma da experiência, e ela não é nada senão a unidade sintética dos fenômenos segundo conceitos. A unidade da síntese segundo conceitos empíricos seria completamente contingente e, se ela não se fundamentasse em um fundamento transcendental da unidade, então, seria possível que um fervedouro de fenômenos preenchesse a nossa alma, sem que daí jamais pudesse surgir uma experiência. Se fosse assim, porém, também toda relação de conhecimento dos objetos se retiraria, pois lhe faltaria a ligação segundo leis universais e necessárias, de modo que ela seria, de fato, intuição sem pensamento, mas nunca conhecimento; ou seja, seria para nós tanto quanto nada[29].

---

29. Kant, 1974a, p. 170.

Não experimentamos um fervedouro [de sensações], mas sim cenas. Meu colega de Bonn Wolfram Hogrebe (* 1945) fala por isso, com razão, da "existência cênica do ser humano"[30]. Por causa de nossa percepção, temos a impressão de estar em contato com uma realidade em que há cintos vermelhos, franceses, trens, mesas e muito mais. Tais experiências não são possíveis sem que diferentes *qualia* formem um conjunto para nós. Esse conjunto é trabalhado cenicamente, o que significa que esperamos cursos de ação que nos permitam vivenciar um acontecimento como algo típico. Desse modo, conseguimos não estar em um estado perpétuo de choque. Produzimos um cotidiano que nos ilude de que a realidade seria muito mais simples do que ela é em verdade. Isso porque as cenas individuais de nossa vida são, na verdade, campos de sentido, que estão integrados em infinitos outros campos de sentido. Na realidade, não há nenhum começo *real* de tudo e também nenhum fim *real* – o infinito nos espera em todas as dimensões.

Kant formula a sua versão do problema da formação sobre solo aristotélico. Ele fala que nosso pensar como um todo é uma composição de diferentes impressões. Composição significa, em grego, *Syn-Thesis* (de *syn* = junto e *tithenai* = pôr, colocar). Assim como Aristóteles, Kant entende o pensamento como uma ligação de conceitos; ou seja, como *Syn-Thesis*.

O problema da formação se dá na variante atual pelo fato de que não está explicado pela fisiologia dos sentidos como as diferentes modalidades dos sentidos são de algum modo neuralmente conectadas. Isso vale tanto *intramodalmente* (p. ex., para os diferentes tons de vermelho) como também intermodalmente (p. ex., para a interligação de percepções de tato e de cor). Nessa pergunta, não chegamos hoje, no que diz respeito à fisiologia dos sentidos, muito mais longe do que Aristóteles.

---

30. Hogrebe, 2009.

O que é mais surpreendente é que Aristóteles formulou uma intelecção exemplar que podemos ainda hoje retomar. Isso porque ele oferece, para a sua adoção de um sentido comum, um argumento digno de nota. Ele começa com a indicação de que não percebemos apenas qualidades individuais ou coisas em nosso ambiente, mas também "percebemos que vemos e ouvimos"[31]. Percebo, neste instante, não apenas a tampa de minha garrafa de água, mas também – como essas linhas comprovam – sou consciente de que percebo a tampa de minha garrafa de água. Escrevo esse parágrafo depois que voltei de Paris, e me lembro justamente do efeito que o vinho tinto de Thalys-Sessel teve em mim ontem.

Eu disponho, em tudo isso, de uma *posição de nível superior*, que Aristóteles caracteriza como a percepção da percepção. Hoje se fala frequentemente de **metacognição**; tradicionalmente é designada, na filosofia, simplesmente como **autoconsciência** – ou seja, como consciência da consciência. A consciência de algo em nosso arredor ou em nosso organismo pode ser designada **consciência de nível objetual**. Consciência dessa consciência – ou seja, autoconsciência – é, em contrapartida, **consciência de nível superior**[32].

Até aqui, tudo bem. Mas, se tivéssemos apenas os cinco sentidos que Aristóteles lista, teríamos de, por exemplo, poder apreender o nosso ver por meio de algum outro sentido. Mas nenhum dos cinco sentidos correntes consegue isso. Nosso ver não tem, ele mesmo, nem uma cor, nem um cheiro. Também não podemos tocá-lo.

Por isso, a proposta de solução de Aristóteles enuncia que temos um sentido comum, que ele liga com o pensar (*noein*) ou com a imaginação (*fantasia*)[33]. O pensamento decisivo enuncia, aí, que a percepção está em condições de se tornar consciente de si própria,

---

31. Aristóteles, 2011, p. 131 (425b12).

32. Gabriel, 2015, cap. III.

33. Cf. *Sobre a alma*, 425a27. Cf., mais extensivamente, Aristóteles, 2011, p. 129 (450a9-15).

de perceber, portanto, a si mesma, porque uma estrutura objetiva inere a ela, um *logos*, como se diz em grego. "Porque um tipo de logos é a percepção"[34]. Sob o pensar como sentido comum, Aristóteles entende, nessa passagem, a capacidade de ter uma intelecção da estrutura; ou seja, do *logos* da percepção. Ele, porém, recua diante da possibilidade de entender isso mesmo como uma modalidade dos sentidos.

O sentido de "sentido" ou muitas maneiras de se enganar

Traduzamos tudo isso em uma linguagem mais atual: a percepção não registra apenas informações, à medida em que os órgãos dos sentidos são parte da natureza que nós percebemos. Ela *é* ela mesma também informação. Isso se deve ao fato de que a percepção é estruturada internamente e torna acessíveis diferenças, como, por exemplo, a diferença entre vermelho e azul ou doce e amargo. Quando percebemos algo, não observamos uma realidade sensível da qual estaríamos excluídos. Não olhamos de fora da realidade para dentro dela, ou ouvimos brevemente o que se passa dentro do universo. Isso significa que não precisamos, por meio da percepção, nos aproximar de um mundo exterior estranho, mas já estamos, graças a ela, em contato com a realidade. Isso é o que Hubert Dreyfus (1929-2017) e Charles Taylor (* 1931), em seu livro *A recuperação do realismo*, chamam de uma **teoria do contato**. Também aí há uma herança de Aristóteles, que vincula o toque; ou seja, o tátil, com o pensar. Tocamos constantemente a realidade, estamos em con-tato com ela (do latim *con* = com e *tangere* = tocar)[35].

Com essa consideração fundamental, a oposição atualmente amplamente difundida entre percepção e cognição, que herda a

---

34. *Sobre a alma*, 426b3 e 426b8. Cf. Aristóteles, 2011, p. 135; trad. minha.

35. Cf., a esse respeito, a teoria do contato em Dreyfus e Taylor, 2016.

clássica oposição entre percepção e pensamento, desaba de antemão. Tornou-se natural distinguir processos internos de pensamento de percepções que são desencadeadas por estímulos distais; ou seja, por meio da influência da realidade exterior ao nosso organismo. Essa distinção, porém, não leva muito adiante. De fato, às vezes também se entende a percepção como uma forma de cognição, na medida em que, com isso, é designado todo processamento de informação no sentido mais amplo. Mas a teoria do contato proposta por Aristóteles avalia a situação de modo inteiramente diferente. Isso porque ela apreende o pensamento como uma forma de percepção e não a percepção como uma forma de pensamento. O conceito superior é o de percepção. Sob ele se encontra o de pensamento.

O que, então, quer se dizer realmente com "percepção" ou com uma modalidade de percepção, um "sentido"? Em geral, que uma **modalidade dos sentidos** seja determinada como uma *tomada de contato passível de erro com objetos que ela pode, para além de lacunas da consciência, reconhecer novamente.*

Essa definição formal se pode compreender facilmente, por exemplo, por ocasião de um caso corrente de nossa visão. Eu vejo novamente a tampa vermelha de minha garrafa de água. Se quiser deixar as coisas mais interessantes, simplesmente imagine o que você gostaria de ver nesse momento (eu teria algumas ideias a esse respeito). Nesse meio-tempo, eu quase esqueci a tampa, mas a garrafa continua próxima de meu computador e dificilmente se deixa passar desapercebida. Eu reconheço, então, a tampa. Mas talvez o meu colega Jens, que trabalha ao lado, tenha trocado a garrafa pelas minhas costas. Então eu teria me enganado agora, pois pensava ver novamente a mesma tampa vermelha.

A circunstância de que eu posso me enganar acompanha a circunstância de que eu também posso não me enganar. Esse é o conceito filosófico de objetividade. **Objetividade** é aquela característica de uma postura, que consiste em que podemos nos enganar ou também estarmos certos. Note-se que objetividade não significa que tomamos uma **visão de lugar nenhum** e apreendemos a realidade de maneira inteiramente neutra. Pelo contrário, a essência da objetividade é que uma subjetividade é atribuída a ela. **Subjetividade** consiste no modo e na maneira com que podemos nos enganar. Quando e como eu me engano diz algo sobre mim. Sem subjetividade não há nenhuma objetividade, e inversamente. Como objetividade e possibilidade de erro são interligadas, não há uma objetividade a-subjetiva.

Isso não significa de modo algum que não conhecemos as coisas tais como elas são. A percepção é, a saber, objetiva. Eu vejo, neste momento, meus dedos – de meu determinado ponto de vista. Quando isso ocorre, posso, graças à minha percepção, saber que eu tenho dedos. Eu poderia também me enganar, o que, porém, é difícil de imaginar. Mas talvez eu esteja sonhando neste momento. Se eu tivesse perdido meus dedos, poderia desejar tê-los de volta em meu sonho (seja lá como isso fosse ser interpretado de modo psicanalítico).

Objetividade não significa que se deixa de lado a própria subjetividade e se julga neutralmente. Ela reside, muito antes, lá, onde temos uma capacidade – por exemplo, um sentido – que pode ou atingir, ou errar o objeto. A nossa percepção é, por isso, claramente objetiva. Exatamente do mesmo modo ela também é, porém, subjetiva, a saber, no sentido de que eu, como organismo complexo e parte de meus arredores, tomo parte no processo de percepção. Eu contribuo, por meio de minha constituição biológica, informação para o ambiente natural, motivo pelo qual você também pode me ver se você me encontrar ou ouvir minha voz se você me ligar. Uma outra parte de minha contribuição para o ambiente é que eu interajo com campos que podem ser investigados fisicamente como radiações.

Como organismo, estou inserido em interações físicas sem as quais eu não poderia construir nenhum contato com objetos material-energéticos como tampas vermelhas. A percepção não se deixa, por isso, reduzir a interações físicas entre as minhas terminações neurais e a garrafa de água, já que, caso contrário, a subjetividade não poderia ser explicada. Isso porque a interação física existe, independentemente de se eu me engano ou não.

Muitos acreditam falsamente que a nossa percepção não é objetiva porque eles confundem o conceito de objetividade com uma quimera impossível de se alcançar. Essa quimera corresponde à ideia da **visão de lugar nenhum**, que o filósofo norte-americano Thomas Nagel (* 1937) refutou habilidosamente[36]. Objetividade consiste, como acabou de se mostrar, não em que se observa a realidade de fora, o que também é fisicamente impossível, já que a percepção é, entre outras coisas (mas, justamente, não apenas!), uma troca de informação fisicamente examinável entre o meio ambiente e o organismo. A percepção é subjetiva, naturalmente, também em sentidos que são em alto grau individuais e autobiográficos. Os modos e maneiras com que me engano e posso me enganar dizem, de modo correspondente, algo sobre mim. O mesmo vale, bem notado, para você.

Quem olha do exílio cósmico?

Infelizmente, a crítica de Nagel à visão do lugar nenhum é frequentemente mal-entendida. Que não haja nenhuma visão de lugar nenhum, nenhuma objetividade absoluta, livre de ponto de vista, não significa que não podemos conhecer a realidade, tal como ela é em si ou, justamente, realmente. Nagel não afirma em lugar nenhum que não conseguimos fugir de nossa prisão espiritual ou das

---

36. Nagel, 2012.

mídias, de modo que não podemos apreender nenhum fato puro. Pelo contrário, ele simplesmente apontou para o fato de que a objetividade significa que nós, graças às nossas capacidades espirituais, estamos em condições de ou conhecer o real, ou nos equivocar sobre ele. Isso, todavia, sempre ocorre apenas de um ponto de vista. Willard Van Orman Quine expressa o mesmo pensamento no fim de sua obra principal, *Palavra e objeto*, da seguinte maneira: "Um [...] exílio cósmico não existe"[37].

Aqui, temos, todavia, de deixar claro que a humanidade ainda se aferra à ilusão de um tal exílio cósmico. Na autocompreensão cultural da humanidade, o tema dos alienígenas que nos superam muito no pensamento, na percepção e tecnologicamente é, hoje, central no gênero da ficção científica. Também Deus é mal utilizado por fundamentalistas religiosos como um exilado cósmico, ao se afirmar que Deus seria um observador absoluto livre de todo ponto de vista [limitado], cujo pensamento jamais poderíamos penetrar por meio de nossa pobre razão terrena. Já tracei [em outro lugar] as dificuldades dessa ideia (cf. p. 38).

Essas ideias são ilustradas de maneira particularmente sinistra, mas também certeira, na trilogia extremamente bem-sucedida *Trisolaris*, do autor de ficção científica chinês Liu Cixin (* 1963)[38]. Liu ilustra uma entrada em contato da humanidade com uma civilização avançada extraterrestre à época da revolução cultural maoísta. Em busca de vida extraterrestre, o time de pesquisa chinês recebe um sinal de alerta de um *whistleblower* extraterreste de que eles devem por favor parar com isso, pois caso contrário a civilização distante viajará para a Terra e os destruirá em trezentos anos. Infelizmente, os seres humanos não escutam o alerta do estranho amigável e desatam, assim, efetivamente uma expedição dos extra-

---

37. Quine, 1980, p. 474.

38. Liu Cixin, 2016; 2018.

terrestres à Terra. Nesse meio-tempo se chega à luta de diferentes partidos, uma vez que algumas pessoas querem resistir, enquanto outras celebram o fim da humanidade e rezam aos extraterrestres como se eles fossem deuses.

Um dos muitos detalhes interessantes dessa premiada obra--prima da literatura de ficção científica atual é que os extraterrestres não estão em condições de mentir. Eles perseguem, como uma inteligência completamente neutra e orientada puramente pelos fatos, a otimização tecnológica de sua própria espécie e de suas chances de sobrevivência. Aqui jaz não apenas a sua força, mas também a sua fraqueza, que os lutadores da resistência humana tentam explorar. Isso demonstra fluidamente um conceito equivocado de objetividade.

Retornemos dessa breve fuga cosmológica para o conceito de sentido. A intelecção que te peço para fixar enuncia que uma capacidade espiritual é objetiva se nós, por meio dela, podemos ou apreender objetos ou nos equivocar a seu respeito. A nossa objetividade não consiste em que não avaliamos ou não tomamos perspectivas, mas sim em que podemos conhecer a realidade tal como ela é, mas, também, pela mesma razão, podemos nos equivocar a seu respeito.

A teoria do conhecimento se ocupa também com a nossa percepção, uma vez que ela é uma fonte de conhecimento[39]. Do ponto de vista da teoria do conhecimento se diria, hoje, que, na percepção, trata-se diferentemente do erro, sempre de um caso de sucesso, o que se chama de **facticidade**. Esta consiste no fato de que, se alguém percebe algo, disso se segue que esse algo é tal como a pessoa percebe. Se vejo uma tampa vermelha diante de mim, disso se segue que há uma tampa vermelha diante de mim; se escuto quando minha filha me chama porque ela acordou assustada, disso se

---

39. Quem quiser se confrontar mais amplamente com a teoria do conhecimento, cf. Gabriel, 2014.

segue que a minha filha me chama. Objetividade e facticidade estão interligadas: podemos, em todas as ocasiões em que estamos em condição de conhecer as coisas como elas realmente são, também nos enganar.

Nem todos os objetos são coisas

Quando se fala da fisiologia dos sentidos, pensa-se, na maior parte das vezes, em um tipo determinado de objeto que podemos apreender sensivelmente; ou seja, perceber. Designo esses objetos como coisas. Uma **coisa [*Ding*]** é um objeto meso ou macroscópico estendido no espaço e no tempo. Coisas são aqueles objetos com que temos contato por meio de nossas terminações nervosas. Esses objetos são, em um sentido corrente, a causa para que os percebamos.

Aqui se impõe uma teoria da percepção que se formula muito brevemente, a saber, a assim chamada **teoria causal da percepção**. Segundo essa teoria, há, no mundo exterior, que se encontra fora de nossa consciência ou de nossa superfície corporal, coisas que estimulam os órgãos dos sentidos. Os estímulos sensoriais são, então, trabalhados internamente pelo organismo e, graças ao processamento de informação no cérebro, convertidos em impressões.

Segundo essa lógica, não pode haver um sentido comum. Ela tem de partir do princípio de que o pensamento tem a função de continuar a trabalhar, no interior de nosso organismo, informações que são trazidas de fora para nós por meio de uma interligação de causas e efeitos. Perceber [*Wahrnehmung*] (percepção [*Perzeption*]) e pensar (cognição) são, assim, distinguidos de uma maneira problemática. Por isso, a teoria causal da percepção, que representa, de uma forma ou de outra, a fisiologia dos sentidos atual, não funciona de cabo a rabo, por mais que haja, nela, um grão de verdade.

Voltemos para a tampa vermelha. É correto que eu não poderia perceber a tampa vermelha diante de mim, que é uma coisa, se ela não fosse a causa para que eu a perceba. Pode se ver isso, entre outras coisas, pelo fato de que eu percebo outra coisa, quando se coloca essa coisa onde a minha garrafa de água se encontra agora. Se eu a trocar pela minha xícara verde de café, essa será a causa para que eu a perceba e não perceba mais a tampa vermelha, motivo pelo qual eu, justamente, percebo a xícara de café agora, não, porém, a tampa vermelha. Isso significa: sem a tampa vermelha, nenhuma percepção da tampa vermelha, e sem a xícara verde de café, nenhuma percepção da xícara verde de café.

A tampa vermelha, naturalmente, não é o suficiente para que eu perceba uma tampa vermelha. Para isso, preciso, em primeiro lugar, abrir meus olhos e voltá-los para ela. E, em segundo lugar, não perceberia nenhuma tampa vermelha se não tivesse nenhum conceito de tampa vermelha. Isso é verdade porque minha percepção da tampa vermelha é consciente, sim, autoconsciente. Eu sei nesse instante que uma tampa vermelha se encontra diante de mim que é a causa para que eu a veja. Se um outro ser vivo que não tem um conceito de tampa vermelha (e possivelmente não pode perceber nenhuma cor no espectro do vermelho) se virar nesse instante para a tampa, ele percebe de fato, em minha linguagem, também a tampa vermelha, mas de um outro modo que eu.

É preciso formular esse pensamento muito cautelosamente, a fim de não sairmos da frigideira para cairmos no fogo. Isso porque se deve evitar a todo o custo acreditar que enfiamos nossos conceitos de tampa vermelha e xícara de café verde na realidade que percebemos. Desse modo, não se conseguiria avançar muito.

É importante distinguir entre coisas e objetos. Coisas são, como dito, uma questão do que é palpável, por assim dizer. Elas são realidades conscientemente identificáveis por nós no espaço e tempo, como mesas ou a lua. Nossa experiência se alimenta especialmente da modalidade dos sentidos do ver de coisas. Se se superestima a visão seria possível tomar a realidade por um puro mundo de coisas em que tudo que está lá é o que se pode ver ou aquilo em que se pode esbarrar.

O filósofo norte-americano e português Charles Travis (* 1943), um dos mais relevantes teóricos da percepção da atualidade, designou, em um seminário que ministramos juntos na Universidade de Bonn nos anos 2017 e 2018, as coisas uma vez sucintamente como "*obstacles to free passage*"; ou seja, como obstáculos no caminho. Travis indica que coisas, nesse sentido, de modo algum fornecem o paradigma da realidade. Nem tudo que é real é uma coisa – se pense apenas por exemplo na radiação que nos circunda e que não é uma coisa.

Diferentemente de coisas, caracteriza-se **objetos** pelo fato de que podemos ter pensamentos passíveis de ser verdadeiros sobre eles. Um pensamento é **passível de ser verdadeiro** se ele pode ser verdadeiro, mas igualmente pode ser falso. Com base em Ludwig Wittgenstein (1889-1951), pode-se, além disso, distinguir entre **pensamentos dotados de sentido** e **pensamentos carentes de sentido**. Os pensamentos dotados de sentido são aqueles que não são nem necessariamente verdadeiros, nem necessariamente falsos. Os carentes de sentido, em contrapartida, são pensamentos que são necessariamente verdadeiros, as assim chamadas **tautologias** (p. ex.: um gato é um gato), ou pensamentos que são necessariamente falsos, as assim chamadas **contradições** (p. ex.: esse gato aqui não é um gato). Se um pensamento é passível de ser verdadeiro, ele trata de algo. Aquilo de que se pode ter um pensamento dotado de sentido é, como dito, o seu objeto; o modo com que ele trata de algo, seu conteúdo (cf. p. 39s.).

Já que podemos pensar sobre muito que não é uma coisa, o nosso pensar se estende para muito além do horizonte do mundo de coisas. Podemos refletir sobre números, dores, justiça, mas também sobre partículas elementares ou matéria escura. Igualmente, podemos refletir sobre acontecimentos futuros que, em todo o caso, ainda não ocorreram no mundo de coisas.

Há (realmente) uma tampa vermelha?

Diante de mim está algo que percebo. Se você me pergunta o que é isso, faço uma declaração. Essa declaração escolhe algo entre tudo que posso, nesse momento, perceber conscientemente em um determinado lugar. Para que eu possa fazer uma escolha, preciso dispor de conceitos. Eu disponho, por exemplo, do conceito de tampas vermelhas. Por isso, eu posso perceber conscientemente a tampa vermelha e não estou limitado a apenas perceber algo redondo e vermelho sem o reconhecer como uma tampa. A escolha da declaração que posso fazer está interligada, por isso, com os conceitos que estão à minha disposição.

Mas isso não significa que eu construo a tampa vermelha por meio de meus conceitos ou que projeto uma tampa vermelha no mundo exterior.

Permita-me brevemente repetir aqui o meu mantra do novo realismo: o construtivismo é falso[40]. O novo realismo afirma que podemos conhecer a realidade tal como ela é, sem que haja exatamente um [único] mundo ou realidade que abrange todos os objetos ou fatos que existem. O **realismo** se volta aí, em particular, contra o construtivismo. Isso porque realistas acreditam, em geral, que *descobrimos* a realidade, e não a *produzimos* por meio de nossa tentativa de conhecê-la. Em contrapartida, construtivistas pensam que construímos a realidade e que, por isso, nunca podemos a apreender como ela é. Eles acreditam, então, que as nossas mídias sempre falsificam a realidade de algum modo.

---

40. Gabriel, 2013.

No caso em questão, o **construtivismo humilde da percepção** ensina que nossos conceitos mudam nossa percepção. Graças ao conceito de uma tampa vermelha, percebo, agora, uma tampa vermelha, caso contrário, teria percebido algo diferente. O **construtivismo radical da percepção** vai ainda mais longe e afirma que os conceitos de que dispomos não apenas mudam a nossa percepção, mas atingem o próprio objeto percebido. Por isso, lá, onde percebo agora uma tampa vermelha, não há, em verdade, nem uma tampa, nem algo redondo e algo vermelho.

O construtivismo radical da percepção se apresenta, novamente, em duas figuras. Por um lado, há o **construtivismo científico radical**. Ele diz que, na realidade, não há cores e formas geométricas, mas apenas algo que a física nos ensina sobre os objetos do mundo exterior. Ele afirma que, em lugar do vermelho, há apenas um espectro de comprimentos de onda que aparecem como vermelhos para nós. Mais exatamente, ele ensina algo como que aquilo que, em realidade, é um espectro de comprimentos de onda, é experimentado por nós, seres humanos, por causa de nosso equipamento fisiológico, como vermelho. A própria realidade, porém, não corresponde, bem-vista, às nossas impressões de cores, pois também uma superfície experimentada como um todo como vermelha pode, considerada fisicamente, ser uma mistura de diferentes processos que, de todo modo, não são distribuídos como nosso mero olho os representa.

Por outro lado, há o **construtivismo super-radical**. Ele se dirige ao todo e afirma que a própria realidade não é como a física ou o conjunto das ciências naturais a descrevem, pois também elas são apenas uma construção do espírito humano ou do cérebro humano ou, como também se lê às vezes, de um determinado sistema social (da ciência)[41].

---

41. Uma boa visão geral das diferentes correntes do construtivismo e das suas afirmações fundamentais é oferecida por Hacking, 1999.

A fonte do erro do construtivismo de todo tipo se deixa identificar mais fácil do que se remover. Trata-se de uma confusão de *seleção* e *construção*. Naturalmente, posso, a qualquer momento dado no tempo, perceber algo apenas pela exclusão de alguma outra coisa. O que eu percebo se deixa apresentar na forma de conceitos que nós, como seres humanos, podemos codificar linguisticamente. Posso transmitir para você por escrito, o que vejo e escuto agora (p. ex., o barulho da rua, transeuntes que assobiam, um helicóptero, o bonde, um carro que se aproxima assim como o giro de verão tardio de meu ventilador). Estou em condições para tanto porque eu, graças aos conceitos à minha disposição e ao meu domínio da língua alemã, sei como se comunica tais conceitos. Goethe poderia supostamente comunicar melhor o que ele percebe, uma vez que ele tem um contato linguístico mais refinado com os conceitos de que dispõe, por mais que ele tivesse que, então, obter primeiramente o conceito de um carro ou de um bonde, o que, porém, não deveria ser muito difícil para ele.

Podemos, então, distinguir o construtivismo (falso) do selecionismo (verdadeiro). O **selecionismo da percepção** é a suposição de que, graças aos conceitos adquiridos que estão à nossa disposição e dos [nossos] demais registros (no que se inclui o nosso equipamento da fisiologia dos sentidos como primatas superiores), percebemos algo apenas em distinção a outras coisas.

Determinados aspectos da realidade são, por causa de nosso equipamento e demais condições, acessíveis para nós, aspectos da realidade que são ocultos a outros seres humanos e a outros seres vivos não humanos. Isso não significa que nós falsificamos ou distorcemos a realidade por meio de nossos conceitos e registros. Pelo contrário, isso significa que nós a apreendemos tal como ela é – mas, justamente, apenas parcialmente.

O pensar não é um estímulo de neurônios

Há ainda um longo caminho para se chegar ao sentido do pensar. Ele passa, a seguir, pelo preconceito segundo o qual só podemos perceber coisas que estimulam nossas terminações nervosas. O nosso mundo dos pensamentos não é composto apenas de estímulos de neurônios que são processados pelo cérebro.

A esse respeito, é preciso esclarecer que nós, como membros amadurecidos da humanidade, apenas muitíssimo raramente apreendemos coisas simples ou fragmentos. Não registramos apenas tampas vermelhas, bordas ou outras formas e movimentos, que um software de reconhecimento de face pode processar igualmente bem. A nossa percepção fática mal se assemelha aos seriamente simplificados modelos que se conhece da fisiologia dos sentidos atual e que se pode examinar experimentalmente por meio das ciências naturais e da psicologia.

Um simples exemplo pode ser o suficiente aqui. Percebo neste momento um bonde. Depois que, enquanto escrevia justamente isso, apenas ouvi como ele se aproximava, fui à janela, a fim de que pudesse também o ver e poder confirmar aqui que não escrevo uma proposição falsa. Não há, aí, nenhuma forma geométrica simples de um bonde. Bondes têm aparências muito diferentes em diferentes cidades. Além disso, eles são meios de transporte. Meios de transporte são objetos que são vinculados a regras (p. ex., na lei de tráfego). Não percebo de modo algum as regras da lei de tráfego assim como as bordas e os cantos da minha tela, ou como um recém-nascido percebe um rosto amigável, a saber, por meio de padrões simplificados. Podemos produzir em pequenas crianças uma risada ao desenharmos um carão em um balão. Isso porque eles percebem os seus arredores de modo muito mais próximo aos experimentos psicológicos simplificados do que nós. Eles dispõem, a princípio, apenas de um reconhecimento de padrões simplificado, com o qual, graças à sua história evolutiva prévia, a sua espécie está equipada. Recém-nascidos ainda não percebem bondes *como tais*.

Aqui, deve-se compreender uma intelecção que representa o paradigma fundamental do novo realismo. Segundo essa intelecção, não há uma única realidade – *o* mundo, *a* realidade, *o* universo, *a* realidade em um sentido todo abrangente – mas infinitas delas. Por isso pode-se perceber, de um lado, um bonde, e, de outro, alguma outra coisa (p. ex., bordas, cantos e cores). Não é necessário referir o bonde nem às bordas, nem aos cantos ou às cores que processamos visualmente, nem é preciso referir elas a ele. Por isso se pode também dizer que morcegos percebem lá, onde percebemos bondes, algo completamente diferente, que não tem minimamente a ver com um bonde.

Isso não significa, justamente, que lá, onde vejo um bonde, ou há um bonde, ou algo diferente. Uma vez que não é preciso subsumir todas as percepções em uma única realidade, é possível admitir muitas realidades que são percebidas por diferentes seres vivos, assim como por indivíduos de uma espécie. Se ando por uma cidade estranha percebo, também, algo diferente do que um nativo.

Sabemos disso tudo por meio da realidade do gosto. É preciso aprender (na medida em que se quiser fazer isso) a distinguir vinhos uns dos outros. A diferença entre vinho vermelho e vinho branco é um primeiro passo que, porém, naturalmente, não leva muito longe. É preciso anos de experiência e formação para progredir na formação de um Sommelier. Se treinamos o nosso sentido, aprendemos a reconhecer algo que, antes, estava oculto para nós. Podemos, então, nos concentrar em algo a que anteriormente simplesmente não tínhamos acesso. Nossos sentidos distintos, assim como a sua formação diferente e coordenação diferente com outros sentidos e a formação dos mesmos, nos proporcionam um acesso direto correspondente à realidade.

Com essa concepção, defendo uma variante daquilo que se designa como "realismo direto". Em geral, o **realismo direto** pensa que nossos sentidos têm um acesso não distorcido ao real. Formulada alternativamente, a tese enuncia que os nossos sentidos são o modo e a maneira com que temos acesso ao real. Eles não são eles mesmos aquilo a que temos acesso. Ouvimos uma voz, mas não ouvimos que ouvimos uma voz. O nosso acesso à realidade é não distorcido, mas tem sempre uma forma determinada (uma modalidade dos sentidos), por meio da qual o real nos aparece mediado pelas [nossas] mídias.

Na teoria do conhecimento acadêmica contemporânea, o realismo direto é uma posição-padrão, enquanto que, fora do círculo de especialistas, ele tem uma má reputação de ser ingênuo. Realismo direto e realismo ingênuo são, porém, duas coisas diferentes. Por **realismo ingênuo** se entende a opinião de que recebemos a realidade tal como ela é sem nenhuma mediação. Ingênua é, então, a recusa a permitir alguma elaboração ou confrontação teórica com aquelas manobras que convenceram alguns do construtivismo.

Um realista ingênuo bate contra uma pedra e invoca o fato de que isso dói, motivo pelo qual tem de haver uma pedra ali, a fim de fundamentar o seu realismo. Isso, porém, não basta, mas é apenas uma afirmação vazia. Isso porque o construtivismo não contesta que temos impressões de pedra. Ele afirma, apenas, que a realidade é inteiramente diferente (ou poderia ser) de como ela nos aparece, quando pensamos que há pedras que nos causam dor.

O realismo é, assim como o construtivismo, uma teoria. Ambas as teorias partilham certos dados – por exemplo, que dói quando se bate em uma pedra –, explicam esses dados, porém, de modo diferente. O realismo ingênuo é uma teoria insuficientemente fundamentada, enquanto o construtivismo, de fato, sabe de seu estatuto teórico, mas comete alguns erros. Por isso, precisamos de uma teoria melhor, como, por exemplo, o realismo direto.

Nada senão a verdade

Toda forma de realismo é uma teoria, todavia, como penso, uma teoria melhor do que o construtivismo. A favor disso, há um poderoso argumento. Esse argumento é uma variante daquilo que o filósofo norte-americano Donald Davidson (1917-2003) designou como "princípio da caridade (*principle of charity*)"[42]. Todavia, esse princípio é frequente e precipitadamente ligado com a hermenêutica (do grego *hermeneia* = entender) de Hans-Georg Gadamer (1900-2002), o que não é inteiramente correto. Isso porque, em Gadamer, trata-se de uma teoria do entendimento de produtos histórico-culturais (especialmente textos) e não de uma teoria da percepção ou da interpretação de estados sensoriais de outras pessoas, que os articulam linguisticamente.

O argumento em que penso se pode designar como o **argumento da verdade**. Ele toma seu ponto de partida da observação de que aquilo que tomamos por real pode ser expresso em proposições. Proposições com cujas manifestações reivindicamos constatar algo que é o caso podem ser designadas como **enunciados**, que geralmente podem ser verdadeiros ou falsos (deixemos de lado por hora os desprovidos de sentido). Eles são, de todo modo, algo em que se coloca em questão o ser verdadeiro [do enunciado]. Aqui está uma breve coleção de enunciados que, certamente, a maior parte dos seres humanos considera verdadeiro:

- Na China vivem seres humanos.
- Alguma indiana já esteve em Nova Delhi.
- Se se tem dez dedos saudáveis, tem-se, geralmente, também dez unhas dos dedos.
- Há muitas galáxias.

---

42. Davidson, 1990, p. 199, nota 16; destaques meus.

- Antes de eu viver já viveram muitos outros.
- Gatos são animais.
- Donald Trump foi (infelizmente) presidente dos Estados Unidos da América.

Não é difícil aumentar essa lista com infinitos mais enunciados. Isso não é nenhuma proeza lógica. Isso porque só é preciso saber que uma disjunção é verdadeira se um disjunto é verdadeiro. Uma **disjunção** é um enunciado da forma de que ou algo, ou alguma outra coisa é o caso. Se algo é verdadeiro, então pode-se complementar essa verdade com [outro] algo, de modo que não desempenha nenhum papel se esse algo também é verdadeiro. Da verdade de um enunciado se segue a verdade de uma disjunção a que ele pertence. De "A" segue-se "A ou B".

Visto logicamente, vale: Se é verdade que seres humanos vivem na China, então é verdadeiro que seres humanos vivem na China ou que a catedral de Colônia é feita de linguiças. Se considero algo verdadeiro e reconheço alguns princípios lógicos simples, posso, desse modo, considerar verdadeiro de uma vez só infinitas coisas, pois, de todo enunciado em forma mínima – ou seja, de todo enunciado que afirma que algo é o caso – seguem-se infinitos outros enunciados que eu também considero verdadeiros. Se eu considero verdadeiro que seres humanos vivem na China, eu não deveria, naturalmente, concluir, daí, que a catedral de Colônia é feita de linguiças, mas apenas que o enunciado de que seres humanos vivem na China não exclui isso.

Isso não é muito espetacular. Mas não se deve esquecer disso quando nos colocamos perguntas filosóficas significantes sobre se nós, seres humanos, podemos conhecer a realidade. Como podemos compreender sem nenhuma grande proeza que sabemos infinitas coisas, disso seria possível concluir que podemos conhecer a realidade. Somos até mesmo consideravelmente bons em conhecer a realidade, pois sabemos, de maneira passível de prova, infinitas coisas.

A verdade de enunciados consiste, em última instância, em nada mais do que a ligação entre o enunciado e aquilo de que ele trata. Chamemos aquilo de que enunciados tratam, e que, por sua vez, não trata de enunciados (diferentemente do presente enunciado, que você está entendendo neste momento), **A realidade de nível objetual**. Os enunciados na lista acima (cf. p. 72) dizem respeito, como um todo, à realidade de nível objetual. Se os enunciados são verdadeiros, então as coisas são tais como eles dizem. Caso contrário, eles são falsos.

É isso que Aristóteles queria dizer com a primeira definição de verdade da filosofia ocidental, na qual, bem notado, não se trata da verdade em geral, mas sim da verdade de enunciados. Assim enuncia a **definição de verdade de Aristóteles**:

> Dizer que aquilo que é o caso, não é o caso, ou que aquilo que não é o caso, é o caso, é erro ou mentira, e dizer que aquilo que é o caso, é o caso, e aquilo que não é o caso, não é o caso, é verdade, de modo que aquele que afirma que algo seria ou não seria o caso, ou bem diz a verdade, ou bem erra ou mente[43].

Na teoria da verdade atual, fala-se, nesse sentido, do minimalismo. Este pensa que a verdade de enunciados consiste simplesmente no fato de que alguns poucos princípios facilmente compreensíveis se aplicam à verdade e constatam em que consiste a verdade de enunciados. Em particular vale o seguinte princípio corrente, como "Princípio da remoção das aspas" (DQ). Estudantes de filosofia o aprendem já há décadas, ligado com o *slogan*:

> O enunciado "A neve é branca" é verdadeiro se e somente se a neve for verdadeira.

---

43. *Metafísica*, 1011b26-28. Cf. Aristóteles, 1970, p. 107s.; trad. minha.

Formulado universalmente, vale:

(DQ) "p" é verdadeiro se e somente se p.

Isso significa que um enunciado com o conteúdo "p" (um substituto para todo enunciado que pode ser verdadeiro ou falso) é verdadeiro se as coisas são tal como ele diz. É verdadeiro que vivem seres humanos na China se vivem seres humanos na China. Caso contrário, é, justamente, falso. Além disso, é verdadeiro hoje, mas em algum momento falso, que vivem seres humanos na região do Estado da República Popular, simplesmente porque em algum momento todos os seres humanos estarão mortos. Um enunciado pode ser verdadeiro hoje e falso amanhã.

Aqui há, naturalmente, sutilezas na teoria da verdade com que não temos que nos ocupar aqui[44]. Mantenhamos, apenas, que a verdade de enunciados não é nenhuma questão espetacular. Ignoraríamos isso facilmente se acreditarmos que as mídias ou os nossos sentidos dificultariam o acesso à verdade ou à realidade. Nada é mais simples do que a verdade.

Às vezes, é difícil descobrir qual é a verdade ("Quem ordenou o último ataque de gás na Síria?"). Mas isso não significa que a verdade seja difícil. Ou foi o governo de Assad, ou algum outro dos muitos lados da guerra. Seja lá quem tenha sido, certamente se mente, de modo que é uma tarefa de detetive descobrir qual é a verdade. Podemos, porém, ter certeza de que, em todo o caso, alguém conhece a verdade – e, de fato, quem ordenou o ataque de gás.

O construtivismo falha pelo fato de que ele não pode reconhecer em que condições enunciados inteiramente cotidianos são verdadeiros. Ele confunde a verdade com o seu reconhecimento por meio de instituições produzidas por seres humanos. Tomemos novamente o enunciado:

Seres humanos vivem na China.

---

44. Quem quiser um retrato abrangente do estado de coisas nessa área, recomenda-se Künne, 2005. A posição-padrão do minimalismo é fornecida por Horwich, 1999.

Um dos mais conhecidos construtivistas que registraria aqui as suas reflexões foi o filósofo, historiador e sociólogo francês Michel Foucault (1926-1984). Em sua obra divisora de águas *A ordem das coisas*, que foi publicada em francês em 1966 e rapidamente se transformou em um *best-seller* mundial, ele afirma que o ser humano é uma construção de pressuposições das ciências humanas do século XVII até o século XIX. Nesse intervalo de tempo, entraria "o ser humano, por sua vez e pela primeira vez, no campo do pensamento (*savoir*) ocidental)"[45].

Aqui se pergunta o que se poderia querer dizer com esta afirmação à primeira vista absurda. Isso porque se coloca primeiramente a pergunta sobre o que é o "pensamento ocidental", o que Foucault não responde. Se se entende por isso a reflexão no contexto cultural surgido no espaço do Mar Mediterrâneo (a maior parte das vezes vinculadas unilateralmente à Grécia e à Roma antigas), pensou-se sobre o ser humano muito antes do século XVII. O que é o ser humano é, justamente, o tema central da filosofia, da mitologia e da tragédia gregas. Foucault certamente tem consciência de que não aceitarão simplesmente a sua afirmação histórica e revida imediatamente com as seguintes proposições:

> Estranhamente o ser humano, de que o conhecimento para olhos ingênuos vale como a pergunta mais antiga desde Sócrates, provavelmente não é nada senão uma certa fenda na ordem das coisas, uma configuração, em todo o caso, que é caracterizada pela nova disposição que ela tomou recentemente entre os estudiosos. Por isso surgem todas as quimeras do novo humanismo, todas as leviandades de uma "antropologia", quando ela é entendida como a reflexão universal (meio positivista, meio filosófica) sobre o ser humano. Entretanto, há um fortalecimento e uma profunda inquietação, quan-

---

45. Foucault, 1974, p. 26.

do se considera que o ser humano é simplesmente uma invenção, uma figura que não tem ainda nem dois séculos, uma simples dobra em nosso saber, e que ele desaparecerá, assim que nosso saber tiver encontrado uma nova forma[46].

Foucault não comunica por que é ingênuo ver a pergunta pelo ser humano como "a mais antiga desde Sócrates" ou até mesmo como uma das perguntas mais antigas. Nessa passagem, há uma série de afirmações que ele não sustenta nem com evidências empíricas nem com argumentos filosóficos. Essas afirmações não devem ser tomadas como autoevidentes. Isso porque Foucault escreve de tal modo que ele não previne contra os mal-entendidos do construtivismo radical em relação à sua posição. Por isso ele é interpretado por muitos como um construtivista que considera que o "ser humano" em realidade não existe. Em vez disso, haveria uma constelação de práticas discursivas; ou seja, de modos e maneiras de se ocupar com o ser humano que produzem primeiramente o ser humano. Foucault é, de fato, inteiramente construtivista (mas não radical), entretanto, essa passagem visa a algo diferente.

"O ser humano" começa, segundo Foucault, a adquirir um significado especial no século XVII, que o leva a, em nome da humanidade, desenvolver uma representação de normalidade. Essa representação tem, segundo sua concepção, consequências éticas – ou seja, consequências no âmbito da coordenação de ações – porque uma imagem do ser humano entra no centro de nossa auto-ocupação e, desse modo, dissolve a ideia de que deveríamos coordenar nossas ações à luz da imagem de Deus. Foucault não faz de fundamento para essa nova direção fundamental nenhuma descoberta, mas uma reestruturação do sistema de classificações. A penetração do humanismo em nosso sistema social tem uma história prévia

---

46. Ibid. p. 26s.

contingente. Trata-se, seguindo a investigação de Foucault, mais ou menos de um acaso, não, de todo modo, de uma implementação intencional do ideal da humanidade.

Todavia, Foucault exagera as consequências filosóficas de sua pesquisa histórica. Isso porque ela não justifica a forte tese histórica de que o ser humano se torna tema pela primeira vez no século XVII. Para refutar isso, tem de apenas ler textos que surgiram antes do século XVII e que se ocupam com o ser humano. Aí, pode se tratar de tragédias gregas, do Alcorão ou também do Antigo Testamento, nos quais logo no começo se trata do surgimento do ser humano e de qual papel o ser humano desempenha na ordem das coisas não humanas. Além disso, a filosofia grega clássica – paradigmaticamente representada por Platão e Aristóteles – se debruça expressamente e, de fato, tanto do ponto de vista das ciências naturais como da filosofia, sobre a questão a respeito de quem ou o que é o ser humano. A forte tese história de Foucault deve, portanto, ser restringida.

Foucault nota isso, bem observado, ele mesmo posteriormente, e, por isso, retorna historicamente à Antiguidade, onde ele examina especialmente a constelação da passagem do autoexame pagão até o cristianismo antigo. Essa constelação se encontra no centro de um grande estudo sobre *Sexualidade e verdade*, cujo último volume até o momento acabou de ser publicado postumamente[47]. Além disso, ele se dedica, em suas preleções tardias, ao tema do Esclarecimento e do seu surgimento no âmbito da democracia antiga, a fim de esclarecer, desse modo, por que, ainda hoje, no discurso científico, trata-se de dizer a verdade, e como exatamente isso está ligado com processo de emancipação social.

Assim, a tese histórica de *A ordem das coisas* é refutada pelo próprio Foucault, na medida em que ele faz as origens da imagem

---

47. Foucault, 1987; 1989a; 1989b; 2018.

humana moderna de fato remontarem à Antiguidade. Todavia, no que ele se orienta exclusivamente por Atenas e Roma, sem retraçar as múltiplas outras influências (como Egito, China, Índia, Japão, Israel e posteriormente o Islã) no desenvolvimento do Ocidente.

Ao lado da tese histórica não sustentável, pelas razões apontadas, de que o ser humano seria uma invenção espontânea da Modernidade que poderia desaparecer muito facilmente, Foucault ainda tem outra tese filosófica na manga em *A ordem das coisas*. Tentemos nos aproximar ainda dela. Supostamente, Foucault queria estabelecer a seguinte a afirmação: Do século XVII ao século XIX os seres humanos refletiram de uma maneira específica sobre o ser humano. Essa maneira específica é vista por Foucault segundo o seu método, designado por ele como "arqueologia do saber", como uma "práxis discursiva" – ou seja, como uma classificação que atua sociopoliticamente – por meio da qual seres humanos produzem e justificam instituições como prisões, hospícios ou práticas sexuais[48].

No plano de fundo dessa tese se encontra a suspeita justificada de que não se pode simplesmente invocar a condição humana [*Menschheit*] ou a humanidade [*Humanität*] para trazer à vida ou justificar posteriormente organizações institucionais – sejam estados nacionais, política de esquerda ou de direita, universidades, sistemas de saúde ou o que for. A invocação do "ser humano" é frequentemente vazia e serve, não raramente, para fins inteiramente diferentes do que para o melhoramento de nossas circunstâncias de vida. Justamente isso se torna claro por meio das investigações históricas de Foucault, já que elas retraçam de que modo profundamente contingente a fórmula moderna da humanidade surgiu, e quais dificuldades conceituais ela traz consigo desde a sua introdução contingente.

---

48. Foucault, 1981.

Nessa medida, Foucault forneceu, com os seus estudos histó-ricos, uma importante contribuição para a intelecção de que não é uma obviedade que e como nos entendemos como seres humanos. Antes, há um grande espectro de possibilidades de preencher con-cretamente o ideal de humanidade. O que ou quem é o ser humano não se deixa ler simplesmente na natureza. Por isso, o ser humano não encontra, no sistema de classificação tematizado por Foucault, nenhum verdadeiro abrigo, como a confissão de Linnés em parti-cular mostra, já que o ser humano só pode ser apreendido por meio de nossa capacidade de autoconhecimento.

Todavia, não se segue disso que o "ser humano" é uma inven-ção do século XVII até o século XIX, mas sim, na melhor das hipó-teses, que uma determinada imagem do ser humano era predomi-nante nessa época.

Do conhecimento de que uma determinada imagem do ser humano está ligada a condições de surgimento contingentes não se deveria, todavia, chegar a um **construtivismo antropológico**, se-gundo o qual o ser humano produz a si mesmo e não há nenhuma verdade sobre nós independente dessa autoconstituição. O quão problemática seria uma tal interpretação dos resultados de pesquisa de Foucault pode ser visto quando se considera as suas afirmações chamativas e parcialmente provocativas em suas consequências. Se não houvesse nenhuma verdade sobre o ser humano independente de nossa imagem correspondente do ser humano, o enunciado "Se-res humanos vivem na China" não seria simplesmente verdadeiro, já que não poderíamos dizer de maneira universalmente válida o que são seres humanos. Desse enunciado não se seguiria que seres humanos vivem na China, mas sim, no máximo, algo como:

> Dada a demarcação de fronteiras surgida historica-mente e em última instância arbitrária entre a alta região da China e de seus vizinhos asiáticos assim como a construção científica de nossa imagem do

ser humano no século XVII, parece, para alguém como, por exemplo, Michel Foucault, como se seres humanos vivessem na China.

O enunciado "Seres humanos vivem na China" seria, então, ou falso ou, no melhor dos casos, verdadeiro apenas sob condições muito diferentes do que normalmente admitimos. Isso seria a consequência se nos fixássemos em um construtivismo antropológico – ou seja, em que o ser humano não existe simplesmente –, mas que o ser humano é produzido por meio de práticas discursivas.

Em geral, o construtivismo muda o nosso discurso. Ele não deixa a práxis de linguagem estabelecida intocada. Isso se vê em dois outros exemplos que esclarecem o espírito geral das manobras construtivistas. É muito disseminado o **construtivismo das cores**, segundo o qual não há realmente cores. Antes, cores devem ser produzidas pelo fato de que um ser vivo traz consigo um determinado equipamento neuronal para processar conscientemente o seu ambiente em si mesmo incolor. O enunciado

A grama é verde

não é, segundo o construtivismo das cores, verdadeiro porque a grama é verde, mas porque uma radiação com determinadas propriedades física atinge nosso sistema nervoso que, então, constrói uma imagem mental na qual parece como se essa grama fosse verde. Em realidade, a grama ela mesma não é, segundo essa teoria, verde, mas sem cor.

Infelizmente, hoje é especialmente comum defender teses construtivistas especialmente na ética, onde elas causam danos especialmente grandes. Muitos acreditam que o enunciado

Você não deve causar sem razão sofrimento em seres vivos dotados de sensação.

Ou o enunciado

Todos os seres humanos devem ser iguais diante da lei, independentemente de gênero, raça ou origem.

81

só são verdadeiros pois eles expressam diretrizes de valores da comunidade. Pensa-se, então, que haveria valores chineses, por exemplo, diferentes dos valores europeus. Por isso, também não haveria direitos naturais universais, válidos para todos os seres humanos, mas apenas construções de sistemas de valores que certos grupos de seres humanos reconhecem. Seria possível pensar que, nesse caso, seria acompanhado por um, por assim dizer, pensamento anti-imperial, de não impor a outras culturas assim chamados "valores ocidentais". Mas os direitos humanos universais não são, justamente, uma "invenção" ocidental, mas propriedades do ser humano como ser vivo. Ninguém – quer na Alemanha, Japão, Rússia, China ou no Congo – pensará que se deve ser cruel com crianças. Ninguém quer ser ele mesmo torturado. De tais considerações se alimentam os direitos humanos universais, e não de uma perspectiva de algum modo europeia. Além disso, segue-se dos direitos humanos universais que tanto a colonização de culturas estrangeiras como o imperialismo os viola, no que se deve facilmente reconhecer que eles mesmos não são instrumentos imperialistas.

Todas as manobras construtivistas têm um denominador comum: elas não tomam à letra enunciados considerados verdadeiros. Em vez de reconhecer que seres humanos vivem na China ou que todos os seres humanos são iguais diante da lei (ou deveriam ser), a verdade desse enunciado é construída de outro modo. A resposta do construtivismo é uma alternativa incômoda. *Ou temos de considerar como simplesmente falso infinitas coisas que consideramos verdadeiras, ou temos pelo menos de entendê-las de modo completamente diferente do que fizemos até agora.*

Aqui se chega, além disso, de fato a uma proximidade relevante entre a filosofia de Davidson e a hermenêutica de Gadamer, que se debruça sobre o nosso entendimento de acervos textuais transmitidos. Quero dizer o seguinte: nos perguntemos o que uma pessoa que acabamos de conhecer quer dizer com suas palavras. Conversamos, afinal, regularmente com seres humanos que não conhecemos, mesmo quando essa conversa pode ser bem curta (p. ex.: "Onde fica a plataforma 1?" "Desculpa, sem tempo"). Se quero entender o que alguém quer dizer com um enunciado, tenho de assumir que a pessoa considera como verdadeiro a maior parte daquilo que eu também considero como verdadeiro, se quiser conversar de maneira bem-sucedida com ela.

Um simples exemplo: Assuma-se que eu pergunto a alguém sobre sua ocupação profissional, e essa pessoa comunica que ela seria uma consultora muito ativa. Então, seria expressamente estranho se essa pessoa utilizasse a palavra "consultora" para me comunicar que ela estuda silvicultura. Andemos adiante. Poderia eu entender alguém que me comunica que ela é uma consultora, por mais que ela seja, na verdade, uma estudante de silvicultura que, além disso, acredita que ninguém vive na China, que ela tem dezessete dedos, que Britney Spears é a esposa de Angela Merkel, e que nós vivemos, na verdade, na Matrix? Se não tivéssemos uma concepção fundamentalmente semelhante sobre como a realidade é, não haveria, então, uma base comum para uma comunicação linguística.

O mundo como concerto de desejos

Em suma, podemos conversar com outros apenas na base da suposição amplamente confirmada (e verdadeira!) de que temos uma base comum de convicções. Com tudo com que conversamos partilhamos infinitas suposições. Caso contrário, não haveria comunicação, literalmente. Cada diferença de opinião em uma questão ainda tão importante pressupõe, desse modo, que temos um sistema partilhado de opiniões.

Se o construtivismo fosse verdadeiro, todas as nossas opiniões afetadas por ele, todavia, ou não seriam de modo algum verdadeiras, ou pelo menos teriam um significado totalmente diferente do que geralmente atribuímos a elas. Para levar isso a suas últimas consequências, o construtivista não pode falar alemão, mas sim inventa uma linguagem alternativa, que poderíamos intitular de "nova linguagem construtivista".

Assim, todavia, o problema lógico que é inerente ao construtivismo ainda não foi completamente traçado. Isso porque se o enunciado "Seres humanos vivem na China" é verdadeiro, ele também não é tornado verdadeiro, segundo o construtivismo, pelo fato de que alguém o considera verdadeiro. Ao contrário, ele não quererá afirmar, ao menos assim se espera, que nenhum enunciado que ninguém considera verdadeiro é [ainda assim] verdadeiro. Isso porque, então, nenhum ser humano poderia alguma vez se enganar sobre alguma coisa determinada.

Suponhamos que todos os seres humanos considerassem o seguinte enunciado verdadeiro:

> Há um número muito grande, mas finito, de sóis.

O oposto contraditório desse enunciado enuncia:

> Há infinitos sóis.

Se todos os seres humanos consideram o primeiro enunciado verdadeiro, o segundo enunciado, da perspectiva construtivista, não poderia ser verdadeiro. Então, nós, seres humanos, não poderíamos nos enganar, pois todos nós consideraríamos o primeiro enunciado verdadeiro. Se criamos a verdade discursivamente, pois (quase todos) nós acreditamos nela, podemos transformar a Terra, assim, em um disco ao criar a verdade de que ela é um disco. Isso teria, de fato, a vantagem de que poderíamos fazer o mundo do jeito que quiséssemos. Só teríamos de concordar sobre aquilo que queremos descrever com enunciados que consideramos verdadeiros. Mas essa concepção questionável não muda nada no fato de que nossos enunciados sobre a realidade normalmente não são verdadeiros apenas porque nós os consideramos verdadeiros.

A conclusão do argumento da verdade enuncia então, em última instância, que, no construtivismo, trata-se de disparates mais ou menos bem disfarçados. O construtivismo transforma o sentido de todo enunciado. Mas, com isso, ele também transforma o sentido de seus próprios enunciados, de modo que, em última instância, o construtivista não consegue mais se comunicar no dia a dia. Normalmente, não queremos dizer, a saber, que os nossos enunciados mudam a realidade, mas, antes, que eles se referem a uma realidade que contém muito que não é, por sua vez, um enunciado. E isso é inteiramente importante.

Os pensamentos de Frege

Com a consideração que gostaria agora de apresentar a vocês, nos movimentamos nos arredores de uma resposta digna de nota à pergunta sobre o que é verdadeiramente o pensar. A resposta vem do matemático Gottlob Frege (1848-1925), a quem se deve algumas contribuições filosóficas de grande relevância. Frege entende o pensar como o apreender de pensamentos. Pensar significa ter pensamentos. Em seu artigo muito discutido *O pensamento: uma investigação lógica* de 1918, assim como em outros escritos, Frege esclarece, todavia, pela primeira vez, o que é um pensamento[49]. Desse modo ele define então, indiretamente, o conceito de pensar.

Um pensamento é, segundo Frege, algo que pode ser verdadeiro ou falso. Pensamentos são passíveis de ser verdadeiros. Nisso, eles se assemelham a enunciados. Se se pensa, então, de acordo com Frege, toma-se contato com pensamentos. Graças a nosso pensar estamos, então, em condição de apanhar o verdadeiro ou o falso.

---

49. Cf. Frege, 1966.

Ele é a intersecção entre nós e o real. Exatamente como Aristóteles antes dele (e antes de Aristóteles já Platão), Frege fala do fato de que capturamos pensamentos. Ele usa, então, uma metáfora tátil, para mostrar que nos encontramos literalmente em contato com um mundo de pensamentos (um mundo de ideias).

A intelecção de Frege nesta passagem enuncia que também podemos considerar pensamentos independentemente de os considerarmos verdadeiros. Eu posso, por fim, me perguntar por que seres humanos são racistas, por mais que eu considere as suas opiniões – os seus pensamentos – sobre aqueles que, segundo eles, são estranhos, falsos. Pensar um pensamento não significa considerá-lo verdadeiro.

A marca de um pensamento é, todavia, que ele é verdadeiro ou falso independentemente de nossa avaliação [sobre ele]. Assim, Frege distingue consequentemente entre verdade e tomar-por-verdadeiro [*Für-Wahr-Halten*]. Designo essa diferença como **contraste da objetividade**[50]. Ele existe em todo lugar onde se pode distinguir entre a verdade, e assim, entre os fatos e nossas opiniões sobre eles.

Também a Frege devemos uma recordação do significado originário da expressão "sentido". Um sentido é, em verdade, uma direção. Talvez você saiba disso do italiano, onde a rua de mão única se chama "*senso único*". Também em outras línguas latinas o significado do *sensus*, do latim, ainda é diretamente reconhecível. Um sentido mostra uma direção. Lá, pode se encontrar determinados objetos. Se a região que marca um sentido contém objetos que ela põe à vista, estamos lidando com a verdade.

Essa ideia fundamental de Frege também é defendida por Wittgenstein em seu já mencionado *Tratactus logicus-philosophicus*. Lá, ele nota, em sua típica brevidade, na proposição 3.144:

---

50. Gabriel, 2014a; 2014b; Koch, 2006; 2016.

Fatos podem ser descritos, não *nomeados.*
(Nomes são iguais a pontos, proposições a flechas, elas têm sentido[51].)

Objetos sobre que podemos pensar se deixam encontrar. O modo e a maneira como encontramos objetos é um sentido. Apontamos, no pensamento, para algo real. Isso não depende da constituição psicológica do ser humano, e também não depende de nosso equipamento neurobiológico. Antes, estamos em contato com um real independente desse contato, porque nossos sentidos apreendem informações que eles não produzem eles mesmos.

Sentido e informação e a insensatez de *fake news*

Informações, no sentido moderno da palavra, que levam à disciplina científica da informação e, assim, à era digital, correspondem àquilo que se entende na filosofia, desde Frege, como o sentido de pensamentos[52]. A informática se constrói com base nas conquistas da lógica e da matemática modernas, das quais fazem parte especialmente os trabalhos de Frege para a fundamentação da lógica moderna. Sem Frege e os pensadores que se basearam nele, como especialmente Bertrand Russel (1872-1970) e Alfred North Whitehead (1861-1947) nunca se teria chegado à revolução digital. Isso porque eles revolucionaram a lógica pelo fato de que eles compreenderam o pensar como processamento de informações realmente existentes. Frege, Russel e, baseando-se neles, Wittgenstein falam de fatos e pensam que fatos são uma estrutura de informação que realmente existe, a qual nosso pensar apreende e nossos enunciados expressam.

---

51. Wittgenstein, 1984b, p. 19.

52. Um primeiro panorama geral sobre as diferentes teorias da informação é fornecido por Floridi, 2010. Floridi trabalhou a sua própria teoria de maneira impressionante em Floridi, 2011. Alguns dados históricos interessantes sobre a informação podem ser encontrados em Gleick, 2011.

Fatos nunca se encontram fora do sentido. Eles não são como um todo aquilo que um sentido apreende. Antes, sentidos tomam contato com algo real e pertencem, por isso, aos fatos. Fatos se referem, portanto, em certo sentido a si mesmos, o que se vê pelo fato de que podemos nos referir a fatos estando em meio a fatos. O ponto de vista em que se toma fatos e se faz deles conteúdo do pensar é a informação. No âmbito de nosso pensamento isso significa: estruturas de fatos legíveis e reconhecíveis. Por essa razão, podemos codificar nossos pensamentos de uma maneira material-energética e, por exemplo, redigir este livro. O livro contém informações na medida em que ele é expressão de meu pensamento. Ele não é, então, uma impressão desprovida de sentido de preto sobre branco, mas sim expressão de um significado.

Essa intelecção tem uma consequência significativa que Luciano Floridi usa de base para construir o seu edifício filosófico de pensamento de uma filosofia universal da informação. A consequência consiste em que, em última instância, não há nenhuma informação falsa, mas apenas um falso uso de informações[53]. Tampouco há, além disso, "fatos alternativos" ou "*fake news*". Ambas as expressões já são *fake*, elas apenas levam à confusão. Há fatos, mas se fala sobre eles de modo ruim ou não adequado, como, por exemplo, na forma hoje simplesmente corrente dos comentários jornalistas avaliadores, que levam mais à insegurança do que ao esclarecimento da esfera pública. *Fake news* não são nenhuma reportagem sobre fatos supostamente alternativos, mas reportagens ruins, cuja parte de comentário avaliativo distorce os fatos.

Reportagens e manifestações de opinião devem ser distinguidas, e devem ser separadas na esfera pública de maneira muito melhor do que hoje é o caso, porque mídias clássicas giram em torno

---

53. O argumento de Floridi é um tanto técnico, mas justamente também refinado. Quem quiser se debruçar sobre ele, leia Floridi, 2011, p. 93-107.

de clicks e likes, pelos quais o preço de suas sessões de propaganda é levado lá para cima. Na sequência, há o perigo de um embrutecimento dos fatos, pois não podemos mais extrair informações genuínas sem dificuldade da salada de dados de, em última instância, opiniões vazias.

Frege propôs compreender um fato como um pensamento que é verdadeiro[54]. A realidade é, segundo ele, justamente por isso, exatamente como pensamentos verdadeiros a apresentam. Não há, então, em última instância, nenhuma diferença de princípio entre o real e o pensamento sobre o real. Pensar e ser não são separados por meio de um abismo insuperável. Desse modo, a afirmação de que é verdadeiro que Angela Merkel era presidente em agosto de 2017 não tem nenhum outro conteúdo senão aquele de que Angela Merkel era presidente em agosto de 2017. Podemos designar isso como **transparência aletética** (do grego *alêtheia* = verdade). Dizer que algo é verdadeiro sublinha simplesmente uma afirmação, mas não a transforma.

A jogada de xadrez genial nessa suposição fundamental de toda lógica desde os gregos antigos enuncia que pensamentos verdadeiros nos dão acesso diretamente ao real tal como ele é. O real não é diferente de como o conhecemos. Frege toma essa suposição e a moderniza radicalmente ao desenvolver uma nova lógica que, por causa de sua estrutura formal e puramente matemática, vai mais longe do que Aristóteles, a quem devemos a primeira lógica completamente desenvolvida no Ocidente.

Quem considera isso ingênuo ou um realismo ingênuo comete um erro facilmente compreensível. Ele confunde, a saber, verdade com tomar-por-verdadeiro. Se um pensamento que eu penso é verdadeiro ou falso não depende, via de regra, de que eu o considere verdadeiro. Se afirmo saber algo, vou além do meu próprio pensar.

---

54. Cf. Frege, 1966, p. 50.

Eu reivindico que o meu pensamento é verdadeiro. Nisso, posso me enganar. Um pensamento não pode se enganar, eu, porém, sim. Um pensamento é objetivamente verdadeiro ou falso. Apenas pensadores podem se enganar, a saber, pelo fato de que eles tomam por falso algo verdadeiro ou por verdadeiro algo falso.

O nosso sexto sentido

Aqui, temos certamente de ir ainda além do que Frege imaginou. Isso porque não podemos de nenhum modo opor o pensar; ou seja, o ter pensamentos, aos nossos sentidos, em sentido corrente. Antes, as nossas modalidades dos sentidos são maneiras e modos nos quais apreendemos pensamentos. Ver que chove é um tipo de pensamento. Ao ver que chove, apreendo o pensamento de que chove.

Aqui, vale distinguir entre dois tipos de uso de nossa fala sobre a percepção pelos quais passamos em nosso caminho. Por um lado, entende-se por uma percepção um caso de sucesso. Desse modo, eu só posso ver que a Úrsula atravessa a rua se ela de fato o faz. Por outro lado, também descrevemos falsas percepções (como alucinações) como percepções e dizemos, então, por exemplo, que alguém viu Maria em uma visão, por mais que o psiquiatra que examina o paciente não acredite nele. Uma percepção apreende, assim, um pensamento que está codificado em uma modalidade dos sentidos. Se o pensamento é verdadeiro, tem-se o caso de sucesso. Caso contrário, trata-se de um engano dos sentidos.

É preciso tomar cuidado para não confundir ambos os casos. Chamemos a eles, em nome da simplicidade, de *caso bom* ou de *caso ruim*. A confusão de ambos os casos leva àquilo que Searle designa em seu livro *Ver as coisas como elas são* como "o argumento ruim"[55]. O argumento ruim é o motor do construtivismo. Ele diz

---

55. Searle, 2015.

90

aproximadamente o seguinte: o caso bom se assemelha ao ruim. Por isso podemos confundir a ambos. Não podemos, portanto, distinguir seguramente entre o caso bom e o caso ruim. Segue-se que não podemos provar que haja em algum momento um caso bom. A vida poderia, então, ser, como um todo, apenas uma longa série de ilusões. *A vida: um sonho*, como diz o título de uma peça de teatro espanhola (escrita por Pedro Calderón de la Barca), que teria agradado particularmente ao construtivista de raiz Arthur Schopenhauer (1788-1860)[56].

Porém, do fato de que podemos, a princípio, nos enganar em cada caso individual sobre se nos encontramos em um caso bom ou em um caso ruim não se segue que todos os casos poderiam de uma vez só ser ruins. No máximo se pode formular aqui uma suspeita que não se pode, porém, dessa maneira, fundamentar racionalmente. Do fato de que, por exemplo, cada figura individual de uma história de detetive poderia ser o assassino, não se segue que todos eles tenham cometido juntos o assassinato. É, de fato, possível, mas é um caso especial curioso, a favor do qual, via de regra, nada fala[57]. Por isso, procuramos, normalmente, o assassino, sem simplesmente suspeitar de todos de uma só vez.

As nossas percepções nas modalidades dos sentidos usuais são, objetivamente, de fato passíveis de erro, mas não são, por causa disso, todas falsas. Elas têm, portanto, um traço fundamental comum, a objetividade. Esse traço fundamental comum de todas as modalidades do sentido é o sentido comum postulado por Aristóteles. Nele, trata-se, como já foi dito, do pensar humano (cf. p. 53ss.).

Graças ao nosso pensar, todas as nossas modalidades dos sentidos são objetivas. Ele é ele mesmo objetivo e se insere entre as outras

---

56. De la Barca, 2009.

57. A quem se interessar por detalhes dessa argumentação, indica-se Gabriel, 2012, cap. II.1, onde descrevo os três passos da *Skepsis* cartesiana.

modalidades dos sentidos como aquele sentido que marcou particularmente a nossa história entre nós, seres humanos. O ser humano é o *zôon logon echon*, o ser vivo que tem um *logos*. Dispomos de um *logos* porque nos encontramos em um contínuo contato falível com o real, sobre o qual podemos nos entender de modo linguisticamente codificado. Todavia, também um porco dispõe de um *logos*. Porcos também pensam, eles são igualmente falíveis. Por isso, deve-se acrescentar à definição clássica que o ser humano é o ser vivo que orienta sua vida pelo fato de que ele tem um *logos*. Para porcos, não se coloca, supostamente, a pergunta sobre o sentido de sua vida. Eles vivem enquanto eles vivem e também pensam. Mas essa conjuntura não é o fundamento de sua vida e de sua comunidade.

À nossa aptidão para a razão pertence por isso também, essencialmente, o fato de que podemos tematizar a circunstância de nosso ser-humano. Podemos refletir sobre o nosso pensar. O pensar se distingue de outros sentidos pelo fato de que ele pode se voltar para si próprio e conhecer a si próprio como mídia dentro da mídia do pensamento. O pensar do pensar é uma forma de autoapreensão ou de automediação. Essa, por sua vez, é falível. Isso se vê pelo fato de que há teorias distintas e irreconciliáveis entre si sobre o pensar que não podem ser todas simultaneamente verdadeiras, pois elas, em grande parte, excluem-se explicitamente. Por conseguinte, alguns têm de ter se enganado sobre o pensar.

O pensar sobre o pensar preenche as características de um sentido. Ele se encontra em um contato falível com o seu objeto: o pensar. Nós temos um sentido do pensar. Ele é, junto aos sentidos clássicos, o nosso sexto sentido, que ainda é complementado com o nosso sistema sensorial, que nos é conhecido graças à fisiologia dos sentidos moderna.

2
Técnica de pensar

Mapa e região

No romance de Michel Houellebecq (* 1956) premiado com o renomado Prix Goncourt *Mapa e região*, o narrador conta sobre um pintor de nome Jed Martin. Esse pintor chega à fama pelo fato de que ele faz pinturas dos Mapas Michelin, com os quais ele desenha um retrato indireto da França. Em vez de pintar paisagens, Martin faz pinturas de mapas de paisagens. Um mapa, assim se diz lá, "transforma [...] objetos do mundo em objetos da arte da pintura"[58]. Nisso, ele se assemelha à arte.

> Jed dedica a sua vida (pelo menos a sua vida profissional, que logo deve se fundir com o restante da sua vida) à *arte*, à produção de representações do mundo nas quais seres humanos, todavia, não precisam de absolutamente nada para viver[59].

A sua carreira tem a sua culminação em uma exposição com o provocante título "O mapa é mais interessante do que a região". O narrador conta que Patrick Kéchichian, um crítico de arte do *Le Monde*, iguala a arte de Jed Martins com o ponto de vista de Deus, que observa a Terra da perspectiva de um satélite nos confins do universo[60].

---

58. Houellebecq, 2011, p. 34.

59. Ibid.

60. Cf. ibid., p. 79s.

Essa comparação leva, de maneira concreta, à **proposição central** sobre a relação entre a assim chamada **inteligência artificial (IA) e a inteligência humana (IH)**: a IA está para a IH como o mapa está para a região. Na IA não se trata do *pensar*, mas sim de um *modelo do pensar*. Um modelo tem de, aí, no mínimo se assemelhar àquilo que ele modela (o seu *sistema objetivo*). Ele não é uma cópia, mas sim pode ter também propriedades inteiramente diferentes do que aquelas que queremos entender e explicar por meio dele.

Ainda retornarei à pergunta sobre o que se entende exatamente por "inteligência". Para o caso intimamente conhecido por nós da IH, pode-se, em nome da simplicidade, partir do princípio de que se trata, na **inteligência**, da capacidade para pensar, como Floridi expressa[61]. Naturalmente, isso ainda não leva muito longe, já que tudo depende do que entendemos por "pensar". E justamente isso é o tema deste livro.

A proposição central resulta da circunstância de que a informática provém da lógica. Esta se ocupa com as leis do pensar, na medida em que o pensar consiste em apreender pensamentos. Pensamentos estão, a saber, interligados. A interligação entre pensamentos é representada em modelos do pensar por meio de leis lógicas. Frege chama isso de "leis do ser-verdadeiro"[62]. Assim, por exemplo, minha filhinha descobriu recentemente uma tal lei. Isso porque ela reconheceu que se eu não existisse mais (tivesse ido embora) e, além disso, a sua mãe não existisse mais (tivesse ido embora), restaria então apenas ela de nossa pequena família. Então ela se admirou e quis saber se a nossa pequena família ainda existiria de algum modo se ela também tivesse ido embora. Ela reconheceu, então, uma ligação lógica entre a composição total de pai, mãe e

---

61. Floridi, 2011, p. 61.

62. Frege, 1966, p. 31

filha como família e os seus membros individuais. O todo da família consiste de partes. Se todas as partes desaparecem, desaparece, também, toda a família.

A nossa linguagem cotidiana é cheia de interligações lógicas. Se sou o pai de uma filha, sou, então, o pai de alguém. Disso se segue, por sua vez, que eu também poderia ser o pai de outra pessoa. Não se pode excluir logicamente que eu fosse pai ainda de outras crianças. A realidade é, assim, evidentemente, logicamente estruturada. Pais são *realmente* pais de crianças; famílias consistem *realmente* de membros [da família], embora tenhamos hoje uma imagem diferente de família e pequenas famílias também possam, por exemplo, consistir de pares do mesmo sexo. Com isso, alcançamos um progresso lógico, pois, nesse meio-tempo, sabemos que a composição de uma família não é uma estrutura *biológica*, mas *lógica*. "Pai" e "Mãe" designam, no contexto de uma família, papéis, e não tipos biológicos. O pai biológico de uma criança não tem de ser idêntico com o pai de família. Quem contesta isso comete um mau erro lógico. Ser pai não é idêntico com um tipo natural.

Isso é uma descoberta, e não uma mera mudança de convenção. É, a saber, um fato sobre famílias de seres humanos que elas são compostas por papéis que podem ser cumpridos de modos diferentes. Que precisamos de uma divisão de papéis é, por um lado, um fato inteiramente biológico sobre o ser humano como ser vivo. Esse fato, porém, não prescreve exatamente como os papéis devem ser preenchidos. Uma mudança de convenção não consiste simplesmente no fato de que muitos de nós pensam a família hoje um tanto diferente do que os nossos predecessores da década de 1950, mas também no fato de que se sabe simplesmente mais hoje sobre o ser humano – tanto em sentido biológico como em sentido sociocultural. Não moldamos as nossas convenções segundo nossa conveniência, mas chegamos, sob a pressão dos fatos, à intelecção de que as nossas convenções anteriores não são suficientemente conciliáveis com os fatos.

Cada um de nós faz constantemente considerações logicamente estruturadas. Planejamos nosso dia a dia. Isso só ocorre de maneira bem-sucedida porque a própria realidade é formatada logicamente. Assim, nos aproximamos do **conceito amplo de informação**, que contribuiu para o sucesso da informática e se remete essencialmente ao famoso cientista da computação Claude Shannon (1916-2001). Segundo esse conceito amplo, há informação em todo lugar onde uma pergunta pode ser respondida com "sim" ou "não". A informação se assemelha, aí, em aspectos relevantes, ao conceito de sentido, como ele foi desenvolvido na filosofia sobretudo por Frege e Wittgenstein (cf. p. 85ss.). Wittgenstein é, aliás, não por acaso, citado no fim do romance de Houellebecq[63].

Todos nós conhecemos a unidade de medida "Bit", que devemos à informática. Bits medem informações ao decompor pensamentos em simples perguntas e respostas. Um Bit é um *binary digit*, uma unidade binária. Um código é binário na medida em que podemos imaginar duas configurações, uma, "ligado" (1) e outra, "desligado" (0), de um interruptor. A pergunta "A luz está acesa?" é respondida pelo fato de que o único interruptor de luz a que a pergunta é atribuída está ligado ou desligado. A posição do interruptor de luz é a resposta a uma pergunta e, por isso, um bit.

Porque esse é o caso, pode-se usar impulsos elétricos para codificar informações. *Chips* de computador funcionam de tal modo que eles implementam simples leis lógicas para, desse modo, processar um input, o que, por sua vez, leva a um output. Computadores são pura lógica, que é instalada em um hardware segundo as leis da física conhecidas por nós. As leis da física conhecidas por nós são expressas em relações matemáticas (equações), de modo

---

63. Cf. Houellebecq, 2011, p. 383.

que o universo é subdividido em estruturas lógicas, a fim de fazê-lo calculável e compreensível teoricamente.

Isso funciona porque o próprio real deixa informações à disposição. A realidade física (o universo) é, em todo o caso, conhecível, na medida em que nós o conhecemos. Do fato de que conhecemos parcialmente o universo não se segue, naturalmente, que o conhecemos como um todo. Também não temos um conhecimento preciso de tudo o que conhecemos sobre o universo (e, também, do que ainda não conhecemos).

Aqui é importante não dissolver a diferença entre o fato de que a luz está ligada e o fato de que o interruptor está em "ligado". Há, entre ambos os fatos, uma ligação que se pode apreender logicamente. Mas o estar ligado da luz não é idêntico com a posição do interruptor de luz (assim, p. ex., a condução [de energia] pode estar interrompida, de modo que se reconhece imediatamente a diferença). A estrutura lógica de uma teoria física ou da informática não é idêntica com a estrutura da própria realidade, mas sim intersecta parcialmente com ela. Lá, onde a teoria e o real intersectam, há, frequentemente, isomorfias; ou seja, a teoria e a realidade têm as mesmas propriedades estruturais que, todavia, são realizadas de modos diferentes. O modelo-padrão da física e partículas descreve propriedades de partículas elementares assim como leis de seu efeito recíproco [umas nas outras]. Ele não é feito ele mesmo, porém, de partículas elementares. Uma teoria não é uma série de reproduções diretas da realidade, mas se encontra sob seu próprio conjunto de leis [*Gesetzmässigkeiten*], graças à qual os elementos teóricos podem ser interligados. As partículas elementares não se descobrem elas mesmas, mas nós a descobrimos no âmbito daqueles métodos que se mostraram como bem-sucedidos.

A física examina, por assim dizer, a interligação entre a posição do interruptor de luz e o estar ligado da luz. Dessa maneira, ela descobre a conformidade a leis e as expressa em sua linguagem formal. Mas isso não significa que sempre, quando o interruptor de luz está em "ligado", a luz também está ligada. A realidade física é, por isso, mais complexa do que a simplificação teórica e modelos. Disso se segue que nunca podemos, por meio dos métodos das ciências naturais como um todo, chegar a um conhecimento certo e infalível sobre o todo do universo, conhecimento que nunca mais possa ser refutado.

Computadores podem falar chinês?

Na era da informação, pode parecer difícil a muitos distinguir comunicações arbitrárias de fatos. Nem tudo que nos é vendido como informação corresponde à realidade. A *infoesfera* se distingue estruturalmente do *solo dos fatos*. A infoesfera em que você se movimenta nesse momento, ao ler estas linhas, que eu em algum momento mandei na forma de um documento por e--mail para a minha leitora, é uma realidade em pleno direito, que, naturalmente, também deixa rastros físicos. Um e-mail não é nenhum espírito que anda rapidamente através dos fios de cobre e fios ópticos, mas um código que é realizado de diferentes maneiras material-energéticas e, por isso, também pode ser transmitido.

A confusão corrente entre comunicações arbitrárias e fatos foi criticada de maneira efetiva, mas insuficiente, por um dos mais famosos críticos da IA. Em uma das contribuições mais discutidas à filosofia da IA, Searle, contra a argumentação do pioneiro da inteligência artificial Alan Turing (1912-1954), tentou provar que um computador não pode pensar[64]. Por mais que a discussão sobre o experimento mental de Searle não seja a mais recente, ela é, toda-

---

64. Searle, 1980.

via, atual, pois, em alguns pontos, ele reconheceu algo de fundamental. Por isso, ela deve ser retomada aqui.

Imaginemos que John Searle que, como eu pude constatar, não fala chinês (ele conhece no máximo um ou outro ideograma), fosse trancado em um quarto. Esse quarto tem duas pequenas aberturas, que se encontram em paredes contrapostas. Além disso, há, no meio, uma escrivaninha, na qual se encontra um livro que fornece instruções em inglês. Essas instruções descrevem como certos ideogramas chineses retratados ali devem ser postos uns ao lado dos outros e colados em um papel. Na escrivaninha há, além disso, papel e cola.

Por meio de uma abertura se passa, agora, alguns bilhetes. Em cada bilhete está escrito um ideograma chinês. John reúne os bilhetes até que ele percebe que ele tem bilhetes o suficiente para seguir uma das instruções do manual. Ele cola os bilhetes na sequência prescrita e os empurra pela abertura no outro lado do quarto. Ele ouve como alguém pega o bilhete lá. O que ocorre é que dois chineses se comunicam um com o outro pelo fato de que um deles, de um lado do quarto de John, recebe ideogramas, que John – sem saber disso e sem entender o que ele faz ali – compõe em proposições de que o outro, do outro lado, toma conhecimento.

O primeiro ponto desse conhecido experimento mental que é conhecido como o **quarto chinês (*chinese room argument*)**, enuncia que John nem entende nem fala chinês. Colar ideogramas segundo um manual não é entender proposições em chinês. Segundo Searle, a IA é, aí, análoga ao papel de John no quarto chinês (o que, naturalmente, é contestado por seus críticos por razões parcialmente boas, o que ainda abordaremos mais para frente). Um algoritmo que é instalado em um dado hardware não entende quais informações são processadas graças a ele. A IA não seria, desse modo, ela mesma inteligente. Nenhum computador processa informações de uma maneira inteligente, porque nenhum computador entende algo e, por isso, também não dispõe da capacidade de pensar. Searle pressupõe tudo isso amplamente como premissa de sua argumentação, motivo pelo qual eu tentaria, a seguir, fundamentar essa premissa – certamente de modo diferente de Searle.

A diferença entre um computador e John, que se senta no quarto e cola ideogramas, é aqui, em última instância, a diferença entre um ser vivo com aptidão para a linguagem – um ser humano de nome John Searle – e um sistema formal. Um computador é, segundo a argumentação de Searle, um sistema formal, na medida em que toda combinação (que não surgiu biologicamente) de hardware e software administra estruturas e transforma segundo regras. Assim, Searle toca em um ponto decisivo, mesmo que, infelizmente, ele não o fundamente suficientemente. O argumento que Searle desenvolve em seu experimento de pensamento fracassa, então, por mais que ele tente defender a posição [de fato] verdadeira.

Aonde Searle quer chegar é que se pode criar cadeias de ideogramas sinteticamente corretas (bem formuladas) sem se ter a menor ideia do que elas significam. Podemos também pintar hieróglifos em um museu, sem, por isso, poder lê-los. A IA é, segundo ele, um sistema formal de criação e revisão de cadeias de signos. *Nós* podemos, então, ler essas cadeias de signos. Meu programa de Word, todavia, justamente não lê o que eu escrevo, mesmo que ele esteja instalado em meu computador, de modo que eu salvo essa cadeia de signos nele e posso copiá-la para um pen-drive. Meu computador, porém, não comunica a esse pen-drive que o assunto desse texto são os limites do entendimento. Eles não conversarão um com o outro em minha linguagem.

Quem pensa que computadores são literalmente inteligentes e possivelmente até mesmo dominarão o mundo como a Skynet nos filmes do *Exterminador do futuro* poderia, segundo Searle, também acreditar que os nossos sapatos poderiam tomar o controle, a fim de se vingar do fato de que os pisoteamos há milênios. O processamento de informação em máquinas de cálculo não biológicas se dá sem consciência, o que as distingue fundamentalmente do entendimento humano. Cadeias de signo são empregadas na vida humana de um modo inteligente para a transmissão de informações e para o reconhecimento e transformação de fatos. A infoesfera está embutida parasitariamente em nossa forma de vida. Segundo Searle, ela não tem aí, diferentemente dos parasitas biológicos, nenhuma vida própria.

Infelizmente, a condução da prova é cheia de lacunas, já que ela chega a um impasse em um local decisivo[65]. Isso porque Searle não prova que uma IA deve realmente ser entendida como sendo análoga a um sistema em que há uma central onde informações que são alimentadas de fora são processadas sintaticamente sem entendimento. Na IA, tampouco quanto em Searle, não há um pequeno homenzinho que converte dados em informações. Além disso, não é claro se uma IA pode ser construída de maneira sintática se ela não tiver nenhum entendimento de signos. Searle atribui ao computador uma espécie de compreensão faltosa de signos, por mais que ele queira, na verdade, provar que não tem nenhuma compreensão de signos e que, desse modo, justamente não tem nenhum acesso à sintaxe. Por isso, ele está, de fato, no caminho para a verdade, defende, todavia, a sua intelecção de modo insuficiente com o seu experimento mental. Por isso, ele mesmo a complementou posteriormente com outra estratégia de ataque.

Fotos não se lembram de Creta

Searle defende, como um todo, a posição quase correta de um **naturalismo biológico**[66]. Este identifica todos os estados mentais

---

65. Para uma análise detalhada da argumentação de Searle, cf. Dresler, 2009.

66. Searle, 1991.

de seres humanos (de que faz parte a capacidade de aprender, falar e entender chinês) com processos que são produzidos por meio de processos neuronais; ou seja, por partes do cérebro. Estados mentais são, segundo essa teoria, via de regra, estados globais de determinadas unidades organizacionais do cérebro.

Algumas coisas são problemáticas nessa tese. Todavia, ela tem uma vantagem teórica que é subestimada até hoje. Isso porque ela explica por que, no experimento mental do quarto chinês, há uma diferença entre John e o falante de chinês. No falante de chinês não se senta de modo algum, por sua vez, um pequeno falante, que entende chinês. Não há, no falante de chinês, nenhuma central de distribuição onde os códigos linguísticos são utilizados sem serem ali compreendidos. Falantes de chinês são, antes, aqueles sistemas totais biologicamente apropriados (seres vivos), que – como a realidade comprova – estão em condição de falar chinês.

A quartos, em contrapartida, falta as propriedades relevantes, motivo pelo qual nem John nem o sistema total que consiste no quarto, nos ideogramas, no manual, nas aberturas e assim por diante podem falar chinês. Searle nos lembra de que é preciso no mínimo um cérebro suficientemente saudável e exercitado em um ser vivo suficientemente saudável e exercitado para que alguém possa entender algo. O quarto chinês não é um ser vivo que pode aprender algo, mas uma caixa dentro da qual alguém se sente e cria cadeias de signos sem as compreender.

Desse modo, há um abismo insuperável entre um software de reconhecimento de linguagem e a sua capacidade de entender esta proposição e a tomar por verdadeira ou falsa. A explicação de Searle para esse abismo consiste na suposição de que toda intencionalidade é uma propriedade do cérebro. Por **intencionalidade** (do latim *intendere* = dirigir-se, orientar-se, voltar-se [para algo]) se entende, em filosofia, a circunstância de que estados mentais se dirigem a algo que não é, ele mesmo, necessariamente, um estado mental. Intenções, por essa razão, não têm nesse contexto, em um primeiro momento, algo a ver com manifestações de vontade, mas simplesmente com a orientação de nosso pensar para seus objetos. Por isso, posso agora pensar, sem grandes dificuldades, em Barack Obama, e expressar isso por meio da presente proposição. Se você sabe quem é Barack Obama, volta-se igualmente para Barack Obama se entende a proposição anterior e a presente. Você pensa nele como justamente o objeto de que a minha proposição fala. Que pensamentos e proposições tratem de algo que ocorre na realidade é a propriedade da intencionalidade. A ideia fundamental de Searle enuncia agora que pensamentos e proposições só tratam de Obama porque nós emprestamos a eles nossa intencionalidade humana. Essa é a **tese da intencionalidade emprestada**[67]. Uma homepage na qual você procura locais de férias para o seu verão trata de, por exemplo, hotéis em Creta, porque seres humanos já pensaram alguma vez em Creta e depositaram esse fato em mídias não humanas: em fotos de férias, prospectos de viagem, em epopeias da Europa antiga e, justamente recentemente, no ciberespaço. Fotos de férias não refletem sobre Creta. Elas também não se lembram das últimas férias em Creta. Fotos de férias são suportes de lembranças, mas não são, elas mesmas, lembranças.

Uma formiga rasteja pela areia, e por que isso não tem nada a ver com Winston Churchill

A tese da intencionalidade emprestada pode ser esclarecida por meio de uma consideração ainda mais geral que vai além do naturalismo biológico de Searle em aspectos decisivos. Ela provém de um capítulo de livro que, graças à trilogia do *Matrix*, achou en-

---

67. Cf. Searle, 1991, p. 19-21.

trada na história cultural mais recente da humanidade. Trata-se do capítulo "O cérebro numa cuba", do livro *Razão, verdade e história*, de Hilary Putnam (1926-2016)[68].

Nesse capítulo, Putnam discute a questão sobre se toda a nossa vida consciente poderia ser uma simulação que é produzida por meio do estímulo de nosso cérebro, que, na verdade, não se encontra no Planeta Terra, mas em algum lugar em uma cuba e conectado por fios com uma tecnologia avançada para produção de alucinações. Ainda retornaremos a isso (cf. p. 250-254).

Seja como for, o artigo começa com uma consideração que você talvez já tenha visto alguma vez em uma ou outra forma.

> Uma formiga se arrasta pela areia e, ao arrastar-se, desenha uma linha na areia. Por puro acaso, as curvas correm e se intersectam de tal modo que elas, por fim, parecem como uma caricatura reconhecível de Winston Churchill. A formiga desenhou uma imagem de Winston Churchill? Uma imagem que *retrata* Churchill?[69]

Pense por um momento se você acha que a formiga desenhou uma caricatura de Churchill. Deixarei, para o seu trabalho de reflexão, um pouco de espaço entre esta e a próxima frase.

---

68. Cf. Putnam, 1982, p. 15-40.

69. Ibid., p. 15.

Voltei. Se você ainda estiver incerto, pense na seguinte pergunta que, em última instância, tem a mesma estrutura: há imagens nas estrelas; ou seja, pode-se ver no céu noturno uma grande carroça, por exemplo?

Se você ainda está hesitando, pense agora nas formações de nuvens, que parecem como vacas ou rostos.

Todos esses casos têm em comum que não se trata, neles, de imagens produzidas intencionalmente. Nós *vemos* uma caricatura de Churchill porque *nós* o conhecemos. Acreditamos ver uma grande carroça porque conhecemos carroças. Poderíamos ir ainda mais longe nessa linha. A formiga não conhece Churchill, e por isso também não pode fazer nenhuma caricatura dele. O céu noturno simplesmente não conhece nenhuma carroça; o céu noturno não conhece nada.

Putnam designa a opinião de que a formiga poderia produzir por acaso uma caricatura de Churchill ou de que nuvens se encontram em uma forma de vaca como a **teoria mágica da referência**. Seria, a saber, equivalente a um milagre, se nuvens pudessem, sem a nossa interpretação, ser imagens de vacas. Que processo meteorológico poderia, por favor, explicar isso?

Contra essa teoria mágica, Putnam faz valer uma intelecção digna de ser preservada, que nos leva um passo adiante. Ela é conhecida sob a palavra-chave do **externalismo semântico**. Este se baseia no fato de que muitos elementos em enunciados por meio dos quais podemos nos voltar para algo que não é, ele mesmo, um enunciado, recebem sua direção, por assim dizer, de fora. Os objetos de enunciados determinam do que os enunciados tratam. O que enunciamos então nos detalhes sobre esses objetos, porém, não determinam os objetos. Se, por exemplo, expresso uma falsa opinião sobre Barack Obama – e, como muitos americanos levados ao erro acreditam, que ele não é realmente americano e não nasceu nos

Estados Unidos – então, o meu enunciado é falso, pois ele trata de Obama e ele tanto é americano quanto nasceu nos Estados Unidos. Podemos fazer enunciados falsos sobre algo porque os objetos de nosso enunciado nem se reduzem ao fato de que falamos sobre eles nem são exatamente tal como falamos deles. Eles determinam conjuntamente, por assim dizer, de fora (por isso externalismo) o que os nossos enunciados significam, se, por exemplo, eles são verdadeiros ou falsos.

Em uma forma ainda mais universal, Charles Travis fala de que a verdade é uma empreitada em que apenas dois partidos participam. A verdade seria, assim, uma *two-party enterprise*[70]. Se um pensamento é verdadeiro, isso dependeria tanto do fato de que a realidade é tal como ele a apresenta, como também de que exista um pensamento. Pensamentos podem ser verdadeiros ou falsos porque não apenas o pensamento, mas também a realidade tem algo a dizer na questão da verdade.

Mas assim se tem então todos os jogadores. Não haveria ainda um terceiro, como o construtivismo pensaria; ou seja, algo como a construção da realidade por meio dos nossos órgãos dos sentidos ou de nosso pertencimento a grupos sociais. Nada pode ser verdadeiro para Trump senão aquilo que é verdadeiro para Barack Obama. Desse modo, não há fatos alternativos. Algumas coisas, de fato, só são verdadeiras porque Trump existe (entre as quais que ele foi o quadragésimo quinto presidente dos Estados Unidos). Mas isso não é verdadeiro [simplesmente] porque ele quer que seja.

O deus da internet

Formigas não podem, portanto, refletir sobre Churchill. Se pensamos ver uma caricatura de Churchill que surgiu por acaso

---

70. Cf. Travis, 2018.

da formiga se arrastando, então, emprestamos à linha a nossa intencionalidade. Dotamos a realidade de um significado que ela não teria sem o nosso equipamento.

Isso pode ser designado como a **tese da projeção**. Ela é conhecida pela crítica da religião de Ludwig Feuerbach (1804-1872), que, em 1841, em seu livro divisor de águas, *A essência do cristianismo*, defendeu a tese de que o cristianismo projetou propriedades do ser humano no céu e pensou, então, que haveria um deus. Segundo Feuerbach, o deus cristão tem muitas propriedades do ser humano porque o moldamos à nossa imagem e o projetamos, então, no mundo exterior. Essa crítica da religião segue um modelo que se encontra pela primeira vez no século VI a. C. no filósofo pré-socrático Xenófanes.

> Os etíopes afirmam que seus deuses são negros e de nariz achatado, os nórdicos, que eles são loiros e de olhos azuis. [...] Se, porém, as vacas e cavalos e leões tivessem mãos e pudessem, com essas mãos, fazer pinturas como os seres humanos, então os cavalos retratariam e pintariam os deuses na forma de cavalos, as vacas na de vacas, e eles esculpiriam estátuas tais que corresponderiam às suas figuras corporais[71].

A principal característica do ser humano é o nosso pronunciado sentido do pensar. Em um episódio da série *Episodes* (número 504), o comediante (fictício) Sean Lincoln atira sem querer em um porco selvagem. Ele e sua esposa Beverly querem, contra o desejo de Matt LeBlanc, que interpreta a si próprio na série, salvá-lo. Ocorre uma discussão inflamada acerca da questão sobre se o porco selvagem teria direito de se hospedar no rancho de Matt, o que ele nega, já que, por fim, ele que pagou oito milhões de dólares, e não o porco. Sean e Beverly replicam que o porco poderia sim reivindicar direitos, pois ele é inteligente. Ao que Matt LeBlanc responde: "Por que, então, que eu que tenho a pistola?"

---

71. Apud Mansfeld e Primavesi, 2012, p. 227.

Naturalmente, não quero, de modo algum, me voltar contra os direitos dos animais. Muito pelo contrário! Do fato de que a inteligência humana é em muitos aspectos superior à do porco selvagem não se segue de modo algum que estamos justificados em tratar mal porcos selvagens. Também não tratamos crianças mal apenas porque nós, como adultos, temos uma inteligência plenamente desenvolvida. Seres vivos não merecem respeito moral porque eles são inteligentes, mas sim porque podem sentir sofrimento[72]. Por isso temos obrigações morais com porcos selvagens, mas não com smartphones, têm maior capacidade de cálculo em questões aritméticas do que todos os porcos e seres humanos recém-nascidos que jamais existiram, tomados conjuntamente. Todavia, podemos descartar smartphones, mas não recém-nascidos.

Seres humanos não são os únicos seres vivos com um sentido do pensar, mas, até onde sabemos, são os seres vivos que têm um sentido do pensar especialmente refinado. Isso, naturalmente, está ligado à nossa capacidade de tradução, que codifica pensamentos em imagens, sinfonias, teorias, instrumentos e proposições da linguagem natural.

O ponto relevante para nós da tese da projeção é que transferimos propriedades humanas para a nossa técnica. Assim como a humanidade equipa há milhares de anos o universo com um significado talhado para nós, significado que ele não tem, representamos hoje o progresso tecnológico como uma superpotência que não podemos controlar. No lugar da fala sobre Deus entrou hoje, para muitos seres humanos, as máquinas, que nos parecem inteligentes porque instalamos nossa lógica nelas.

Descobrir leis do pensamento por meio da reflexão e expressá-las em forma científica é uma conquista do ser humano. Essa conquista é a bênção e a maldição da tecnologia e, assim, da

---

72. Cf. sobre essa discussão as contribuições em Schmitz, 2014.

civilização, como a conhecemos a partir das altas culturas. Mas não se deve pensar que a lógica simplesmente cai do céu. Ela não é nenhuma revelação divina, mas uma estrutura que podemos descobrir apenas no âmbito da forma de vida humana.

De Searle e Putnam podemos tirar o conhecimento de que nem tudo que parece para nós como um pensamento ou como um caso de pensar também é [de fato] um pensamento ou um caso de pensar. Projetamos regularmente os nossos próprios processos de pensamento no nosso ambiente natural e social. Todos conhecem esta ou aquela situação comparável na qual se encontra depois de muitos anos um amigo em uma cidade estranha exatamente no instante em que se pensou nele. Mas isso, justamente, não significa que o amigo está na cidade estranha para que possamos o ver por acaso. Seria, afinal, estranho, se o pobre coitado tentasse há anos levar a um encontro contingente comigo, que, além disso, devesse ocorrer justamente quando eu penso nele. Seria igualmente estranho se alguma entidade superior, um deus, o "destino", dirigisse as coisas de tal modo que as pessoas se encontrassem e ainda desse um pequeno indício da feliz coincidência prestes a ocorrer. Os acasos felizes da vida são exatamente isso: *acasos felizes*. E os acasos infelizes; ou seja, os acidentes são igualmente nada mais do que *acasos*.

Nosso mal-estar na cultura

Simplesmente por causa da interação de muitos fatores na vida humana chega-se a acontecimentos que de nenhum modo são sempre e inteiramente intencionais. A nossa civilização não é um arranjo racional que alguém planejou em uma prancheta. Todo melhoramento das condições de vida socioeconômicas do ser humano depende de uma quantidade de circunstâncias nunca inteiramente abarcável.

Há uma simples razão para isso. Somos, a saber, como seres vivos, confrontados com arredores em larga medida não intencionais. Os **arredores não intencionais de nossa vida** são aqueles fatos que existem sem que ninguém tenha planejado anteriormente a sua existência. O trabalho cultural humano do qual surgiu a nossa civilização moderna e altamente equipada tecnologicamente consiste em reduzir essa pressão do acaso e criar cada vez mais estruturas que mantêm longe de nós da natureza perigosa a imprevisível. O problema é, porém, que nós mesmos, como seres vivos, somos feitos da natureza imprevisível, de modo que o próximo passo logicamente parece visar a superar os nossos corpos biológicos.

Reduzimos a pressão do meio ambiente em nossa vida ao produzir nichos de intencionalidade emprestada. Aninhamo-nos, desse modo, em nossa própria cultura. Floridi caracteriza isso como a "semantização do ser (*semantizationn of Being*)"[73]. Segundo ele, reagimos, como seres vivos, à ausência de significado na realidade que nos circunda dando forma à infoesfera. Ela é, por assim dizer, a nossa atmosfera espiritual.

Tradicionalmente, fala-se, nesse contexto, também de cultura. O diagnóstico de Floridi da era da informação enuncia que nós levamos a construção de uma rede de significados tão longe que gastamos já há muito tempo mais tempo no mundo da informação do que em uma natureza intocada por ele. Enquanto escrevo isso no voo para o Nepal, duas turistas à minha esquerda planejam a sua rota de caminhada em Ísquia por meio de mapas e informações que elas reuniam antes on-line ou com o auxílio de um clássico guia impresso de viagens. Tudo o que elas vivenciarão em Ísquia (fora um terremoto, como ocorreu lá recentemente) será visto pelas lentes de sua preparação prévia com informações. Elas caminham assim, mais por caminhos mentais que elas balizaram previamente do que

---

73. Floridi, 2011, p. 7-12; destaques meus.

em uma vivência originária que as colocaria em contato com uma natureza inumana.

Evitamos esse contato (com razão). Isso porque a natureza inumana não é nem nossa amiga nem nossa inimiga. Ela é, simplesmente, a existência prévia de materiais e leis naturais que vieram a ser sem nenhuma participação de nossas expectativas de significado. Baseando-se nisso, Floridi entende o sentido de nossa vida espiritual como uma fuga do medo originário da ausência de significado das coisas.

> A vida espiritual é, desse modo, o resultado de uma reação bem-sucedida a um *horror vacui semantici* primário: caos carente de significado (no sentido não existencial de "ainda-não-dotado-de-sentido") traz o perigo de despedaçar o nosso si, afogá-lo em uma alteridade alienante que o si percebe como o nada. Esse temor primordial diante da aniquilação impulsiona o si a equipar todo espaço semanticamente vazio com qualquer significado que o si puder encontrar, de modo tão bem-sucedido, justamente, quanto o *Cluster* de limitações contextuais, ofertas e desenvolvimentos da cultura o permitirem[74].

As bolhas de informações e câmaras de eco muito repreendidas hoje existem desde que o ser humano contribuiu, na forma da divisão do trabalho, para que nos defendamos contra a natureza, que nos confronta com a tarefa, em última instância insolúvel, da sobrevivência. Independentemente de quantos avanços alcançarmos no que diz respeito a isso, chega-se, mais cedo ou mais tarde, por causa da estrutura do universo, ao fato de que toda vida huma-

---

74. "Mental life is thus the result of a successful reaction to a primary *horror vacui semantici*: meaningless (in the non-existentialist sense of 'not-yet-meaningful') chaos threatens to tear the Self asunder, to drown it in an alienating otherness perceived by the Self to as Nothingness. This primary fear leads the Self to go on filling any semantically empty space with whatever meaning the Self can muster; as successfully as the cluster of contextual constraints, affordances, and the development of culture permit" (FLORIDI, 2011, p. 7; trad. minha).

na desaparece. Essa circunstância gera consternação, já que ela é um espelho cósmico de nossa própria mortalidade. Experimentamos a realidade essencialmente pelo prisma de nossa morte que se encontra a cada momento diante de nós, motivo pelo qual Martin Heidegger (1889-1976) chegou ao ponto de caracterizar o ser humano como um "ser para a morte"[75].

Todo dia nos confrontamos com sinais humanos modernos que só significam algo porque emprestamos a eles significado. Sinais de trânsito, cartazes de propaganda eleitoral, *outdoors* pertencem a nossa imagem da cidade e, há algumas décadas, a selva de signos do ciberespaço que, entre outras coisas, trazemos em nossos smartphones e levamos há muito tempo para cama conosco. A realidade reluzente do smartphone nos bombardeia de intencionalidade emprestada. A diferença entre uma formação de nuvens e um website é, naturalmente, que, em um website, participam muitas pessoas, que depositam [aí] sua intencionalidade. Todo website é uma comunicação; ou seja, uma transmissão de pensamentos que se dirige a outros. Uma formação de nuvens, em contrapartida, não é uma transmissão.

O trabalho cultural humano consiste em reduzir a pressão de que estamos na mão de fatores que se encontram inteiramente fora de nosso controle. Reprimimos constantemente o fato de nosso próprio declínio e toda a dor e sofrimento em que nós mesmos contribuímos direta ou indiretamente como fatores. A todo instante ocorrem acidentes incontroláveis que são parcialmente provocados pelo nosso trabalho cultural.

Isso é retratado de maneira esteticamente magistral pelo filme de Ruben Östlund *The Square* (2017), que foi premiado com a Palma de Ouro. O protagonista, diretor de um museu de arte contemporânea em Stockholm, é atingido por um acidente após o outro e

---

75. GA I, vol. 2, § 51.

tenta continuamente domesticar o incontrolável por meio da arte. O filme mostra o fracasso dessa tentativa, assim como os abismos éticos que resultam do fato de que hoje verdadeiros problemas morais são reprimidos medialmente ao falarmos constantemente sobre estrangeiros, sem teto, pobreza infantil e assim por diante, sem fazermos, na realidade, nenhuma contribuição como indivíduos para a superação desses problemas.

Em algum momento, toda a vida humana no planeta chegará ao fim. Dependendo de como exatamente a entropia atua em todo o universo, possivelmente será possível chegar a uma morte fria do universo como um todo; ou seja, a uma condição em que não haverá mais nenhuma estrutura que possa codificar informações[76]. De todo modo, deveríamos nos familiarizar com o pensamento de que todo ser humano e a humanidade como um todo terá de perecer mais cedo ou mais tarde e de que todos nós ainda nos depararemos com acidentes insuportáveis, o mais tardiamente na forma de nosso falecimento.

Essa circunstância é forçada, por meio do trabalho cultural, para as margens de nossa atenção (com exceção, p. ex., do capítulo que você está lendo neste momento). Na nossa cultura atual está amplamente disseminada a atitude de banir a morte do espaço público. Ela vem a aparecer novamente, a maior parte das vezes, na forma de notícias que falam predominantemente de acidentes mortais. Elas relatam sobre ataques terroristas e acidentes de avião, mas não de como seres humanos se conhecem em aviões, apaixonam-se e melhoram juntos o mundo ao, por exemplo, adotarem um órfão [até então] infeliz.

Uma função importante do serviço de notícias atual é que fundamentamos o nosso trabalho cultural de maneira simbolicamente indireta. Em vista de todo o horror que ocorre sempre em

76. Krauss, 2018.

algum outro lugar, nos consideramos justificados em nos aferrar-mos às estruturas cotidianas do *status quo*. É tranquilizante para muitos se uma guerra civil ocorre em outro lugar, pois se sabe então que, de todo modo, ela não ocorre aqui. Com isso, porém, vem o problema de que é difícil de reconhecer a causa do sofrimento dos outros em nós mesmos. Somos todos, de alguma forma, parte de cadeias causais no fim das quais alguém sofre. Basta ter um smart-phone, dirigir um carro ou comprar mercadorias que não são nem sustentáveis nem produzidas sob condições justas. Além disso, o nosso uso cotidiano, em parte completamente absurdo, de plástico, prejudica todos os seres humanos, assim como outros seres vivos e não é, desse modo, nem sustentável, nem justificável.

A selva de signos da infoesfera que nos acompanha constan-temente é uma **ordem simbólica**. Nós também a produzimos para fingirmos que somos possivelmente imortais ou, pelo menos, de-pendemos muito menos dos acidentes do universo material-ener-gético do que é de fato o caso. A visão provinda do vale do silicone de se tornar imortal por meio da superação de nossa natureza bio-lógica não é senão uma ilusão, que toma a função compreensível de nos desonerar do ser para a morte.

Infelizmente, essa fantasia de imortalidade produz sofrimen-to, já que ela favorece avanços tecnológicos que tomam uma parte massiva na presente crise ecológica e social. O preço que pagamos pela ideologia reluzente do vale do silicone são os escravos assala-riados das fábricas de smartphones, assim como todos os outros grupos de seres humanos mais conhecidos cujo cotidiano consiste em dedicar a sua vida à produção das bases materiais dessa fantasia de imortalidade.

Consumidores modernos no topo da pirâmide capitalista são, em certo sentido, como faraós modernos: em vez de nos eternali-zarmos em pirâmides que são construídas por escravos (que não serve para ninguém), nos eternalizamos na infoesfera (que, em última instância, também não serve para ninguém). Desse modo, a nossa vida espiritual é sempre incerta. Seres humanos podem falhar na construção de carências e na sua adequação à realidade. Experimentamos isso cotidianamente pelo fato de que fazemos planos de como queremos passar um dia, uma semana, um ano, uma fase de vida; planos que adequamos (e temos de adequar) às circunstâncias sempre em transformação de que se encontram fora de nosso controle.

Por isso, Sigmund Freud (1856-1939) diagnostica, em seu conhecido livro *O mal-estar na cultura*, uma aversão geral do ser humano em relação à sua inserção na realidade[77]. Nunca nos livramos desse mal-estar. É uma importante tarefa da filosofia, como crítica da distorção ideológica do espírito do tempo, ficar de olho por automodelos prejudiciais à autodescrição cultural do ser humano. A isso pertence hoje a representação de que poderíamos, por meio dos progressos na informática e pela construção permanente da digitalização, alcançar uma espécie de imortalidade na Terra. A técnica não nos fará imortais. Antes, ela prolonga a vida de um enquanto encurta a vida de outro.

Inteligência emocional e os valores escondidos na selva de signos digital

Graças à nossa sensibilidade, estamos, a todo momento de nossa vida consciente (também em sonhos), em contato com o real. As nossas sensações, o nosso contato com aquilo que realmente existe, nos confronta, felizmente, não apenas com a resistência e a repugnância da vida. O ser humano é um ser vivo tão social que membros de nossa espécie só sobrevivem nos primeiros meses e

---

77. Freud, 2010.

anos de sua vida se experimentam o amor como a circunstância de que outros seres vivos se voltam a eles visando protegê-los. Em seu *Princípios da filosofia do futuro*, de 1843, Ludwig Feuerbach formula isso claramente:

> Assim, o amor é a verdadeira prova *ontológica* da existência de um objeto fora de nossa cabeça – e não há nenhuma outra prova do ser do que o amor, a sensação em geral. Aquilo cujo *ser te dá alegria* e cujo *não ser te dá dor*, apenas isso *é*. A diferença entre objeto e sujeito, entre ser e não ser é, justamente, uma tal diferença entre *alegrador e doloroso*[78].

A psicologia profunda surge no século XIX com base em considerações semelhantes. Não precisamos reconstruir, aqui, toda a história do surgimento da psicanálise a partir do espírito do idealismo alemão e do romantismo. O importante nessa tradição como um todo é o pensamento central que se pode tornar compreensível da seguinte forma: temos uma disposição em relação a nós mesmos como seres vivos pensantes. Os nossos atos de pensar e o seu conteúdo – ou seja, nossos pensamentos – são experimentados por nós sempre de uma maneira determinada – e, assim, também coloridos emocionalmente.

Não há consciência intencional sem consciência fenomênica; ou seja, não podemos refletir sobre nada sem, ao fazê-lo, nos sentirmos de algum modo[79]. O nosso estado espiritual geral é composto a cada momento de sentimentos e pensamentos, embora os nossos sentimentos e disposições de humor experimentados não se refiram eles mesmos à realidade. Consciência fenomênica – ou seja, o modo e a maneira com que se tem a sensação de ser si mesmo – nunca surge sem consciência intencional. Isso, porém, não significa que todos os pensamentos que se dirigem a algo que

---

78. Feuerbach, 1983, p. 90.

79. Cf. Gabriel, 2017, cap. II.

não é ele mesmo um pensamento são sempre conduzidos por nossos sentimentos.

Nem todo pensamento é sentido exatamente de um modo determinado. Tomada exatamente, a nossa **consciência fenomênica** é o estado mental, o ruído de fundo de nosso organismo como um todo. Para tanto contribuem incontáveis elementos, entre os quais as nossas chamadas entranhas; ou seja, o sistema nervoso entérico, que se encontra em nosso trato estomacal/intestinal. A experiência é um tipo de câmara de eco de nosso organismo, na qual os estados são processados internamente e tornados intencionalmente acessíveis. Se sinto dor de cabeça, isso me diz algo sobre o estado do meu organismo, ao que eu, graças à minha consciência intencional, posso reagir tomando, por exemplo, uma aspirina. Como se sabe, não podemos ler tão simplesmente em nossos sentimentos as informações intencionais que precisamos para indicar exatamente o que está ocorrendo em nosso organismo. Sentimentos não são pensamentos codificados linguisticamente.

Todavia, há uma interação recíproca entre a consciência fenomênica e a consciência intencional, que sentimos como as mencionadas entranhas. Frege reconhece, ademais, inteiramente isso, ao falar da "coloração e iluminação"[80] de um pensamento. Há palavras de emoção em nossa língua (injeções como "Ah", "infelizmente" e assim por diante) que expressam como nos sentimos diante de um pensamento. Isso não muda nada na verdade do pensamento.

Se refletimos sobre nosso pensar, não fugimos de modo algum de nossa estrutura de personalidade. Também no pensamen-

---

80. Cf. Frege, 2007, p. 28: "Às distinções aqui ainda possíveis pertencem as colorações e iluminações, que buscam dar poesia [e] eloquência ao sentido. Essas colorações e iluminações não são objetivas, mas todo ouvinte e leitor tem de criá-las ele mesmo para si segundo a inclinação do poeta ou do orador. Sem um parentesco do representar humano certamente não seria possível nenhuma arte; o quanto, porém, se corresponde à intenção do poeta, não pode nunca ser exatamente apurado".

to sobre o nosso pensamento expressamos conjuntamente [a ele] uma disposição a respeito de como nós mesmos nos concebemos e de como queremos ser vistos. Os pensamentos que pensamos não nos ocorrem porque estamos interessados em sua verdade. Há pensamentos verdadeiros e falsos demais (transfinitos; ou seja, uma quantidade igual a infinitas vezes infinito), para que a verdade pudesse ser o único fator de explicação de nossos processos de pensamento. A nossa forma de vida humana e a nossa vida individual escolhem, no pano de fundo da experiência consciente, aqueles pensamentos que nos ocorrem.

Esses processos são chamados de inteligência emocional. Ela não surge, todavia, apenas no interior de nosso organismo, como uma espécie de auto-observação do sistema nervoso, mas, antes, no contexto de nosso nicho ecológico e social. Os nossos estados orgânicos são literalmente marcados pela nossa criação infantil, na qual o nosso sistema nervoso se desenvolve como reação às experiências do meio ambiente. Há um *feedback* de nossos arredores, através de nossa experiência motora, em nossos estados internos.

Freud postula, nesse contexto, um conflito em nós entre o princípio de realidade e o princípio de prazer. Ao princípio de realidade se atribui, em particular, a nossa percepção. Graças a nossos sentidos, estamos em contato com o real que nós mesmos não produzimos. Mas esse real não é moldado para as nossas necessidades. O princípio de prazer se põe, então, em uma morada psíquica saudável, ao adequar o real a nossas necessidades, até o ponto de não podermos mais distinguir, a princípio, entre o real e as nossas necessidades.

A coloração emocional da experiência não pode de modo algum ser separada de nossa inteligência humana geral. Há, para tanto, um argumento filosófico. Dirijamo-nos novamente, por meio de um simples experimento mental, a uma situação familiar. Queremos viajar com amigos. As malas estão feitas, e nos encontramos, no momento, em um aeroporto. Lá, ficamos de olho no guichê no qual despacharemos a nossa mala.

Essa típica cena de viagem que a maior parte [de nós] conhece em alguma variante funciona porque há muito de que não nos damos conta no aeroporto. Por exemplo, os viajantes não observam a velocidade exata das esteiras que se encontram no aeroporto. Eles ignoram a matéria escura no local, que não podemos nem mesmo determinar exatamente fisicamente. Além disso, eles não estudam com exatidão a circulação de mercadorias graças à qual há *croissants* ou jornais à venda no aeroporto.

A situação de uma cena de viagem típica é, vista mais exatamente, mais uma vez, infinitamente complexa. Supomos um padrão pelo qual nos orientamos. Viagens são tão estressantes porque elas nunca correm segundo o padrão que se gostaria de ter e pelo qual possivelmente se gastou até muito dinheiro em uma companhia de viagem. Todavia, não poderíamos viajar sem essa suposição parcialmente ilusória de padrões. Não haveria aeroportos e viajantes se não se partisse do princípio de que podemos apreender a realidade em âmbitos que são menos complexos do que a infinitude.

Agora, ocorre que seres humanos estão sempre sob pressão de tempo, pois somos mortais. Nunca temos tempo o bastante para levar em conta toda a informação que teríamos de conhecer para nos movimentar de maneira otimamente racional por uma cena de viagem. Por isso, a assim chamada "inteligência emocional" é um fator central da inteligência humana. Intuição – ou seja, instinto [*Bauchgefühl*] – é, então, determinante para o exercício de nossa inteligência, de modo que nunca poderíamos conhecer algo sem ela. Sem inteligência emocional, a nossa experiência específica das cenas de nossas vidas, não seria possível escolher objetos de nossa reflexão a partir do repertório da infinitude a que estamos expostos o tempo todo.

A inteligência humana é fundamentalmente emocional. A nossa experiência é colorida qualitativamente do início ao fim. Não podemos nunca apreender a complexidade da realidade de nosso dia, realidade mais ou menos facilmente manuseável por meio das nossas emoções, independentemente do exercitar-se do reconhecimento de padrões.

O exercitar-se no reconhecimento de padrões ocorre, no útero maternal e nos primeiros anos de vida até a obtenção da linguagem, em larga medida, no âmbito de sistemas evolutivamente adquiridos que atuam conjuntamente no organismo humano, de modo que nosso corpo aprende a se distinguir como sistema total de nosso ambiente. A distinção fundamental entre eu e não eu é fundada de maneira originariamente biológica em todos os seres vivos. Distinguimo-nos de nosso ambiente ao construirmos, como organismos, nichos em que podemos sobreviver. Dessa maneira, surge, por meio de mecanismos de adaptação biológicos, a estrutura fundamental da distinção entre *eu e não eu*. O fundamento de toda intencionalidade de nível superior é a *autopoiesis* – ou seja, a auto-organização do vivente – como ambos os famosos biólogos chilenos Francisco Varela (1946-2001) e Humberto Maturana (* 1928) expuseram em seu clássico *A árvore do conhecimento*[81]. Uma posição semelhante foi, ademais, já desenvolvida por Hans Jonas (1903-1993 em um livro que foi publicado em alemão com o título de *Das Prinzip Leben* (*O princípio vida*)[82]. Há seres vivos porque eles se desenvolveram por milhões de anos e formaram sistemas que os possibilitaram não ter de se debruçar continuamente sobre o infinito.

A nossa adequação é sempre direcionada apenas a um recorte muito pequeno do real. Por isso, é enganoso pensar que o nosso aparato de conhecimento é direcionado a uma complexi-

---

81. Maturana e Varela, 2009.

82. Cf. Jonas, 1997.

dade gigantesca que bombardeia as nossas terminações nervosas com informações que nós então, graças aos circuitos de neurônios evolutivamente adaptados no cérebro, usamos para construir um mundo abarcável de coisas. Não somos bombardeados com *big data*, mas nos encontramos, quando estamos na internet, em ligação com o real físico. A nossa inteligência emocional leva a que experimentemos esse contato de uma maneira determinada. Desse modo, estamos em condição, então, de continuar a processar a parte escolhida do real intencionalmente; ou seja, de maneira formatada logicamente.

Movimentamo-nos, desde o nascimento, como seres vivos, em cenas. Isso significa que nunca apreendemos apenas coisas individuais, mas sempre contextos, e desenvolvemos, daí, a habilidade de examinar detalhes mais exatamente. A representação de que haveria "lá fora" uma realidade complexa que nós revisamos "aqui dentro" (na caixa do cérebro ou no quarto da consciência) é, por sua vez, apenas uma cena, todavia, uma que não corresponde necessariamente à realidade.

A discussão contemporânea sobre a essência e o alcance da IA contém desejos equivocados de desenvolver uma inteligência que seja livre de vínculos emocionais. Exatamente como um perfeito senhor Spock, que nem sequer seria mais feito de matéria biológica. Mas uma tal inteligência não seria mais inteligência. Ela não poderia apreender nada. Por isso, em todo algoritmo estão embutidas, em verdade, suposições de valor. Nenhum algoritmo simplesmente examina uma pilha de dados e reconhece aí padrões por meio de um cálculo rápido. Antes, algoritmos, como modelos do pensar, já têm uma estrutura com a qual eles tentam reproduzir de uma maneira quantitativa a experiência humana qualitativa.

Já que a nossa experiência qualitativa é, porém, tão sutil e individual, que ela está a todo momento ligada com infinitas condições que nunca podemos compreender inteiramente, não podemos reproduzi-la diretamente. No melhor dos casos, melhoramos nossos modelos do pensar por meio de avanços tecnológicos, o que podemos, então, usar a nosso favor. Acreditar que nossos artefatos poderiam pensar no mesmo sentido ou mesmo apenas em um sentido semelhante com que seres vivos pensam significa repetir o erro do aprendiz de feiticeiro de Goethe (cf. p. 217s.).

Por isso, sistemas de IA são, de fato, um perigo para a humanidade, pois eles nos recomendam implicitamente o sistema de valores de seus criadores humanos, sem fazer dessa recomendação transparente. O vale do silicone segue uma ética, um retrato de como deveríamos viver, e programa, nesse sentido, uma realidade artificial que aparece como o cálculo neutro em valores de padrões, que, supostamente, são reconhecíveis em grandes séries de dados. Padrões sobre os quais ninguém se pergunta também não podem ser descobertos nem nas maiores séries de dados.

Uma religião de nome funcionalismo

Os componentes emocionais de toda inteligência real têm de ainda ser analisados, a fim de que se possa entender melhor por que, hoje, dissemina-se a representação absurda de que o pensamento humano seria igual a um software imaterial que é instalado de uma maneira mais ou menos contingente. Na discussão sobre a inteligência artificial, assim como em muitas partes das ciências cognitivas, o pensamento é concebido como um processo conforme a regras, que pode ser desatado do hardware de um organismo humano ou de outro organismo e, em princípio, também se deixaria ser instalado em um hardware não biológico.

Essa ideia fundamental é conhecida como **funcionalismo**. Este geralmente supõe que a inteligência humana é um sistema de regras para o processamento de dados, com a finalidade de resolver determinados problemas. Esse sistema de regras deve ser **multiplamente realizável**, como se chama a isso; ou seja, poder ser instalado em diferentes hardwares. Como evidência se apresenta que proposições, fisicamente consideradas, vêm a existir em diferentes seres humanos de maneiras muito diferentes. Minha voz soa diferente da sua, e também nos detalhes nossos cérebros são consideravelmente diferentes. Não é como se o módulo de fala que se localiza no cérebro seja composto, em dois seres humanos diferentes, do mesmo número e ordenação de neurônios. Nos detalhes, eles se transformam continuamente. Por isso se supõe que se trata da função e não da estrutura exata do hardware.

Tudo que um ser humano faz e de que ele ou outro ser humano pode se tornar consciente tem, para nós, uma estrutura. Descrevemos essa estrutura linguisticamente com expressões como "pensar", "viajar de carro", "estar surpreso"; ou seja, com vocabulários de ação. O nosso vocabulário de ação pressupõe que há cenas típicas; ou seja, padrões de ação. A realidade física, biológica e social que está presente se um padrão de ação é realizado é, em cada caso singular, muito diferente.

Não se pode entrar duas vezes no mesmo ônibus – para variar um pouco o mote do pré-socrático Heráclito. Um ônibus da linha 609 se transforma inteiramente em sua estrutura física. Os pneus se desgastam, ele enferruja em algum momento, às vezes ele está de tanque cheio, às vezes não, e assim por diante. Além disso, pode-se substituir um ônibus da linha 609 por outro ônibus que cumpre a mesma função, a saber, fazer o percurso da linha 609. Um funcionalista identifica o ônibus 609, por isso, com o seu papel funcional, e não com alguma estrutura física específica. O papel "ônibus 609" pode ser preenchido por diferentes coisas, desde que elas sejam meios apropriados de transporte. Ele é, por isso, multiplamente realizável.

Dessa tese inteiramente correta se deve, todavia, distinguir a todo custo a tese menos correta da **independência de substrato**. Por ela entende-se a suposição de que uma função como "ônibus 609" pode potencialmente ser preenchida por coisas que têm bases materiais inteiramente diferentes umas das outras; ou seja, substratos inteiramente diferentes. Então seria possível substituir o "ônibus 609" por veículos que são construídos de maneira inteiramente diferente de nossos ônibus atuais. Todavia, não se pode construir um ônibus de chocolate que faça o percurso do 609. Também não de água, terra, ar ou fogo. A função de ônibus só pode ser preenchida por algo que é feito de determinados materiais que fazem jus à função. Quais materiais são esses pode mudar de acordo com o estado tecnológico. Mas há limites.

A diferença entre **múltipla realizabilidade** e independência de substrato é importante. Quem pensa que artefatos como, por exemplo, computadores comuns, pensam ou jogam xadrez, misturam a ambos. Primeiro, reduz-se o jogo de xadrez a uma função [*Rolle*] e não se entende ele mais como uma atividade de um ser humano, quando se confia em computadores para jogar xadrez. Mas nem todos os jogadores de xadrez buscam pela partida perfeita, mas sim querem jogar em um nível de iniciante como *hobby*. Além disso, a atividade de jogar xadrez está inserida em associações, diálogos durante o xadrez e muitas outras coisas. E, em segundo lugar, reivindica-se a independência de substrato, já que nosso computador comum não é feito de matéria viva e, de todo modo, não é feito de células como jogadores de xadrez normais. Justamente porque computadores de xadrez não são seres vivos, eles não têm, de modo algum, nossos interesses, que levam a querer jogar xadrez. Em seres humanos, a capacidade de jogar xadrez é multiplamente realizável porque cada um de nós é muito diferente no âmbito celular e, por isso, também no âmbito cerebral. Mas isso não significa que toda realização que faz algo semelhante à nossa realiza ainda o mesmo fenômeno.

O funcionalismo parece há muitos plausível pelo fato de que ele permite ter uma imagem compreensível da relação entre "corpo" e "alma" ao recusar ambas as categorias clássicas e se adequar à nossa autoconcepção atual pautada pela tecnologia e pelas ciências naturais. Ele é parte da religião hoje corrente para ateístas, na qual se trata de um materialismo enrustido. Com isso, quero dizer o naturalismo. Ele afirma sobre o ser humano e, assim, sobre o nosso pensar, em sua forma-padrão, que somos descritíveis completamente aos moldes das ciências naturais e por isso também somos, em princípio, replicáveis.

O naturalismo é apenas um materialismo meia-boca, pois ele está, fundamentalmente, infinitamente longe de explicar e entender melhor os nossos estados mentais e processos de pensamento ao compreender os estados materiais de nosso organismo. Isso porque nosso organismo é complexo demais em seus detalhes para ser apreendido, por assim dizer, como máquinas clássicas, nas quais uma parte está firmemente ligada à outra. O naturalismo nunca pode, apesar da quantidade de dados utilizáveis hoje e inapreensíveis para o ser humano, estar certo de apreender toda a complexidade do mundo. Pelo contrário, há indícios de que há ainda inconcebivelmente muitos contextos não descobertos. Por isso, não podemos delegar o conhecimento da realidade a nossos computadores.

Em última instância, o naturalismo não é uma tese confirmada e nem mesmo confirmável pelas ciências naturais. Aqui está a razão por que o funcionalismo é tão difundido atualmente: Porque ele permite acreditar indiretamente no naturalismo e no materialismo, sem ter de fornecer verdadeiras evidências ou argumentos filosóficos para ele. O funcionalismo se apresenta como uma hipótese de trabalho por meio da qual nos aproximamos possivelmente, a longo prazo, do naturalismo.

O funcionalismo demonstra a meus olhos, assim, indiretamente, que ele, como o materialismo, é uma forma de religião, pelo menos no sentido de que ele nunca pode ser provado ou refutado por meio de evidências empíricas. Materialismo, naturalismo e funcionalismo não são, como um todo, suposições que não podem ser provadas por meio das ciências naturais, mas sim interpretações metafísicas da realidade. De fato, pode-se usá-los inteiramente como hipóteses de trabalho, mas não se pode concluir daí que, do bom funcionamento de uma hipótese de trabalho, siga-se uma compreensão metafísica da essência da realidade.

Para mascarar isso, funcionalistas obstinados como, por exemplo, o filósofo norte-americano Daniel Dennett (* 1942) e seus emuladores (dos quais há muitos na Alemanha) criticam a religião e a metafísica como não científicas. Isso porque, assim, eles distraem da sua própria agenda metafísica e do sistema de valores que eles vendem como cientificamente neutros[83].

O pensamento não é uma máquina de cigarros...

O funcionalismo apenas funciona graças a uma suposição implícita adicional, que o permite se poupar provisoriamente dos detalhes da descrição e explicação natural. Essa suposição adicional é quase correta, mas apenas quase. Ela enuncia que podemos modelar processos dos quais fazem parte a percepção e o pensar. Podemos, então, concebê-los, *como se* um input fosse processado internamente por meio de um processo e levasse, então, a um output externo. O modelo mais simples para ilustrar esse exemplo é, por exemplo, a máquina de cigarros. Insere-se dinheiro nela e se

---

83. Cf., em contrapartida, a argumentação detalhada em Tetens, 2015. Contra a visão de mundo de Dennett, cf. também Gabriel, 2018.

aperta um botão. Com base nisso, ocorre algo no espaço interno da máquina. Se a máquina de cigarros funciona, ela expele o maço desejado. Se ela não funciona corretamente, reclamamos, porque temos o direito de esperar que a máquina realize mecanismos internos que têm uma finalidade claramente definida: trocar maços de cigarro por dinheiro.

Agora, naturalmente, cada máquina de cigarros existente é diferente nos detalhes de qualquer outra. Nenhuma máquina de cigarros é fisicamente idêntica à outra. Caso se aproxime, por assim dizer, microscopicamente delas, duas máquinas de cigarro sempre começam a parecer diferentes. Além disso, nenhuma máquina de cigarro se encontra exatamente no mesmo espaço que a outra. Considerado em um nível físico de alta resolução – ou seja, em uma escala muito inferior àquela em que podemos ver conscientemente – é, justamente, impossível reconhecer qualquer aspecto amplamente comum entre duas máquinas de cigarro. Todavia, trata-se, nas duas máquinas de cigarro, de exemplos de uma mesma espécie. A razão para que que duas máquinas de cigarro fisicamente distintas sejam ambas máquinas de cigarro está em que ambas realizam a mesma função.

Isso se chama, como dito, de múltipla realizabilidade. O físico Max Tegmark (* 1967) designa isso como "independência de substrato"[84] e leva esse pensamento ao seu ápice, pois ele considera mesmo a vida como algo independente de substrato. Duas coisas fisicamente diferentes podem exercer a mesma função e, por isso, serem coisas da mesma espécie. Essa ideia simples pode ser facilmente encontrada por todo lugar e, justamente, inflada em uma metafísica; ou seja, em uma teoria sobre tudo que de algum modo existe. Assim, dois seres humanos, considerados na escala física, que não podemos perceber sem microscópios, são consideravelmente diferentes, mas, de todo modo, são seres humanos. A uni-

---

84. Tegmark, 2017, p. 91.

dade de dois seres humanos, o seu ser-humano, consiste na função ou nas funções que eles exercem. Naturalmente, é controverso onde se deve buscar a descrição da função do ser humano: seríamos máquinas de copiar genes, seres vivos racionais ou, por fim, de fato almas que foram banidas a um corpo terreno e que se encontram sob a vigilância constante de Deus?

Não temos de responder aqui à pergunta sobre quem ou o que é o animal humano. Máquinas de cigarro e smartphones são, nesse aspecto, mais fáceis de entender. Isso porque se trata neles de objetos que são feitos à luz de uma ideia. Dois smartphones fisicamente diferentes podem, por causa do seu sistema operacional, ser coisas do mesmo tipo. Isso também vale para máquinas de cigarro modernas.

Mas, aqui, esbarramos em uma diferença muito importante entre nós e máquinas de cigarro: nós, seres humanos, não somos equipados, juntamente à nossa inteligência, de um sistema operacional. A evolução da espécie não segue nenhum plano, e ela também não é um *design* inteligente. Seres vivos não são artefatos de outros seres vivos. Naturalmente, já intervimos há muito tempo, por meio da domesticação de animais, na evolução. Mas não programamos nenhum sistema operacional para a inteligência. Isso pode se transformar por meio dos progressos na biologia e na medicina. Até agora, os melhores updates de nossa inteligência humana são uma combinação de bom sono, alimentação correta e algumas xícaras de café, embora nossa alimentação seja, naturalmente, um artefato, e isso já desde os primeiros dias de lavoura sedentária ou mesmo da introdução do fogo para o preparo da comida.

Todavia, não podemos nunca construir, literalmente, um sistema operacional para a inteligência, sistema cujo input, sistema de controle e output nós possamos prever e controlar exatamente, como uma máquina de cigarro. Nem nenhum programa de xadrez ou AlphaGo é nem de perto tão complicado e cheio de camadas como um único organismo humano. Além disso, é acrescido o fato de que um organismo humano está em ligação com o meio ambiente, e essa ligação é essencial para a nossa inteligência. O nosso pensamento não se deixa replicar já pelo fato de que ele, em realidade, é, a princípio, para sempre mais complexo do que um modelo de pensamento que consiste em códigos numéricos binários que preparamos para ele.

...e a alma não é um amontoado de latas

Há uma série de argumentos convincentes contra o funcionalismo. Muito esclarecedor é **o problema da realização extravagante**, que foi elaborado de maneira particularmente proeminente pelos experimentos mentais do filósofo norte-americano Ned Block (* 1942)[85]. À primeira vista pode-se imaginar perfeitamente que um computador poderia alguma hora se tornar consciente, se, por exemplo, chips de silício fossem organizados como um cérebro humano individual bem detalhado. O funcionalismo mesmo prevê que poderíamos, a princípio, replicar uma consciência humana em um hardware inteiramente diferente.

Mas nem tudo que se pode imaginar à primeira vista é, por isso, também real. Por isso, Block mina, com uma simples consideração, a impressão de que seria de fato possível replicar uma consciência humana, uma alma. Para tanto, ele imagina uma área gigante em algum lugar em lugar nenhum (como no Arizona) empilhada com latas. De lata em lata se estendem condutores elétricos. Desse modo, se replica a arquitetura funcional de um cérebro. Agora se poderia disparar impulsos pela pilha de latas, que copiam o padrão de estímulos, por exemplo, de meu cérebro, que é mostrado simultaneamente em um escaneio de cérebro (hoje, ainda, naturalmente,

---

85. Cf. p. ex., Block, 1978.

impossível). O funcionalismo tem de admitir que a pilha de latas pode pensar os meus pensamentos[86].

Ou imagine que as galáxias de nosso cluster de galáxias estariam organizadas de tal modo que elas realizam funcionalmente os mesmos padrões de estímulos que o meu cérebro realiza enquanto boto para fora esta proposição. Pensaria, então, uma parte do universo sobre si própria?

E como seria se as partículas elementares que se encontram reunidas onde percebo a porta de meu escritório estejam agora por acaso organizadas de tal modo que elas replicam a estrutura funcional de minha impressão consciente de me sentar em uma cadeira? Teria então a porta do meu escritório a sensação de se sentar em uma cadeira?

Quem, em vista desse problema da realização extravagante, aferra-se ao funcionalismo, é imune contra qualquer objeção racional. Isso porque, aqui, nenhum argumento é bom o bastante. Em contrapartida, resta apenas declarar que latas e portas são coisas sem sentimentos e sem inteligência. Se aqui se tem [apenas] enunciado contra enunciado, não se deveria se filiar ao funcionalismo, se se acredita que seres vivos capazes de sensação devem desfrutar de uma proteção maior do que coisas sem sentimento. É difícil ao funcionalismo legitimar valores éticos.

Passo a passo até o compasso do cérebro?

Naturalmente, também há uma série de réplicas ao argumento de Block. De maneira particularmente detalhada procede o seu colega do New York College David Chalmers (* 1966), que, em 1996, publicou um livro que chamou muito a atenção, com o

---

86. Sobre o exemplo das latas, cf. Searle, 1982.

título *A mente consciente* (*The Conscious Mind*)[87]. Lá, ele apresenta uma série de considerações que parecem falar parcialmente a favor do funcionalismo, por mais que ele não se filie ao mesmo.

Leva muito adiante a consideração de Chalmers de que nós podemos, sim, há muito tempo, conduzir alguns processos mentais, que só podemos executar por causa de nosso cérebro, por meio da intervenção técnica em nosso cérebro. Imaginemos por um momento que pudéssemos substituir um neurônio por uma central de distribuição feita de silício. Isso não transformaria de fato nada em nossa consciência. Se se pode, porém, fazer isso com *um* neurônio, por que não com *dois*? Com base nisso, é fácil concluir que poderíamos substituir o cérebro de um ser humano por um outro hardware passo por passo, para, por fim, ter um caso verdadeiro de múltipla realizabilidade. Esse caso, aparentemente, não é refutado pelo argumento da lata.

Mas tal argumento é deficiente em muitos detalhes. Particularmente, poderíamos, de fato, conduzir processos conscientes por meio da intervenção médica no cérebro. Para tanto, não precisamos de nenhuma cena de ficção científica. Café, Ritalina ou vinho já bastam. Não temos, porém, nenhuma prova empírica do que ocorre se substituímos um cérebro passo por passo inteiramente por uma estrutura não biológica. A consideração contraposta por Chalmers é um castelo no ar, um puro experimento mental que nunca poderemos provar empiricamente; já pelo fato de que seria completamente imoral substituir o cérebro saudável de um ser humano, neurônio por neurônio, por chips de silício, para ver se, no fim, ele ainda teria uma vida interior consciente.

O contra-argumento de Chalmers se apoia, assim como a consideração de Block sobre as latas, em um puro experimento mental. Ambos não se deixam provar empiricamente. Chalmers tenta au-

---

87. Chalmers, 1996.

mentar, por meio do seu exemplo, a plausibilidade do funcionalismo, o que, porém, *a priori* – ou seja, no âmbito do experimento mental – não leva mais adiante. Isso porque nós sabemos que se está nesse âmbito, por assim dizer, indecidida a questão sobre o funcionalismo e seus objetores. Por isso, a consideração de Chalmers não fala a favor da possibilidade real de um replicador passo por passo do cérebro, mas sim apenas atende às nossas concepções funcionalistas independentes dessa possibilidade real.

Mas mesmo se pudéssemos instalar próteses de pensamento no organismo humano, isso de modo algum comprovaria que há inteligências não humanas. Seria como se, da circunstância de que podemos substituir membros amputados por próteses, fosse concluído que há mãos e pernas não biológicas, que levam uma vida própria. Próteses funcionam porque organismos não as repelem. Não se pode substituir um ser humano inteiro por uma prótese. A prótese de uma perna pode, de fato, tomar a função de uma perna na vida da pessoa afetada. Mas disso não se segue que uma prótese de perna é uma perna. Se, por exemplo, acho uma prótese de perna na rua, que, possivelmente, caiu do porta-malas de um carro, não chamo imediatamente a polícia por causa da suspeita de um crime violento. Se encontro, em contrapartida, uma perna na rua, a situação se mostra inteiramente diferente. Pense-se aqui na famosa orelha que é encontrada na grama na obra-prima de David Lynch, *Blue Velvet* (1986). Se se encontra uma orelha na grama, isso indica que alguém teve um problema temível. Se se encontra, em contrapartida, uma prótese de orelha, ela também pode simplesmente ter sido perdida por um fornecedor de próteses.

Essa consideração é o argumento para a tese de que funções de algo vivo podem, de fato, ser auxiliadas por algo não vivo (como compassos cardíacos, café, alimentação, GPS) ou mesmo substituídas por ele (como próteses e calculadoras, que tomam de nós o cálculo de cabeça). Disso, porém, não se segue que algo vivo é *idêntico* com uma função. As funções de algo vivo estão subordinadas à vida e à sobrevivência do sistema biológico, ao qual elas pertencem como partes ou membros.

A ideia da técnica, ou: como construo uma casa?

O funcionalismo é uma herança infeliz da ideia da antiga Grécia, introduzida por Platão e Aristóteles em pessoa, de técnica. Platão e Aristóteles caracterizam as funções que fazem de duas coisas fisicamente distintas coisas do mesmo tipo como ideia (*idea* ou antes, a maior parte das vezes, *eidos*). O que hoje caracterizamos como função corresponde a uma versão diluída da ideia platônico-aristotélica.

Aristóteles concretizou a consideração a esse respeito pelo fato de que ele desenvolveu o conceito de uma função, um *telos*. Ele sustenta esse conceito com a doutrina das quatro causas. Essa doutrina pode ser ilustrada com o exemplo corrente da construção de uma casa. Interessantemente, Humberto Maturana disse uma vez de passagem que a física seria

> Uma extensão da construção de casas, e a filosofia [...] uma extensão da tarefa de responder a perguntas de crianças. Parto do princípio de que a mesma inteligência é necessária tanto para cuidar de um lar quanto para cuidar de um laboratório ou de uma indústria, e a mesma quantidade de inteligência é necessária tanto para resolver os problemas em uma casa quanto para resolver os de uma pesquisa científica. Nessas circunstâncias, me entreguei à reflexão de que aquilo que tem de ser esclarecido é a vida cotidiana como fonte de todas as nossas experiências, não importa o quão técnicas e especializadas elas possam ser[88].

---

88. Maturana, 2000, p. 11.

Coloquemos então, com Aristóteles – o fundador da física como ciência e um dos maiores filósofos de todos os tempos –, a pergunta de criança sobre como se constrói, afinal, uma casa.

Se uma casa é construída, muitos fatores desempenham conjuntamente um papel [nisso]. Um arquiteto desenvolve um projeto que a repartição de obras recebe e aprova. O esboço nos mostra a forma futura da casa. Aristóteles fala, aqui, de forma ou modelo [*Vorbild*] (*eidos e paradeigma*)[89]. Um paradigma é algo que se apresenta [*vorzeigt*) (de *para* = em, ao lado, e *deiknymi* = mostrar).

Para construir uma casa se precisa de um terreno e materiais. Isso é o que Aristóteles chama de matéria ou aquilo de que algo é feito (*hylê* ou *to ex hou ginetai*). Do solo se faz uma janela de porão, de poliestireno, metal e concreto, uma parede externa. De madeira e restos de materiais se faz pisos, e assim por diante.

Para que do esboço e do material se faça uma casa, é preciso que o trabalho manual ligue a ambos. Aqui, nos encontramos no âmbito da representação comum de causalidade. Assume-se aí que processos causais seriam transformações da realidade fisicamente mensurável – ou seja, por exemplo, a reforma de um terreno e o acréscimo de partes de construção que têm de satisfazer às leis da estática. Aristóteles fala, aqui, do "de onde da transformação" (*hothen hê arché tês metabolêsi*). Essa é a famosa causa eficiente, à qual a causalidade é, a maior parte das vezes, reduzida hoje. Todavia, isso é insustentável, como ficará visível aqui.

O último tipo de causa é o famoso *telos*, o objetivo, de onde surgiu a expressão "Teleologia". O que se quer dizer com isso é, simplesmente, a função de uma coisa. A função de uma casa consiste primariamente em ser habitável. Objetivos parciais são subordinados à habitabilidade. Em nosso grau de latitude, isso seria, por

---

89. Cf. Aristóteles, 1987, p. 61 (194b).

exemplo, aquecimento funcional, água corrente, janelas, iluminação e mais algumas coisas. Resume-se essas considerações em manuais sob quatro palavras-chave latinas:

1) Causa formal (*causa formalis*).

2) Causa material (*causa materialis*).

3) Causa eficiente [*Bewegungsursache*] (*causa efficiens*).

4) Causa final (*causa finalis*).

Isso, aliás, não é nenhum assunto de antiquário. Isso porque hoje o conceito de causalidade nas ciências naturais, humanas e sociais não está mais restrito à concepção de que leis naturais e forças põem as coisas no universo em movimento. Há muito tempo explicações teleológicas e relações causais que existiriam entre coisas não físicas se tornaram repertório-padrão de nossos procedimentos de explicação científica[90]. A visão de mundo mecânica que dominava especialmente no século XVIII já está, a esse respeito, há muito tempo ultrapassada, mesmo que ainda circule e cause danos ideológicos. Em suma: A realidade não é uma máquina determinística que é propelida de um estado para o próximo, como uma engrenagem gigantesca ou como uma fila de peças de dominó que caem quando se derruba a primeira.

Técnica é a realização de ideias por meio das quais produzimos coisas que não existiam já na natureza. A técnica não cresce em árvores. Ela deve ser distinguida da tecnologia. Uma tecnologia é uma disposição [*Einstellung*] para a produção de artefatos técnicos. Técnica é o processo de produção de instrumentos em nome do aprimoramento das nossas condições de vida. Tecnologia, em contrapartida, é mais do que a soma dos instrumentos que se encontram em uso em um determinado tempo. Ela designa, antes, o nosso *logos*; ou seja, a nossa representação daquilo que é técnica.

---

90. Deutsch, 2011.

A digitalização produz não apenas novos produtos, mas também, ao mesmo tempo, novas disposições diante deles. Ela não fornece apenas novas coisas, mas também ideias de como produtos estão interconectados. Muitos progressos tecnológicos consistem em não realizar uma ideia apenas no mesmo nível, mas sim dar um passo adiante. Portais disruptivos da *shared economy* [economia compartilhada], que colocam em questão inteiramente as estruturas até então, como Airbnb e Uber ou portais de viagem modernos on-line, administram ideias. Eles são tecnologias de segundo nível; ou seja, tecnologias que abrangem tecnologias. Eles não apenas facilitam a nossa vida, mas introduzem novos modos de vida. Quem aluga um Airbnb não busca apenas hospedagem barata. Caso contrário, também se poderia procurar uma caverna, o que seria ainda mais barato. Antes, reserva-se uma ideia de uma vida autêntica como um acréscimo ao mero pernoite.

A irrupção revolucionária da era digital consiste exatamente no fato de que se produziu uma técnica que administra tecnologias. Desse modo, fomos além da ordem das coisas até então em um nível decisivo. A técnica nos fornece, hoje, representações do que deveríamos fazer e de quem queremos ser. Ela desenvolve a sua própria tecnologia. O Facebook é um arranjo de autorretratos. Eles são revistados por algoritmos organizados em padrões. Em retorno, são feitas recomendações, recomendações de amigos, propagandas, e assim por diante. Desse modo, os nossos produtos técnicos adquirem uma aparente vida própria, o que leva à especulação de uma superinteligência por vir. Na realidade, engenheiros de software estão, porém, ocupados com administrar algoritmos que não apenas apreendem o sistema de valores do usuário "inteligentemente", mas, antes, prescrevem espaços de ação e, assim, sistemas de valores. O usuário final simplesmente não se dá conta disso, via de regra.

Completa mobilização de forças

Em seu livro *Total mobilização de forças* [*Totale Mobilmachung*], o filósofo italiano Maurizio Ferraris (* 1956) explica a revolução digital pelo fato de que a internet assume uma função, em última instância, militar. A seu ver, a digitalização surge do aparato militar e é propulsionada sobretudo por ele. Para nós, usuários finais, a digitalização se caracteriza, segundo Ferraris, por uma aglomeração gigantesca de documentos nos quais transações sociais são registradas (comunicações, compras, preferências, contas, lugares de moradia, informações e muito mais). Essa estrutura é, por causa de sua constituição técnica, inteiramente vigiável.

A *realidade digital* se distingue da boa e velha *realidade analógica* na medida em que ela é inteiramente matemática. Ela consiste apenas de informações que, de fato, são salvas em locais analógicos (em servers), mas que não são, elas mesmas, físicas. Trata-se, então, da disseminação de objetos espirituais; ou seja, de pensamento, imagens e outras coisas mais em uma mídia que não conhece nenhuma fronteira ou limite. Tudo que está disponível on-line pode ser hackeado. Por isso há constantes atualizações de softwares que reagem aos avanços na comunidade hacker. Todavia, não há nenhum firewall que ninguém possa penetrar.

A internet prova que o funcionalismo tem um núcleo verdadeiro: pensamentos passíveis de ser verdadeiros são, de fato, multiplamente realizáveis e, como tal, independentes de substrato. Eu posso escrever a verdade, sem, assim, alterá-la. Ela pode ser preservada em uma fotografia, em um vídeo, em uma lembrança inconsciente que me inquieta, ou como grafite. A internet contém pensamentos (informações), o que de modo algum significa que, por causa disso, ela também pensa.

Em sua análise, Ferraris lembra o fato de que a revolução digital (antes de tudo computadores e a internet) surgiu, em última instância, da corrida armamentista antes de e durante ambas as guerras mundiais, assim como na Guerra Fria. A criptografia – ou seja, a teoria da codificação – servia a fins essencialmente militares, e, em seu âmbito, chegou-se a progressos técnicos gigantescos, sem os quais não poderíamos viver, hoje, na era da informação.

Segundo Ferraris, a internet é, por isso, obrigatoriamente, o ponto de partida de uma guerra cibernética inevitável. A guerra cibernética não ocorre em acréscimo à internet. A internet como tal não é senão o campo de combate. O campo de combate não é aí, de modo algum, meramente virtual. Porque ele contém informações sobre a realidade que não consiste apenas de informações, ele está imbricado com a realidade analógica em que vivemos. Só se pode reservar hotéis on-line se houver hotéis também fora da internet.

Como se sabe, as transações sociais na internet têm, em parte, consequências pavorosas na vida de seres humanos. Pense-se apenas na violência que é praticada em fóruns da internet e que tiveram, assim, alguns suicídios como consequência. Também revoluções políticas são preparadas por meio da nova esfera pública da internet, ou mesmo primeiramente de algum modo produzidas. A internet não é nenhum mundo distante como o mundo de *World of Warcraft*. Ela é ela mesma, por assim dizer, um jogo de guerra real, uma vez que os turnos que fazemos [nele] têm como um todo consequências fora da internet (para não falar de drones). Não se pode esquecer, por exemplo, que todo e-mail que mandamos é um rastro no universo. A transmissão técnica de informações na internet consome energia. A internet é uma contribuição à crise ecológica que não deve ser subestimada.

Segundo Ferraris, a internet é uma chamada para a completa mobilização de forças de todo ser humano, como já o título do livro mencionado mostra. É uma luta de todos contra todos que ameaça mesmo estados, motivo pelo qual eles respondem à internet com novos sistemas jurídicos e estratégias de vigilância. Todavia, Ferraris superestima aí o papel que a realidade digital desempenha. Ele pensa, a saber, que a realidade digital já tomou o controle há muito tempo, que já vivemos, então, na era da singularidade. A ideia da singularidade, que se tornou popular por meio do, entre outros, inventor que trabalha no Google, Raymond Kurzweil (* 1948), enuncia que chegaremos em um ponto no qual os nossos sistemas de IA serão tão avançados que eles, por fim, continuarão a se desenvolver automaticamente, sem nós[91]. Ferraris defende o ponto de vista de que já chegamos lá há muito tempo, pois a internet teria uma dinâmica própria que ninguém e nada mais pode controlar.

A sociedade não é um videogame

Para isso, Ferraris fornece uma razão que, felizmente, pode-se refutar. No plano de fundo da teoria aqui indicada da era da informação há uma **ontologia social**. A subdisciplina filosófica da ontologia social, que foi fundada e tornada palatável por John Searle em particular, ocupa-se com a questão sobre por que, afinal, alguns objetos e fatos contariam como "sociais". O que distingue uma cratera lunar de uma cédula de dinheiro, ou de uma proposição? Só há dinheiro e proposições no contexto de dinâmicas de grupo. Crateras lunares, em contrapartida, simplesmente existem, de todo modo sem a intervenção das dinâmicas de grupo humanas. Mas o que é que faz do dinheiro algo social e falta a crateras lunares?

Ferraris responde a essa pergunta de uma maneira insuficiente, embora esclarecedora[92]. Ele diz que algo é social exatamente quando há um documento graças ao qual ele existe. Documentos são, aí, rastros que instituições deixam para trás na realidade. Eles, de fato,

---

91. Kurzweil, 2014.

92. Ferraris, 2012.

estão interligados com as intenções de agentes, mas vão muito além delas. Um exemplo por meio do qual se pode ilustrar a teoria de Ferraris é, por exemplo, a constituição da Alemanha. Quando essa foi decretada e entrou em vigor, ninguém poderia saber que a igualdade de todos os seres humanos diante da lei alguma vez receberia o significado de que o Parlamento Federal da Alemanha se posicionaria a favor do casamento de mesmo sexo ou de cotas de mulheres. Em geral, corresponde à experiência de sistemas jurídicos que um texto jurídico crie fatos que vão além das intenções dos autores.

Todos conhecemos o problema de que assinamos muitos contratos consciente ou inconscientemente que, em algum momento, podem nos enervar. Tente uma vez examinar o seu contrato da DSL durante uma mudança, e você constatará que o documento assinado por você tem consequências de que você não estava previamente consciente. Com um pouco de sorte, nesse meio-tempo, a proteção ao consumidor progrediu, de modo que outras partes do contrato, que apenas a contragosto deixariam se desvencilhar de um contrato, possam igualmente ser surpreendidas por documentos.

Da perspectiva de Ferraris, a sociedade como um todo gira em torno de documentos. Se experimenta isso cotidianamente por meio do acúmulo de notas fiscais na carteira e das incontáveis transações que realizamos diariamente. Elas são, por assim dizer, a cola da sociedade. Documentos fazem da sociedade aquilo que ela é, e só se pode combatê-los efetivamente com novos documentos.

Essa teoria tem uma série de vantagens em relação à concepção originária de Searle. Isso porque ele vincula o social, a saber, à assim chamada por ele "intencionalidade coletiva", o que, ademais, é uma definição circular, pois "coletiva" é apenas uma outra palavra estrangeira para "social"[93]. Searle pensa que só há ainda dinheiro porque nós todos de algum modo concordamos continuamente em

---

93. Searle, 2011; 2017.

não desfazê-lo. Igualmente, ele acredita, por exemplo, que em princípio se poderia acabar com a crise econômica se todos concordassem que ela deveria simplesmente terminar agora.

Seria bom se fosse assim. Mas simplesmente não é assim que funciona, pois o dinheiro não é, justamente, apenas convencional. O dinheiro documenta transações e a existência de coisas que, por sua vez, justamente não são sociais. Assim, uma nota de cinquenta euros que trago agora comigo documenta todas as mercadorias que posso comprar com ela. De fato, muitas mercadorias hoje já são também documentos de transações sociais, mas isso é outro assunto. A nossa economia de mercado não é nenhuma pura prestação de serviços.

Em última instância, tanto Searle quanto Ferraris falham no fato de que eles, apesar de seu compromisso com um realismo e de sua contribuição para um debate de alcance mundial sobre o novo realismo, aferram-se a uma representação construtivista antiquada[94]. Ambos acreditam, a saber, que fatos sociais desaparecem de uma vez por todas se ninguém mais acredita neles ou se todos os documentos são apagados.

Essa concepção tem a seguinte consequência, que Ferraris também já admitiu publicamente em mais de uma discussão: se apagarmos todos os documentos que atestam a existência da cultura egípcia antiga, então, segundo ele, ela também nunca existiu. Ela existe, desse modo, apenas de modo dependente de documentos que a atestam. Sem atestado ela também deve não ter existido no passado. Searle aceita, por razões semelhantes, a suposição igualmente absurda de que nenhum grego antigo assediou sexualmente outro grego antigo porque ainda não havia nenhuma opinião sobre assédio sexual[95]. Mas isso seria como se se dissesse

---

94. Ferraris, 2014a; Searle, 2014.

95. Assim argumentou Searle durante uma série de debates públicos que ocorreram no primeiro semestre de 2013 em Berkeley.

que a escravidão não era uma forma de violência antes que alguém tivesse chegado ao pensamento de que a escravidão é imoral e reconhecido isso socialmente.

O problema dessas posições na ontologia social consiste em que elas confundem o critério para poder reconhecer fatos sociais com esses mesmos fatos. Isso é exatamente a "falácia transcendental" que de resto é criticada por Ferraris e que infere, da epistemologia (o nosso modo e maneira de conhecer algo), a ontologia (o modo de existência dos assuntos em questão)[96]. Apenas porque comprovamos fatos sociais com o auxílio de documentos não se segue que os documentos têm capacidades mágicas de produzir fatos sociais ou, ao serem destruídos, apagarem fatos do passado.

A sociedade não é um jogo de videogame que, em última instância, não tem consequências. Documentos e pensamentos expressos em proposições também têm efeito no âmbito da realidade não virtual, uma vez que estão imbricados com ela. A internet não é um domínio próprio virtual, mas também da mesma esfera da realidade que nós, como seres vivos, habitamos.

A dimensão virtual diz respeito ao nosso modo e maneira de processar informações. Mas as informações não tratam, aí, apenas de outras informações. Documentos não atestam apenas documentos, e fatos sociais não espelham apenas atos (já sociais!) de intencionalidade coletiva.

Para que possa haver de algum modo reciprocidade social é preciso que já estejam estabelecidas estruturas que jazem aquém da frequência de nossa atenção consciente. A coesão social do ser humano não resulta do fato de que seres humanos em algum momento redigiram um plano de produzir um contexto social. Isso porque um tal plano só se poderia redigir no âmbito de um contexto social [já] existente. Antes, a socialidade surge dos padrões

---

96. Ferraris, 2014b, p. 58.

de ação inconscientes do ser humano, que têm uma pré-história biológica. Essa, todavia, é em larga medida desconhecida por nós, pois ela estende até muito longe no passado de nosso planeta e não encontraremos dados o suficiente sobre a constituição cerebral e orgânica geral do ser humano que nos dariam aqui um esclarecimento melhor[97].

O calcanhar de aquiles do funcionalismo

Retornemos novamente ao funcionalismo que, apesar de toda crítica, parece estar, de algum modo, no caminho certo. Em particular, ele explica por que uma inteligência artificial pode fazer algumas coisas pelo menos tão bem quanto nós e outras até muito melhor. Uma calculadora calcula melhor e mais rápido do que qualquer ser humano, porque ela assume a mesma função (o calcular) que um pensador humano, mas, por causa de seu hardware e de sua capacidade isolada de outros interesses, está em melhores condições de aplicar as regras matemáticas que são programadas para ela. Calculadoras têm mais concentração do que nós, porque elas só podem fazer uma coisa: calcular.

A força do funcionalismo, força que se faz tecnicamente viável, consiste em não ligar o pensamento a processos internos determinados em seres vivos (como interruptores neuronais ou transmissão e coordenação de sinais no cérebro). Desse modo, não desempenha nenhum papel essencial como a função é realizada. Desde que ela seja realizada, há, aparentemente, um ato de pensamento do tipo relevante.

Mas o funcionalismo tem, em sua forma pura, incontáveis fraquezas. O **principal problema do funcionalismo** consiste em que ele não fornece nenhuma descrição daquilo que o pensar humano

---

97. Uma visão panorâmica excelente sobre os detalhes históricos que nos são conhecidos hoje sobre a história humana antes da escrita é dada por Pärzinger, 2015.

realmente é. Ele trata não do próprio *pensar*, mas de um *modelo de pensamento*. Tomamos de empréstimo acima de Hilary Lawson (cf. p. 40s.) uma primeira resposta à pergunta sobre o que significa, afinal, "pensar". Ele apresenta uma teoria da reflexividade; ou seja, da referência do pensar a si próprio. Essa teoria se filia expressamente à tradição do idealismo alemão (sobretudo Hegel) e sua continuação na filosofia do século XX[98]. Por "pensar" Lawson entende aí a circunstância de que consideramos aquilo que não é idêntico como algo que é idêntico.

Pensar é, dito de outra forma, a elaboração de modelos da realidade. Ouço agora, por exemplo, em um hotel em Ísquia, gaivotas que fazem barulho diante de minha janela. O pensamento de que se trata de gaivotas identifica duas gaivotas, em última instância distintas, no sentido de que elas são [ambas] gaivotas. Com isso, Lawson certamente se filia também à tradição da filosofia desde a Antiguidade, uma vez que a filosofia entende desde sempre o pensamento como a atividade graças à qual reconhecemos semelhanças nos diferentes. Ele vai [porém] além dela, na medida em que leva em conta o fato de que alteramos historicamente o nosso aparato conceitual e que os nossos conceitos têm sido até então inteiramente falhos. A filosofia grega, em contrapartida, tende a assumir que o nosso aparato conceitual é como um todo adequado, correto e eterno.

Um outro problema é que o funcionalismo escancara a porta para um dualismo radical, como o cientista da computação e especialista em IA Jean-Gabriel Ganascia (* 1955) nota apropriadamente em seu livro *O mito da singularidade – É preciso ter medo da inteligência artificial?*[99] O abismo entre hardware e software é, segundo o funcionalismo, em última instância tão fundamental, que não se vê mais como esses dois podem encontrar abrigo na representação

---

98. Lawson, 2001.

99. Ganascia, 2017.

de um universo materialmente fechado. Ganascia chega ao resultado correto de que o funcionalismo amado pelos cientistas cognitivos não é compatível com o materialismo.

> A consequência é que o espírito poderia existir independentemente e completamente separado da matéria. Em suma, se se leva o pensamento até as últimas consequências, o monismo ancestral da ciência contemporânea [ou seja, o materialismo, M.G.] que os defensores da singularidade tecnológica reivindicam para si leva a reconhecer um dualismo tão radical quanto incongruente, sobre o qual se constrói suas reivindicações[100].

Para apreender mais exatamente a lógica por trás dessa argumentação a considerarei aqui ainda mais intensivamente e introduzirei alguns conceitos. Uma **condição de individuação** é uma ordenação de regras que estabelecem quando algo é em geral idêntico com algo, e isso quer dizer consigo mesmo. Por exemplo é uma condição de individuação do ser humano (pelo menos ainda) que ele seja gerado por pais no sentido de que um óvulo feminino (da mãe biológica) seja fundido com um espermatozoide masculino (do pai biológico). Fazemos isso a maior parte das vezes por meio do intercurso sexual, mas isso é biologicamente secundário para a geração – diria, pelo menos, um funcionalista, e ele teria parcialmente razão, porque, naturalmente, há inseminações artificiais. Essa miniteoria muito simplificada já enfrenta muitas dificuldades com gêmeos. Uma observação mais exata ensina, então, que as condições de individuação para seres vivos de um determinado tipo são tudo, menos fáceis de se indicar. O real é, via de regra, mais complexo do que a sua caracterização funcional.

---

100. "En conséquence, l'esprit existerait séparément et de façon totalement dissociée de la matière. Bref, poussée jusqu'au bout, le monisme consubstantiel à la Science contemporaine dont les prometeurs de la Singularité technologique se réclament les conduit à admettre um dualisme tout aussi radical qu'incongru sur lequel ils fondent leur prétention" (GANASCIA, 2017, p. 75; trad. minha).

Seja como for, o funcionalismo admite a teoria de que ele dispõe de condições de individuação suficientemente claras para o hardware de pensadores como seres vivos em sua distinção de seu software. As condições de individuação do software do pensamento são indicadas na forma de algoritmos. Em geral, um **algoritmo** é uma regra que prescreve que um processo deve ser executado em passos bem definidos para, desse modo, chegar a um resultado controlado, a uma solução de problema.

Algoritmos são definidos por meio de suas propriedades lógicas. A lógica se ocupa com as leis do ser-verdadeiro. Isso significa que ela descreve sob que condições pensamentos podem ser ligados uns aos outros e traduzidos uns nos outros. O pensamento de que Anna ama Sofia é, visto logicamente, idêntico com o pensamento de que Sofia é amada por Anna. Além disso, segue-se disso que há alguém que a Anna ama (a saber, Sofia).

Ainda se poderia levar isso ainda mais adiante. As leis lógicas descrevem as condições de condução para algoritmos. A lógica é um dos fundamentos da matemática e, assim, naturalmente, também da era digital. O que é ignorado pela maior parte das pessoas aqui é que a lógica, por sua vez, ainda tem outro fundamento, sobre o qual não podemos mais nos questionar de maneira bem-sucedida: o pensar. O pensar é o fundamento da lógica, motivo pelo qual a filosofia como reflexão sobre o pensar é ainda mais fundamental do que a lógica.

A **digitalização** é a realização das intelecções lógicas do fim do século XIX e do século XX sobre uma base tecnológica nova desenvolvida. Diferentemente dos sinais analógicos, os sinais digitais se apoiam em uma forma distinta de transmissão de sinais, o que envolve detalhes técnicos de que não se tratará aqui. Temos de levar em consideração apenas um aspecto. Isso pode ser esclarecido por meio da distinção entre o discreto e o contínuo.

A **diferença discreta** organiza algo em esferas claramente demarcadas. Quem está em Bonn não pode estar ao mesmo tempo em Berlim. Bonn e Berlim podem expressar, como indicações de lugar, uma diferença discreta. Distintamente disso, há a **diferença contínua**, que também é conhecida como diferença intensiva. Assim, a capa vermelha de dois livros pode indicar vermelhos de intensidades diferentes. A nossa experiência do vermelho é contínua. Há diferentes graus ou intensidades do ser vermelho, exatamente como um som pode ser mais alto ou mais baixo sem que haja, por causa disso, duas ordenações unívocas (o alto e o baixo).

Ora, há relações que se deixam produzir entre o contínuo (ou analógico) e o discreto (ou digital). Podemos conceber isso como uma forma de tradução. Informações analógicas se deixam converter, sob determinadas condições, em informações discretas, e inversamente. Podemos digitalizar fotos antigas e escanear documentos, porque podemos dissolver a informação contínua, de que tomamos conhecimento conscientemente na forma da percepção, em unidades discretas. A regra de tradução que embalamos na forma de softwares e enfiamos atrás dos algoritmos – ou seja, de passos simples nos quais informações são transformadas – fundamentam, em última instância, a lógica. Mas isso não significa, justamente, que a realidade analógica, contínua, é lógica. Esta nos dá o manual de tradução ou determina sob que condições podemos fazer traduções dotadas de sentido. Com isso, ela diz apenas indiretamente algo sobre a realidade pré ou não lógica, a saber, que ela se deixa digitalizar parcialmente. Ela, porém, não nos dá nenhum esclarecimento sobre o que a realidade como um todo é.

O calcanhar de aquiles do funcionalismo consiste, por um lado, em um dualismo radical, na maior parte das vezes explícito, entre Hardware e Software. Por outro lado, ele se mostra no fato de que o funcionalismo confunde lógica e realidade do pensar e ignora

147

que nosso pensar se orienta, de fato, por normas lógicas, mas não necessariamente as segue consequentemente. A realidade do pensar tem uma outra forma do que o modelo de pensamento da lógica (matemática) e, assim, também da informática.

3
A digitalização da sociedade

É lógico sim, ou por acaso não?

A **lógica** é a doutrina da determinação da relação entre pensamentos. A palavra do grego antigo *logos* tem uma extensão de significados que abrange relação, medida, enunciado, linguagem, pensar, fala, palavra e razão. Fundamentalmente, trata-se, na lógica, desde o seu estabelecimento como ciência por Platão e Aristóteles, sobre a pergunta acerca de como diferentes pensamentos devem estar interligados, se queremos conhecer algo de novo por meio de puras ligações de pensamentos. Por isso, a lógica se ocupa tradicionalmente com três temas: conceito, juízo e silogismo.

Um **conceito** é aquilo que podemos separar de um pensamento para reutilizá-lo para um outro pensamento. Tomemos um simples pensamento que se pode expressar da seguinte maneira e que se pode designar como (A):

(A) Angela Merkel mora em Berlim.

Podemos tirar desse pensamento pelo menos dois conceitos. Primeiramente, o conceito *Angela Merkel* e, segundo, o conceito *mora em Berlim*. Naturalmente, também se poderia tomar ainda o conceito *Berlim* ou o conceito *mora em*, assim como os conceitos *Angela* e *Merkel*. Mas o que tenho em mente é o seguinte: podemos, graças às fichas de jogo *Angela Merkel* e *mora em Berlim*, chegar a novos pensamentos. Se Angela Merkel mora em Berlim, sabemos que também outros seres humanos podem morar em Berlim, a não ser que tenhamos a informação adicional de que, no momento, apenas uma pessoa mora em Berlim. Se Angela Merkel mora em Berlim, também sabemos que Angela Merkel poderia fazer ainda outras coisas. Ela não apenas mora em Berlim, ela talvez também viaje às vezes para Paris, coma o café da manhã ou ligue para Horst Seehofer. Angela Merkel pode fazer muitas coisas, e muitos podem morar em Berlim.

Tais simples verdades podem ser apreendidas, porque, do pensamento

(A) Angela Merkel mora em Berlim

podem ser deduzidos outros pensamentos. As regras mais gerais de dedução são as regras lógicas. Nesse contexto, a assim chamada **generalização existencial** é uma lei lógica, como no exemplo: se Oskar (ou Ulla, Jens, Cem, Mariya ou outra pessoa) compra pão, disso se segue que há alguém que compra pão. De modo ainda mais geral: Se algo concreto (chamemos isso: a) tem uma propriedade (E), disso se segue que alguma coisa (x) tem a propriedade E. De "a é E" se pode deduzir que "algum x é E". Se a maçã é vermelha, algo é vermelho. Isso não é nenhum mistério profundo, mas vale a pena tornar as leis lógicas explícitas e investigar as suas interligações. Isso porque esse projeto nos presenteou com a técnica sem a qual ainda viveríamos na idade da pedra.

As leis lógicas determinam relações entre conceitos assim como entre pensamentos que podemos formar com base em pensamentos dados, como o pensamento (A). A lógica se ocupa com a elaboração de leis lógicas a partir do material existente do pensamento humano. Ela não se pergunta aí, porém, como seres humanos pensam, mas sim como deveriam pensar, se quiserem se comportar de modo racional; ou seja, tentar evitar falácias e deduzir, segundo regras universalmente aceitáveis, a partir de pensamentos verdadeiros, outros pensamentos verdadeiros.

Diferentemente da lógica que, entre outras coisas, responde à pergunta sobre como o ser humano deve pensar se quiser deduzir, de maneira confiável, pensamentos verdadeiros a partir de pensamentos verdadeiros, a psicologia considera como os seres humanos de fato pensam. Lógica e psicologia são duas ciências distintas por princípio. Isso foi indicado com toda razão por, juntamente com Frege, sobretudo Edmund Husserl (1859-1938), que, como Frege, era filósofo e matemático, e colaborou para a fundamentação da lógica matemática moderna.

Algo semelhante vale também para a ética e a economia comportamental: a ética investiga como deveríamos agir; a economia comportamental, como agimos. Assim como a psicologia não refuta a lógica (e inversamente), a economia comportamental não refuta a ética (e inversamente).

O domínio da lógica pode se estender para além do pensamento humano. Na era da *big data*, vivenciamos exatamente isso. Por meio de simples operações lógicas que reproduzimos matematicamente e podemos programar como software, uma inteligência artificial infere outras informações. *Inteligência artificial é uma pura lógica desacoplada do pensamento humano.*

Não precisamos tomar aqui univocamente uma posição em relação à questão sobre se há apenas uma ou mais lógicas; ou seja, sobre se há um ou mais sistemas de regras dedutivas. O importante é que todos esses sistemas têm propriedades lógicas que também se pode programar a forma de um software.

Por isso, uma IA não pode cometer erros. Ela pode, de fato, quebrar, ser infectada com um vírus e precisará continuamente de updates de software, pois nenhum software jamais pode ser perfeito. Mas se meu computador quebra, ele não comete nenhum erro. As operações de meu computador são pura lógica. Não há nenhuma psicologia de computadores.

A era digital é uma era do império da lógica sobre o pensamento humano. O nosso pensamento se orienta pela lógica como representação de seu objetivo. Isso, porém, não significa que pensamos de fato logicamente; ou seja, que extraímos, em pequenos passos que podem ser apreendidos como algoritmos, conceitos de nossos pensamentos e os ligamos, segundo as regras da lógica, em novos pensamentos. Como seres vivos, trabalhamos sob a pressão do tempo e preferimos cometer erros lógicos a demorar muito para calcular, a fim de obter um resultado. Além disso, somos seres vivos emocionais, diferentes em caráter e reflexivos, que nem sempre recorrem à lógica para concretizar os seus objetivos. A comunicação humana é, por isso, sob a maior parte das condições fora da ciência, logicamente indisciplinada.

No dia a dia se trocam trapos de pensamento e frequentemente se fala bastante besteira [*Unsinn*]. As besteiras que trocamos uns com os outros têm, na maior parte do tempo, a função de organizar um funcionamento mais ou menos sem atritos de situações sociais, do *small talk* até reuniões administrativas. Por isso, muitos se irritam secretamente sobre as besteiras de que se fala dia a dia, pois, para seres que descobriram a lógica, é um desaforo com quantas falácias e quantas opiniões falsas elas são confrontadas.

A nossa psicologia do cotidiano é um imbróglio de besteiras que nós estruturamos socialmente a fim de que nossa civilização não desabe por causa do caos mental policromático que ocorre o tempo todo[101]. Seres humanos, justamente, não estão interessados

---

101. Um exemplo drástico para o absurdo do dia a dia é o gênero do discurso político. Um debate de TV durante a disputa eleitoral (pensem em setembro de 2017) não serve realmente para pôr à prova a competência lógica das candidatas e dos candidatos. Isso, infelizmente, se tornou problema. O que observamos foi, em vez disso, uma série de falácias ou de meios pensamentos acompanhados com objeções infundadas aos membros de outros partidos. O que foi dito serviu unicamente à função da manutenção ou crescimento do poder. Naturalmente, aqui e ali se trata de perguntas factuais, uma vez que a política, como realidade, não é algo como um discurso contínuo, mas uma distribuição concreta de recursos. Essa,

o tempo todo em uma racionalidade logicamente otimizada, mas agem sob influências muito diferentes, o que não se pode evitar, pois não somos, afinal, o senhor Spock. Exatamente pelo fato de que temos módulos diferentes a que recorremos, somos sujeitos de fato passíveis de erro, mas também, justamente, equipados com objetividade.

A inteligência artificial não é uma cópia do pensar humano. Antes, ela é um modelo do pensamento. Ela é um mapa lógico de nosso pensamento em que se desliga a nossa pressão de tempo e as nossas carências como seres vivos finitos, que não poderiam de modo algum pensar se não dispusessem de um organismo mortal, que codetermina drasticamente o nosso campo de interesses.

Todavia, os limites da lógica são os limites da inteligência artificial. Nada nem ninguém é mais inteligente do que a lógica. A lógica baliza o campo do pensável, pois ela prescreve o que devemos pensar, se nossos pensamentos devem constituir uma interligação estável. Para além da lógica não se encontra nenhuma operação inteligente, de modo que a lógica marca o limite não ultrapassável do pensar.

Jogo de pingue-pongue com os conjuntos

Os ideais clássicos da lógica são a consistência e a coerência. Um sistema de pensamento (uma teoria) é **consistente** se não se chega nele nem a uma contradição explícita, nem a uma contradição dedutível a partir dele. Um sistema de pensamento (uma teoria) é **coerente**, se as suas partes se interligam de maneira dotada de sentido. Ambos os ideais são restringidos ou modificados por

---

todavia, é conduzida por parâmetros de valores que, infelizmente, via de regra, não são suficientemente lapidadas logicamente. Por causa da distribuição pendente de recursos se chega também à *disputa* eleitoral, e não a uma tomada de decisões racional. Se isso é bom é uma outra pergunta, e deve ser investigado no âmbito da filosofia política.

meio dos desenvolvimentos da lógica moderna. O que é significativo nesses processos para a nossa discussão apresenta a intelecção da lógica conhecida desde o século XIX de que não pode haver nenhum sistema total de todos os pensamentos que seja, como um todo, consistente e coerente. Todo sistema de pensamento precisa excluir alguns pensamentos para produzir estabilidade. Essa circunstância já conhecida se tornou popular por meio das conquistas do matemático Kurt Friedrich Gödel (1906-1978), que provou famosos teoremas de incompletude para todo sistema de pensamento formal (matemático).

No plano de fundo da condução de sua prova está uma intelecção ancestral da lógica, que chegou, por meio da carta do Apóstolo Paulo a Tito, até mesmo à Bíblia. Lutero traduz a passagem que tenho em mente com um toque inconfundivelmente antissemita:

> Pois há muitos que não se submetem, tagarelas e cegos, especialmente aqueles da circuncisão, que se tem de cerzir o focinho, que enganam casas inteiras e ensinam o que não pode ser em nome de ganhos vergonhosos. Um deles disse, o seu próprio profeta: Os cretenses são sempre mentirosos, animais maus e buchos preguiçosos. Esse testemunho é verdadeiro. Por essa razão os repreenda duramente, a fim de que se tornem saudáveis na fé e não prestem atenção nas fábulas judias e nos mandamentos de homens que viram as costas para a verdade[102].

No centro [disso] se encontra a seguinte conhecida proposição, que, em sua forma adaptada, é conhecida como o paradoxo do mentiroso:

(B) Cretense: Todos cretenses sempre mentem.

O paradoxo que já se encontra em Paulo vale como uma citação do filósofo cretense Epimênides, que viveu alguns séculos antes de Paulo e é contado entre os filósofos pré-socráticos. O paradoxo

---

102. Tt 1,10-14.

se torna visível quando um cretense como Epimênides diz que todos os cretenses mentem.

Na interpretação hoje comum – que, todavia, não é autoevidente – mente-se quando se expressa uma proposição que é feita com a intenção de enganar alguém, tratando um enunciado falso como uma verdade. Se um cretense, então, expressa a proposição de que todos os cretenses mentem, segue-se disso que a proposição é falsa. Se é verdadeiro que todos os cretenses sempre mentem, um cretense que afirma exatamente isso também mente desse modo. Então, porém, a proposição tem de ser falsa, já que, caso contrário, ela não seria uma mentira. Se um cretense, de modo surpreendente, expressasse por uma vez, com a proposição de que todos os cretenses sempre mentem, uma verdade, a proposição seria [então] verdadeira. Mas assim o cretense também teria então expresso não uma verdade, mas sim uma falsidade, uma vez que o enunciado não se aplicaria a ele, por mais que ele seja um cretense. Assim, resulta o paradoxo de que o enunciado

(B) Todos cretenses sempre mentem.

É automaticamente falso, na boca de um cretense, se ele é verdadeiro e inversamente [é verdadeiro, se for falso]. Naturalmente, o cretense também pode mentir com o enunciado de que todos os cretenses sempre mentem, ao dizer a verdade dessa vez. A verdade que ele afirma então é porém, ao mesmo tempo, uma falsidade, uma forma sutil de confundir seu parceiro de diálogo.

Vista exatamente, a proposição do cretense ainda está longe do paradoxo do mentiroso, que é expresso, por exemplo, pela seguinte proposição:

(C) Essa proposição é falsa.

Isso porque (C) é verdadeiro, se é falso, e falso, se é verdadeiro, de modo que se trata, então, de proibir tais tipos de proposição em uma teoria formal da verdade. Historicamente, porém, esse problema remete à passagem de Paulo e à dificuldade de como podemos confiar em uma pessoa que pertence a um grupo sobre o qual se diz que eles nunca dizem a verdade.

A lógica moderna parte do princípio de que devemos desenvolver nossos sistemas lógicos de modo que paradoxos estejam excluídos desde o princípio. A favor dessa intelecção se encontra hoje especialmente Bertrand Russel, que desenvolveu um paradoxo próprio que colocou Frege e a matemática moderna em uma profunda crise. Uma breve olhada nesse processo é importante, pois isso tem consequências para a nossa realidade digital altamente equipada que, na era da informação, baseia-se em processos matemáticos de transmissão de sinais. Não podemos jamais proteger inteiramente a nossa civilização digital de paradoxos.

Russel indica que há um problema na assim chamada hoje de teoria ingênua dos conjuntos. Esse problema consiste em que ela não exclui que haja um conjunto de todos os conjuntos. Um **conjunto** é uma pilha de objetos que já existem e que simplesmente reunimos. O conjunto dos objetos em minha escrivaninha é a pilha de bagulhos que se encontra diante de mim; ou seja, óculos, xícara, tela, cartas, livros, *post-its*, lápis. Que é possível formar esse conjunto ao se empregarem chaves de conjunto: {óculos, xícara, tela, cartas, livros, *post-its*, lápis}. Nesse conjunto, não se encontra o próprio conjunto. O conjunto de coisas na minha escrivaninha não está também [ele mesmo] na minha escrivaninha.

Tomemos agora, em contrapartida, um outro conjunto. Um ser humano recém-nascido ainda não teve nenhum pensamento sobre um conjunto de conjuntos. Ele ainda não teve nenhum pensamento sobre o conjunto de opiniões de suecos sobre a Suécia, o conjunto das galáxias em nosso universo e sobre muitos outros conjuntos. Também é consideravelmente provável aí, todavia, que um ser humano recém-nascido também ainda não tenha formado nenhuma opinião sobre o conjunto de todas as coisas sobre as quais ele ainda não tem nenhuma opinião. Assim, o conjunto de conjuntos sobre os quais o recém-nascido ainda não tem nenhuma opinião pertence a si próprio.

Há, então, aparentemente, um conjunto de conjuntos que não pertence a si mesmo, assim como, por outro lado, um conjunto de conjuntos que contém a si mesmo.

Poder-se-á se perguntar aqui, ou pelo que assim Russel pensava: o conjunto de conjuntos que não contêm a si próprios contém a si próprio ou não? Agora tudo fica um tanto complicado se você ainda não conhece isso, mas é perfeitamente possível de entender.

Suponhamos primeiramente que o conjunto de todos os conjuntos que não contêm a si mesmos contém a si mesmo. Disso se segue que ele não contém a si mesmo. Isso porque o conjunto deve, afinal, apenas conter conjuntos que não contêm a si mesmos. Se ele contém a si mesmo, ele não contém a si mesmo.

Admitamos, portanto, a fim de evitar esse paradoxo, que o conjunto de conjuntos que não contêm a si mesmos não contém a si mesmo. Mas, então, é válido que ele não contém a si mesmo, de modo que ele mesmo é um dos conjuntos que não contêm a si mesmo. Por conseguinte, ele contém, novamente, a si mesmo.

O resultado desagradável é que o conjunto de conjuntos que não contêm a si mesmos contém a si mesmo, se ele não contém a si mesmo, assim como não contém a si mesmo, se não contém a si mesmo – um miserável jogo de pingue-pongue.

Todos caem em algum momento

Esse miserável jogo de pingue-pongue não é um jogo de contas de vidro ou um exercício para um curso de desempenho matemático. Você conhece tudo isso na forma de um programa que para de funcionar. Se eu vir a tela de arco-íris em meu computador, isso vai me irritar muito se ainda não tiver salvo o meu texto. Todo programa eventualmente se suspende. Isso tem a ver com o fato de que não podemos escrever nenhum programa em que seja impossível que ele caia em um loop infinito. Isso é uma outra variante do problema que leva ao paradoxo de Russel. Ele é investigado na informática teórica, no âmbito da teoria da calculabilidade, sob a palavra-chave do **problema da parada**[103].

O curioso desse problema, que tem muitas ramificações técnicas e teóricas, consiste em que não podemos decidir definitivamente para cada programa, por meio de um outro programa, se ele deve chegar em algum momento a um ponto de parada que tenha sido previsto. Um **programa** (do grego antigo *pro* = pré e *graphein* = escrever) é, literalmente, uma prescrição.

Aqui, precisamos novamente recorrer ao mais famoso cientista da computação de todos os tempos, Alan Turing. Quem não é cientista da computação o conhece, talvez, pelo filme *The Imitation Game* (2014), que, infelizmente, é uma considerável bagunça. É por causa de Turing que se chama de máquinas de Turing aquilo que, graças a Turing, é conhecido hoje como computador. Originalmente, "*computer*" significa simplesmente "alguém que calcula", particularmente um ser humano. Desde Turing, a expressão é usada para máquinas que partilham determinadas propriedades com o ser humano.

Uma **máquina de Turing** pode ser representada da seguinte maneira: suponhamos que tivéssemos uma fita de papel infinitamente longa, que consiste de recortes sempre claramente demarcados e igualmente grandes que são separados uns dos outros por meio de linhas. Além disso, precisamos ainda de uma cabeça de leitura (como em uma máquina de escrever antiga) que possa se movimentar ao longo de toda a fita. Suponhamos ainda que em

---

103. Quem se interessar por detalhes pode encontrá-los, p. ex., em Hoffman, 2015.

cada campo pode haver um 1, um 0 ou absolutamente nada. Agora, podemos, assim, desenvolver uma série de programas. Podemos, por exemplo, escrever 0 em um campo, no campo à direita dele um 1, e do outro lado dele deixar um campo vazio. Podemos pôr a regra de que sempre que a cabeça de leitura encontrar um 1 ela avance para a direita e que sempre que ela encontrar um 0 ela escreva um 1 por cima dele e, de modo correspondente, avance para a direita. Se ela encontrar um campo vazio, ela para. Esse programa para, por conseguinte, no terceiro campo, se começamos no 1. O programa termina, como se diz.

Escolhamos agora um outro programa, que diz que a cabeça de leitura deve sempre ir um campo para a direita se ela encontrar um campo. Esse programa (muito tedioso) não chega a um fim. Ele simplesmente avança monotonamente. Naturalmente, esse programa não pode realmente ser realizado, já que, em algum momento, qualquer papel estará completamente escrito e qualquer cabeça de leitura estará quebrada e porque, além disso, o universo inteiro não tem energia o bastante à disposição para conduzir esse único processo para sempre, o que está interligado com a possível quebra da entropia; ou seja, com a decadência de estrutura no universo.

Sabemos, então, que há programas que terminam e programas que não terminam. Agora se coloca a pergunta sobre se podemos escrever um programa que descobre, para cada programa, se ele termina ou não. Chamemos esse superprograma de **DEUS**; seria, então, o programa que pode decidir, para cada programa, se ele termina ou se ele não termina.

O problema ocorre quando ele é confrontado consigo mesmo. Em algum momento, DEUS precisa decidir se DEUS termina ou não termina. Se temos à nossa disposição 1, 0 e um espaço vazio como unidades semânticas, poderíamos estabelecer que compreendemos 1 como o enunciado de que um programa termina e

0 como o enunciado de que ele não termina. O espaço vazio não contém nenhum enunciado. DEUS descobre, segundo nossa suposição, para cada programa, se ele termina ou não; ou seja, também para DEUS. É preciso chegar a um resultado na questão sobre se ele termina ou não. Se se alimenta DEUS com um programa, o último escreve 1, então, se ele termina, e continua para a direita, e 0 quando ele não termina e vai igualmente para a direita. Se DEUS não termina; ou seja, sempre continua a examinar programas em relação à pergunta sobre se eles terminam ou não, – ele não pode fazer nenhum enunciado sobre se ele não termina. Se ele fizer esse enunciado em algum momento, ele ainda não examinou todos os outros programas. Ele também não pode fazer isso, já que a suposição enuncia que ele nunca termina! DEUS não pode, portanto, emitir o enunciado de que ele não termina. Ele não pode chegar ao resultado de que ele nunca termina, porque ele expressa esse resultado pelo fato de que ele termina. Se DEUS, porém, termina, isso significa que todo programa, em algum momento, cai.

Em suma, para que um programa como DEUS seja possível, ele precisa emitir um enunciado unívoco sobre se todo programa que é passado por ele – e, assim, também DEUS em pessoa! – termina. Para emitir esse enunciado, de que DEUS ele mesmo não termina, DEUS tem de, porém, terminar.

O problema da parada é, bem observado, teoricamente ainda mais emaranhado do que essa concepção simplificada. Mas o esboço tem uma grande vantagem. Ele aponta em uma direção filosófica que é muito mais geral do que os paradoxos lógicos da matemática moderna e da informática teórica. Isso porque se pode argumentar a favor de que, em última instância, sempre esbarramos em paradoxos, se vamos filosoficamente aos limites do pensamento e nos perguntamos sobre como nós mesmos funcionamos como pensadores de pensamentos. Se o pensar reflete sobre si mesmo, se chega, em algum momento, à intelecção de que nunca se pode evitar inteiramente paradoxos. Isso foi mostrado, por exemplo, pelo filósofo austríaco Graham Priest (* 1948) e pelo filósofo de Heidelberg Anton Friedrich Koch (* 1952)[104].

Que os paradoxos matemáticos se deixam universalizar é, ademais, algo que Kurt Gödel em particular, assim como o fundador da teoria dos conjuntos, Georg Cantor (1845), pressentiam, ambos os quais, por causa de suas dificuldades lógicas, buscaram refúgio em Deus e pensaram ter encontrado os limites da lógica, para além dos quais jazeria o mistério logicamente inacessível do divino. Gödel elaborou até mesmo uma prova própria da existência de Deus[105].

Podemos levar como resultado disso que não pode ser construído nenhum computador no qual todos os programas corram. Cada novo sistema operacional esbarra necessariamente em falhas que não se pode prever anteriormente. Mas isso não é, de modo algum, apenas uma consequência da armadilha da informática teórica, mas tem simplesmente a ver com o fato de que não podemos escrever nenhum programa que processe informação de maneira dotada de sentido e em relação ao qual podemos assegurar de antemão que nenhuma informação será inserida nele que ele não possa processar. Simplesmente não há nenhum sistema operacional absolutamente seguro. Todo mundo cai em algum momento.

Computadores são mesmo capazes de algo?

Mas por que, afinal, é assim? Qual é a razão para que não possamos construir nenhuma ordem racional absolutamente estável, que resolva todo problema digitalmente por meio da [sua] de-

---

104. Cf., a esse respeito, especialmente Priest, 2001; Koch 2006. Um desenvolvimento posterior da teoria de Koch no contexto de uma discussão com o Novo Realismo se encontra em Koch, 2016.

105. Bromand e Kreis, 2011, p. 483-487.

composição em pequenos passos que nós, então, por meio do progresso tecnológico, também podemos realizar em um hardware?

Por um lado, há uma razão física simples para tanto. O universo não contém, por princípio, suficiente matéria ou energia para poder executar todo cálculo logicamente possível. Não é possível que tudo que existe no universo seja simulado por meio de um cálculo em um computador. Isso porque teria de haver então sempre ainda mais um computador, ou, melhor, um programa, que simulasse o cálculo de todos os cálculos. Teríamos, então, não apenas uma tela diante de nós, na qual todos os programas possíveis rodariam e que representariam todos os processos possíveis no universo. (Isso sim seria algo! Poderíamos surfar em uma internet possivelmente até mesmo infinitamente grande e nos colocarmos imediatamente e virtualmente em cada situação do universo e assisti-la.) O problema é que a nossa tela teria ainda que aparecer em nossa tela na qual todos os programas rodam. Mas, antes que pudéssemos ver a nossa tela em nossa tela, teríamos, todavia, de ainda ver a nossa tela na nossa tela na nossa tela.

Assim, precisaríamos, primeiramente, de uma tela infinitamente grande, assim como de uma memória infinitamente grande para poder realmente simular tudo que acontece no universo. Mas isso também não basta, já que essa tela infinita teria novamente de aparecer em si própria. Antes, precisaríamos de uma tela transfinita, na qual várias infinidades rodariam simultaneamente. Mas agora já sabemos que essa história também não chega ao fim, o que é, certamente, uma consequência da teoria dos conjuntos transfinita que Cantor desenvolveu. Mais exatamente, sabemos que perguntas como aquela sobre como seria uma simulação do universo como um todo em um computador não podem, por princípio, serem respondidas. Isso ultrapassa fundamentalmente a nossa capacidade de apreensão, assim como a capacidade de apreensão de qualquer computador[106].

Mas a situação é tanto mais fácil quanto mais difícil do que esse problema. Retornemos, então, ao solo do comum. Esse solo do comum significa, desde um escrito influente do filósofo, lógico e matemático Edmund Husserl, o mundo da vida. Em sua obra tardia *A crise das ciências europeias e a fenomenologia transcendental*, de 1936, Husserl desvela um ponto cego da compreensão científica moderna, que até hoje não foi superado. Seu nome para ele é mundo da vida, que é a nossa compreensão cotidiana das coisas que nos circundam, das pessoas e das relações culturais em que nos movimentamos assim que desfrutamos de uma criação mínima que nos permita não morrer imediatamente no trânsito, sustentarmos a nós mesmos em algum momento e, eventualmente, ainda algumas outras coisas.

Ao mundo da vida também pertence a nossa linguagem natural; ou seja, por exemplo: alemão ou bávaro, saxão, suábio, árabe, finlandês ou qualquer língua que uma pessoa fale como língua materna na Alemanha. Além disso, não é de modo algum simples, como se pensa, definir o alemão como língua oficial. Lutero também falava alemão. Se você hoje, todavia, preenchesse os seus documentos no registro de habitantes no alemão de Lutero ou seus filhos falassem apenas baixo-alemão, você rapidamente perceberia que a língua oficial "alemão" não é tão fácil de delimitar. Que palavras estrangeiras e fórmulas matemáticas pertencem ao alemão? Seria "*User*" uma palavra alemã? E quanto a "*Enzephalogramm*" [encefalograma] ou "*progressive Zerebration*" [cerebração progressiva]?

Linguagens naturais não são sistemas formais. O significado da maior parte das expressões, presumivelmente mesmo o significado de todas as expressões, não é definido precisamente. Isso é o

---

106. Moore, 1990.

que se chama na linguagem filosófica de **imprecisão** (ou **vagueza**) e devemos às *Investigações filosóficas* de Ludwig Wittgenstein a compreensão de que as linguagens naturais são inteiramente imprecisas e também só funcionam por causa disso. A obra mencionada foi publicada primeiramente após a morte de Wittgenstein e levou, em relação ao desenvolvimento da informática, uma vida própria, já que Wittgenstein não estava de modo algum de acordo com Turing, que ele conhecia pessoalmente de Cambridge.

O mundo da vida é cheio de vagueza e, caso contrário, também não funcionaria. Em uma situação completamente banal, Petra diz, por exemplo, para Walid, que Fleiko logo chegará. Mas quando exatamente é "logo"? Em cinco minutos, ou em dois? Em sete minutos e trinta segundos ou em duas horas? Não é mais exato quando um guia turístico em Dallas diz: "Aqui, Kennedy foi baleado". Ninguém pode traçar um círculo exato no local em que Kennedy foi baleado. Esse lugar exato não existe realmente; antes, há apenas uma indicação necessariamente vaga, como, por exemplo, "aqui", que é feita por meio de uma indicação com o dedo do guia, que aponta para uma região aproximada.

Não podemos, além disso, escapar do problema ao tentarmos compulsoriamente tornar todos nossos conceitos precisos ao definir as nossas palavras exatamente. Isso pode ser facilmente mostrado. Suponhamos que peçamos em um restaurante um Wiener Schnitzel (não do tipo vienense). O garçom nos traz, surpreendentemente, um exemplar congelado. Fazemos com que ele o devolva, decepcionados ou mesmo irritados, pois não queríamos um Schnitzel congelado. "Você deveria simplesmente ter dito isso", ele replica e se retira. Ao voltar com um novo Wiener Schnitzel, este está inteiramente queimado e escaldante. Nós o recusamos. Para garantirmos, pedimos agora um Wiener Schnitzel nem congelado, nem queimado, mas sim com a temperatura usual que poderíamos até mesmo indicar em algo. Em resposta a isso, o garçom volta com um exemplar que é tão pequeno quanto meu polegar direito. Naturalmente, também não queremos isso. Não queremos nem um Wiener Schnitzel congelado, nem queimado, nem pequeno demais. Mas como devemos, por favor, definir "Wiener Schnitzel", de modo que o garçom nos traga obrigatoriamente o certo?

Ninguém está em condições de definir inteiramente "Wiener Schnitzel" por meio da indicação de todas as suas características. Aqui o Wikipedia não ajuda muito (como é frequentemente o caso), onde "Wiener Schnitzel" é definido como "um Schnitzel de vitela fino, empanado e frito"[107]. Isso porque esses critérios também são satisfeitos por um exemplar congelado, queimado ou encolhido a um tamanho nano, assim como infinitas outras variações que não reconheceríamos como um Wiener Schnitzel.

Justamente aqui se ligam os dois mais importantes críticos da assim chamada IA: os filósofos John Searle e Hubert Dreyfus, que eram ativos na Universidade de Berkeley; ou seja, no raio do Vale do Silício. Por **IA forte** se entende a suposição de que poderíamos desenvolver uma IA que seria indistinguível da inteligência humana. Naturalmente, não há, no momento, uma tal IA. Nenhum chatbot ou outro programa chega nem mesmo a se aproximar da inteligência humana como nós a conhecemos. No âmbito linguístico não há, além disso, nenhum programa de tradução em que se possa confiar tanto que se possa simplesmente inserir um texto qualquer nela para que ele seja, então, adequadamente traduzido.

Toda IA nos fornece resultado com base em uma base de dados limitada. Naturalmente, a base de dados que IAs podem acessar cresceu rapidamente na era digital, motivo pelo qual também ferramentas de busca estão cada vez melhores em antecipar pelo que

---

107. Disponível em https://de.wikipedia.org/wiki/Wiener_Schnitzel – Acessado famintamente pela última vez em 13/02/2018.

buscamos. Todavia, jamais chegaríamos à ideia de que as nossas ferramentas de busca são inteligentes da mesma maneira que nós somos. Mesmo se alguns módulos do espírito humano como o cálculo de cabeça já foram há muito tempo terceirizados para as boas e velhas calculadoras, nenhuma calculadora e nenhum algoritmo de site de hotéis dispõe da capacidade de desenvolver todos os outros módulos. Por isso, distingue-se frequentemente as formas existentes de IA de uma **IA universal**, que pode alternar em um instante de uma atividade inteligente para qualquer outra. Tal IA universal não foi realizada até agora e também não pode ser realizada se Searle e Dreyfus têm razão.

Searle e Dreyfus argumentam, com base na vagueza da linguagem humana, contra a possibilidade de uma IA forte. Aí, eles retomam, de fato, uma intelecção genial, que, aliás, já se encontra exposta de maneira particularmente clara em um pequeno artigo do grande filósofo e matemático Georg Wilhelm Leibniz (1646-1716), que foi, ao mesmo tempo, um dos primeiros pioneiros da máquina de calcular (do computador)[108].

Já vimos como "Wiener Schnitzel" não é completamente definido e, em última instância, também não é completamente definível. Leibniz leva esse fato às últimas consequências com um argumento que, a meu ver, é ainda mais forte do que a prova formal de Gödel e Turing. Esse argumento enuncia que jamais podemos analisar completamente nem [sequer] um único conceito. Mesmo se grandes avanços fossem feitos na definição de "Wiener Schnitzel", de modo que entendêssemos cada vez melhor o conceito, teríamos ainda de analisar todos os conceitos por meio dos quais analisamos o conceito de Wiener Schnitzel. Como se define, então, "Schnitzel", ou "empanado"? E como se define, por favor, "Wiener"? Certamente, não pelo fato de que se lista tudo que se pode encontrar em Vie-

---

108. Cf. Leibniz, 1996; Gabriel, 2012.

na. Seria possível perguntar à FPÖ, que, no entanto, em questões fundamentalmente conceituais da definição de "Viena", não deve ser muito avançada. E quanto a "e", uma palavra que é preciso utilizar para ligar os elementos da definição?

Mesmo se se pudesse realizar o milagre de apresentar uma definição completa de "Wiener Schnitzel", conjuntamente com todas as definições das palavras que são necessárias para a definição (boa sorte!), ainda se teria, por fim, o seguinte problema: Haveria componentes simples de significado que não poderiam mais ser analisados, os assim chamados **átomos semânticos**. Se não houvesse eles, não poderíamos, afinal, chegar, com a definição, a um final claramente demarcado, caso contrário, estaríamos presos em um círculo de definição infinito. Se, porém, há esses átomos semânticos, não podemos apreendê-los pelo fato de que definimos palavras que correspondem a um conceito analisável.

Por isso supuseram ademais Platão e Aristóteles, que foram aqueles que se ocuparam primeiramente com esse problema, ambos de quem podemos apreender os conceitos simples, os átomos semânticos, com um sentido do pensar [*Denksinn*]. Eles determinam esse sentido como o espírito/inteligência (grego antigo *nous*). Isso ainda ressoa na nossa palavra alemã *Vernunft* [Razão], que também *ver-nimmt* [sente] algo; ou seja, *entgegennimmt* [recebe] algo. A palavra *Vernunft* tem sua origem em *vernehmen* [sentir, perceber, escutar etc.], o que tem uma interessante história nas palavras do alemão antigo e medievo que, de todo modo, abrange a ideia do retirar algo (abstração) e do receber [*Entgegennehmens*]. A razão é um sentido do pensar que temos de atestar para tomar contato com átomos semânticos.

Dreyfus e Searle não vão tão longe quanto nossos antepassados filosóficos Platão, Aristóteles e Leibniz. Eles, porém, têm toda a razão ao indicar que apenas entendemos exteriorizações linguísticas porque dispomos de um plano de fundo (*background*) de equipamento biológico e de capacidades adquiridas socioculturalmente. Graças a esse plano de fundo, não temos de analisar enunciados em componentes individuais para entendê-los.

A inteligência humana trabalha sob pressão de tempo e analogicamente. Não dissolvemos nosso mundo da vida em sinais digitais para, desse modo, fazermos um retrato do que queremos e do que devemos [fazer], mas sim, antes, o apreendemos sem técnicas digitais e processamento de dados. Isso porque não conseguiríamos, por uma questão de princípio, [alcançar] a dissolução de nosso ambiente em signos digitais e a composição consequente de um retrato estável dos [nossos] arredores. Temos de parar em algum lugar e tomar contato analógico direto com a nossa realidade.

Seres humanos entendem exteriorizações linguísticas sempre em um contexto que eles não têm e nem podem analisar eles próprios linguisticamente para compreender de que se trata. Isso uma IA não pode ela mesma fazer, mas sim apenas inferir a partir de dados que já foram pré-processados por seres humanos. Como deveria também um processamento de dados, que não tem nenhum interesse de sobrevivência ou mesmo qualquer interesse em nossa forma de vida humana, perceber os seus arredores como nós [os percebemos]?

Não podemos dissolver esse problema pelo fato de que reproduzimos digitalmente os parâmetros de nossa evolução biológica e empacotá-los em algoritmos que nós, então, instalamos como programa em um hardware não biológico. Isso porque mesmo se se pensasse de que isso poderia em princípio acontecer, isso nunca acontece factualmente. Um organismo humano individual é, a saber, já em um único instante de tempo complexo demais para ser simulado digitalmente.

Isso se deve, entre outras coisas, ao fato de que nosso sistema nervoso não é apenas emaranhado de uma maneira astronomicamente complexa, de modo que muitos dizem que o cérebro humano seria o objeto mais complexo conhecido no universo. A isso se acresce que a transmissão de sinais no cérebro ocorre quimicamente e também tem algo a ver com grandezas intensivas – ou seja, p. ex., com relações de pressão. Sinapses não são interruptores de ligar e desligar, e nosso cérebro também não funciona como uma máquina de Turing; ou seja, de tal modo que há uma cabeça de leitura lá e que há recortes univocamente determinados que oferecem alternativas como Ligado e Desligado.

Mesmo o deciframento completo do cérebro humano não apreenderia inteiramente as bases biológicas do conhecimento humano, uma vez que o sistema nervoso tem muitas ramificações. Ele atravessa o organismo inteiro e é também diferenciado em alto grau na região do intestino, motivo pelo qual há algo acertado na tese de que o amor passa pelo estômago ou de que as entranhas ajudam em decisões. Como seres vivos, de fato não pensamos apenas com a cabeça, isso é biologicamente comprovado.

O sussurro de Heidegger

Tanto Dreyfus como também Searle retomam a filosofia de Edmund Husserl ou de seu aluno, tão famoso quanto polêmico, Martin Heidegger. Husserl, argumentou, em seu escrito sobre a *Crise* já mencionado, contra a cientifização do retrato humano e introduziu o conceito de mundo da vida. Heidegger amplia o campo ainda mais ao tomar conhecimento dos começos da pesquisa de IA. Ele responde a isso com uma série de escritos nos quais a questão central é o que significa propriamente "pensar".

As origens das reivindicações de explicação, hoje de amplo alcance, que estão interligadas com a era da informação, residem na assim chamada cibernética (do grego *kybernêtês* = condutor). A cibernética se estabilizou como uma área de pesquisa interdisciplinar em uma série de conferências que ocorreram de 1946 a 1953 nos Estados Unidos e foram financiadas pela Fundação Macy. O responsável [pelas conferências] foi o neuropsicólogo Warren McCulloch (1898-1969). A esse campo pertencem muitos cientistas, em particular o matemático Norbert Wiener (1894-1964), que cunhou de maneira decisiva a expressão "cibernética", e o matemático e lógico John von Neumann (1903-1957), que, juntamente a Turing, conta como o mais relevante fundador da informática.

A cibernética tem muitas ramificações, e ela também está no fundamento do construtivismo que foi desenvolvido de maneira decisiva, por exemplo pelo já mencionado biólogo chileno Humberto Maturana e pelo psicólogo Paul Watzlawick (1921-2007), que, aliás, também atuava em Palo Alto. A ideia fundamental da **cibernética** enuncia que podemos descrever muitos processos [*Prozesse*] de processos de condução [*Steuerungsvorgänge*] para os quais se pode desenvolver circuitos reguladores [*Regelkreise*]. Isso também vale para a esfera do pensar humano.

Acabei de reler nas conferências e artigos de Heidegger algumas passagens para verificar se eu me lembro corretamente do raciocínio que atribuo a Heidegger. Para fazer isso, tive, primeiramente, de conceber o plano de descer um andar para encontrar um livro correto em minha biblioteca. A ocasião para isso foi eu estar trabalhando agora neste parágrafo sobre Heidegger. A fim de executar o plano, tive de recorrer a passos intermediários que me são conhecidos porque estou familiarizado com o caminho para a biblioteca. O processo como um todo foi controlado por mim, portanto, sob a influência de um plano total com muitos planos parciais. Sou aí, como um condutor desse processo, eu mesmo uma parte de um circuito regulador de mecanismos de condução que vai muito além de mim, do que faz parte o trato com o livro, os planos de Heidegger de minar a cibernética, a produção de estantes de livros, o funcionamento de circuitos reguladores, assim como incontáveis outros sistemas que produzem os seus próprios processos de condução.

A cibernética sugere conceber também o pensamento como um processo de condução que se estuda por meio de métodos e técnicas formais e que pode ser transmitido a outros circuitos reguladores. Com isso, chegaríamos ao ponto de partida da pesquisa de IA que, desde as descobertas técnicas interligadas com a refinação das técnicas de informação, está em condições de simular cada vez mais esferas do pensamento humano na forma de loops de circuitos reguladores.

Contra essa afirmação, Heidegger demanda, em um gesto típico dele, a dar um passo para trás e "refletir", como ele, como simpatizante do Natal, dizia com prazer. Em uma carta a seu irmão de 18 de dezembro de 1931, que ele coloca junto com o *Minha luta* como presente, ficamos sabendo sobre isso:

> Quero muito que você se confronte com o livro de Hitler, que é *fraco* no capítulo inicial autobiográfico. Que esse homem tenha tido um instinto político incomum e certo onde todos nós estávamos anuviados, isso ninguém que tenha compreensão pode mais contestar. O movimento nacional-socialista adquirirá ainda no futuro forças inteiramente diferentes. Não se trata mais de um pequeno partido político – mas de uma salvação ou declínio da Europa e da cultura ocidental [Isso também parece familiar para quem passou por 2017/2018... M.G.]. Quem não compreende isso também agora é digno de ser estraçalhado no caos. A reflexão sobre essas coisas não perturba a paz de Natal, mas sim remete de volta à essência e à tarefa dos alemães, a saber, para lá, onde a figura dessa maravilhosa festa tem a sua origem [Era Jesus, cujo nascimento, até onde sei, é comemorado no Natal, realmente um alemão?, M.G.][109]

---

109. Homolka e Heidegger, p. 22.

Alguns anos mais tarde, Heidegger escreve que ele teria "entrado ontem [ou seja, em 3 de maio de 1933, M.G.] no partido", e, de fato, como ele acrescenta, "por convicção interna"[110]. Filosofia é, para ele, uma forma de "reflexão" e "serenidade" que só se pode compreender se nos entregamos à disposição correta, que Heidegger – como eu temia: sem sinal de ironia – caracteriza como "o bater de sinos do silêncio"[111]. Deve-se apreciar Heidegger como um todo, portanto, com extremo cuidado, já que seu pensamento é atravessado pelo nacional-socialismo e não se pode estabelecer sem estudos filológicos e históricos muito exatos quais elementos podemos incorporar e com quais damos possivelmente vazão a consequências inaceitáveis. Todavia, em muitos aspectos, ele tem razão com a sua descrição da Modernidade, mesmo que tenha escolhido uma falsa solução para ele.

O passo atrás para o qual ele convida consiste em atentarmos a uma diferença sutil, a saber, à diferença entre o pensar e a nossa construção de modelos. Se descrevemos o pensar como um circuito regulador ou como um sistema parcial de outros sistemas, significa isso, então, que o pensar *é* um circuito regulador ou um sistema parcial de outros sistemas?

Heidegger fornece uma série de razões que falam contra a identificação do pensar humano com um circuito regulador. Dreyfus retoma parcialmente essas razões, oculta aí, todavia, um grande número de argumentos interessantes de Heidegger que, apesar de sua orientação política questionável, são inteiramente sustentáveis e não perderam nada em sua atualidade.

Uma boa visão geral da abordagem de Heidegger é fornecida pela conferência transmitida pela rádio de Bayer em maio de 1952

---

110. Ibid., p. 36.

111. GA I, vol. 1, p. 27s.

e lida lá pelo próprio Heidegger, *O que significa pensar?*[112] Sua ideia fundamental pode ser destacada da seguinte maneira: se penso inteiramente uma série de pensamentos e reconheço entre eles uma interligação, isso só é bem-sucedido enquanto eu puder confiar em algo – como, por exemplo, nas regras da lógica, em procedimentos reconhecidos de verificação de minhas opiniões e lembranças, naquilo que meus pais e professores me ensinaram. Aquilo em que confio não é, aí, conhecido claramente por mim como um todo. Assim, nós, seres humanos, confiamos em regras da gramática da história das línguas, sem que, por isso, todos os seres humanos sejam linguistas de nascimento. A organização do trânsito em meu estado (NRW) é uma ciência oculta complicada da qual compreendo apenas muito pouco. Todavia, preciso confiar em que alguém tem pensamentos sensatos sobre a organização do trânsito. Mas como sei se o sistema inteiro de pressuposições que faço dia a dia é, como um todo, justificado?

Aqui, não basta empreender a tentativa de enumerar todas as pressuposições e, então, verificá-las individualmente ou em pacotes ordenados. Isso porque, para essa empreitada, teria de me basear novamente em métodos que não seriam já então também verificados por meio de outros métodos. Toda tentativa de conseguir um retrato do próprio retrato do mundo ou do ser humano esbarra, mais cedo ou mais tarde, com um limite.

Aqui, é importante observar que sempre fazemos um retrato de nossa posição em um ambiente não humano. Aí pressupomos que o nosso ambiente é acessível para nós; ou seja, conhecível ou descritível em uma certa medida. Suponho que a Terra não acabou de ser criada por um ser superpotente que me ilude com lembranças de uma história planetária anterior. Além disso, penso que, neste momento, meu sofá está atrás de mim, mesmo que eu não o

---

112. Disponível para leitura em GA I, vol. 8.

veja, e que posso ver o mesmo sofá de antes se me virar novamente. Em suma, suponho que a realidade tem um mobiliário de cuja existência participo de maneira apenas extremamente inessencial.

Heidegger chama o sistema de suposições como um todo, sem o qual jamais poderíamos pensar um pensamento racional, o nosso "entendimento do ser". Esse entendimento consiste em que nós fazemos um retrato dos arredores da [nossa] situação e entendemos esse retrato dos arredores como uma instrução para a ação.

Seguimos no aeroporto, por exemplo, muitas regras, pois conhecemos situações como fazer check-in a partir de nossa experiência. Entendemo-nos com o check-in. Segundo Heidegger, seres humanos em diferentes épocas se entendem [com as coisas] de maneiras parcialmente radicalmente diferentes. Muito daquilo que parecia óbvio para seres humanos no século XIV só podemos compreender [hoje] de algum modo com a maior dificuldade. O mesmo vale, porém, também em um âmbito sincrônico, por exemplo, para espaços culturais que funcionam de um modo diferente ou para formas de vida longínquos que sempre se entendem apenas de maneira insuficiente. Naturalmente, não é preciso viajar muito longe nem espacialmente nem historicamente para entender do que se trata na vida e como se avalia coisas e situações. Basta tocar a campainha do próprio vizinho.

A versão de Heidegger dessa consideração porta um famoso título: "o giro" [*Die Kehre*][113]. Com isso se quer dizer que nós, na Modernidade, somos expostos a uma profunda virada no entendimento do ser, que caracterizamos hoje como globalização. A Modernidade, de fato, é um processo de revoluções; ou seja, de giros. Por trás disso, Heidegger reconhece um padrão unitário. Esse padrão unitário segue a ideia de que tudo que é (todo ente) é, em última instância, um objeto. Por trás da Modernidade, segundo a

---

113. GA III, vol. 79, p. 68.

intelecção de Heidegger, encontra-se um padrão real reconhecível, de modo que ela é um objeto sobre o qual se pode emitir enunciados (históricos, econômicos, filosóficos) verdadeiros. Heidegger pensa, agora, que a Modernidade conclui, a partir de si mesma, que podemos obrigar tudo – e, assim, também formas de vida sincrônica e diacronicamente distantes – a se conformar a suas regras conceituais. Isso resulta, a seu ver, do fato de que a Modernidade segue o princípio de que tudo que existe é algo sobre que se pode, fundamentalmente, emitir enunciados verdadeiros.

Esse entendimento do ser é caracterizado por Heidegger como "Re-presentação" [*Vor-Stellung*]. A realidade é compreendida como um palco no qual toda a realidade ocorre. O que ocorre no palco está interligado segundo leis (lógicas, matemáticas e naturais) universais. Essa interligação total existe independentemente de nós, seres humanos. Ela é, como Heidegger diz, uma "permanência" [*Bestand*][114]. Por isso se sugere compreender a nossa disposição frente à realidade como percepção da permanência. Encontramo-nos, desse modo, em meio a uma realidade em larga medida organizada, submetia a leis invioláveis.

Heidegger caracteriza essa visão de mundo sumariamente como "técnica". A técnica, segundo ele, não é uma mixórdia industrial ou uma série de instrumentos que usamos para atingir os nossos fins. Um avião, por exemplo, não é apenas um meio de transporte para viajar mais rápido para Nova York. Por que se deveria precisar afinal de tal meio? Não é preciso, afinal, viajar para Nova York. A pergunta, então, é, desse modo, por que pensamos que a técnica é um meio que usamos para atingir fins, se isso, afinal, pressupõe que conhecemos os nossos fins de algum modo?

Bem observado, é mesmo ingênuo acreditar que a técnica seria simplesmente um meio em uma relação escolhida por nós en-

---

114. Ibid., p. 28.

tre fim e meio. No mínimo desde que muitos de nós estão quase sempre na proximidade de seu smartphone, deveria ter se tornado claro que um telefone não é um meio para ligar para alguém. Antes, smartphones mudam fundamentalmente a nossa disposição para o diálogo e para outros processos de transformação da realidade. A técnica, assim, participa, frequentemente, essencialmente de quais fins pomos para nós mesmos. Ela não está submetida a eles.

O que se pode começar com um instrumento determina conjuntamente aquilo que se faz. Não planejamos, então, que deveríamos desenvolver novas técnicas para atingir determinados fins. Inversamente, ocorre frequentemente que consideramos determinados fins repentinamente dotados de sentido, pois uma nova técnica está disponível. A internet não leva, por exemplo, a que, agora, formatos de televisão sejam acessíveis a qualquer momento na forma de midiatecas ou do Netflix, mas sim transforma também os próprios formatos. Cinemas correm o risco de virar relíquias do passado porque formato comum de filme de noventa minutos não atrai telespectadores o suficiente para saírem de seu quarto, já que ele é muito mais confortável do que a poltrona do cinema, o sorvete custa menos nele e se pode ver por horas a mesma série. Todavia, o cinema não se encontra em uma situação tão ruim, pois certos estudos comprovam que telespectadores que têm assinaturas de streaming também vão (entre outras razões, por causa da telona) com muita frequência ao cinema.

Na sua fase de alta, os cinemas pareciam eles mesmos revolucionários e como uma ameaça para, por exemplo, o teatro e a ópera. A cultura de frequentar o cinema, que inclui a pipoca, as filas, a duração do filme que é economicamente apropriada a esse formato, não é apenas um meio para – dependendo do filme – atingir o fim do divertimento ou da formação. Antes, nos mantemos no cinema, porque a tecnologia está ligada com uma forma de vida.

Servimo-nos da tecnologia à luz de uma representação de como é uma vida bem-sucedida.

Não fazemos essa representação de uma vida bem-sucedida, todavia, independentemente da tecnologia disponível. Por isso, ela não é simplesmente submetida a nossos planos em uma relação de fim e meio. Antes, já nos encontramos em uma cultura global com determinadas opções de ação que, via de regra, não foram constituídas por nós mesmos.

De tudo isso Heidegger deduz que não podemos de modo algum pensar sem que algo seja fixado para nós, o que ele chama de "o a se pensar [*Bedenklich*]". O a se pensar nos faz pensar. Somos aí sempre, em última instância, remetidos passivamente ao fato de que nos encontramos em uma situação a se pensar (Você se lembra? Pensar *first*, digital *second*!). Não refletimos simplesmente sobre algo, mas sim recebemos, como ele se expressa, um presente, ou um encorajamento. Isso corresponde à ideia de que, no pensar, trata-se de algo sensível que nunca podemos controlar inteiramente, uma vez que algo tem de nos ser dado que é, ele mesmo, primeiramente a ocasião para o pensar.

Muito milagre dá medo

Nesse contexto, Heidegger desenvolve a sua famosa tese da armação [Ge-Stell]. Ele deriva dela uma série de consequências com as quais não podemos concordar. Mas, em um aspecto central, ele tem inteiramente razão. A **Armação** é uma representação de que a realidade é como um todo calculável e, assim, disponível para os nossos fins, e que, por isso, podemos tornar tudo que existe livremente acessível para o uso humano. À primeira vista, isso é plausível para nós, seres humanos modernos. A realidade nos aparece como um universo gigante que se expande em uma amplitude infinita e toma dimensões que nunca poderemos abarcar inteiramente.

Graças à física moderna, é conhecido que não nos encontramos em nenhum sentido no centro de um drama cosmológico no qual temos o papel principal. Cosmologicamente, somos insignificantes. Se se torna isso concreto para si de maneira mais ou menos visível por meio da grandeza da via láctea, nossa galáxia de moradia, também um leigo na física reconhece rapidamente que, em uma escala astronômica, somos invisíveis.

O saber físico no fundamento dessa avaliação pressupõe, todavia, que o universo é, de todo modo, amplamente tão conhecível, que nós, por exemplo, podemos calcular a sua idade ou distâncias gigantescas por meio de estruturas universalmente aceitas (como leis da natureza ou as assim chamadas velas-padrão; ou seja, objetos com clareza apreensível absoluta que fornecem informações sobre a distância). Astrologia e astronomia se distinguem, entre outras coisas, pelo fato de que foram desenvolvidos critérios de exatidão verificável por meio dos quais sabemos que podemos, dentro de seu quadro, descobrir verdades sobre o universo.

Que se trata de fato de verdades é provado, então, por meio da verificabilidade experimental e da implementação tecnológica. Hilary Putnam, de quem já falamos (cf. p. 104), fala aqui de um argumento do *"no-miracle"* [nenhum milagre]: não pode ser simplesmente um milagre que a física se deixe implementar tecnologicamente, do que se segue, por sua vez, novas possibilidades de ciência física[115]. Mesmo se estamos muito longe de ter decifrado fisicamente os detalhes do universo, sabemos disso apenas porque já descobrimos tanto sobre o universo. Também sabemos, graças à física moderna, o que ainda não podemos saber com os métodos da física, tal como eles se encontram hoje à nossa disposição.

Todavia, expandimos o nosso horizonte de conhecimento sempre tanto quanto o possível. Isso significa que pressupomos que

---

115. Cf. Putnam, 1978, p. 18s.

o universo ainda se apresenta para nós como mais ou menos conhecível. Não esperamos que estejam embutidos no universo casos que tornam impossível descobrir algo mais. E mesmo se houvesse tais casos, não poderíamos descobri-los fisicamente – esse deve, afinal, ser o segredo de tais casos.

Chamo isso de o **princípio da conhecibilidade**[116]. O universo é, desse modo, conhecível pelo menos na medida em que o apreendemos de maneira correta do ponto de vista das ciências naturais. Os limites daquilo que podemos conhecer seguramente pelas ciências naturais e o que ainda não podemos conhecer, é, aí, impreciso, já que muito daquilo que parece em um momento irrefutável ainda pode passar mais uma vez por uma revisão. Além disso, certamente surpresas na radiação cósmica de fundo ou na matéria escura ainda nos espreitam, talvez em algum lugar até mesmo em escalas que são pequenas demais para poderem ser, atualmente, trabalhadas experimentalmente[117].

Heidegger tem o seu próprio nome para o princípio da conhecibilidade. Ele fala de "desvelamento" [*Unverborgenheit*] e quer dizer, com isso, que o real se abre para nós. Sabemos porém, ao mesmo tempo, que o real se abre apenas diante de um plano de fundo do ainda não conhecido e do inconhecível. Algumas das coisas que não sabemos também nunca saberemos, pois não sabemos nem sequer que não o sabemos. Essa estrutura se assemelha à do esquecimento. Se esquecemos inteiramente alguma coisa – por exemplo, se eu, na tarde de 749 dias atrás, tinha leite em meu café ou não –, então também não nos lembramos de ter esquecido. Esquecimento profundo consiste em que não sabemos se e quando exatamente ele ocorre.

---

116. Gabriel, 2016b.

117. Cf. a esse respeito as exposições universalmente compreensíveis em Randall, 2008; Greene, 2006.

O nosso saber tem, por isso, uma estrutura dinâmica de constante deslocamento dos limites do desconhecido. Mas cada passo que fazemos na Modernidade pressupõe que a realidade consiste de objetos que podemos descobrir e examinar. Mas como sabemos que isso é de fato o caso? Trata-se de um pressuposto do qual não podemos de modo algum compreender como poderia haver uma alternativa a ele.

E exatamente isso nos dá, segundo Heidegger, medo. Sabemos que há um limite que se desloca dinamicamente do saber. Mas o nosso retrato do que é o saber e de como compreendemos o seu desenvolvimento dinâmico poderia, por sua vez, ser deslocado sem que nós possamos no momento ter alguma ideia de como é isso. Por isso, somos expostos, aqui, a um vazio que não podemos preencher.

Para poder olhar esse vazio nos olhos, desenvolvemos, segundo Heidegger, a nossa civilização moderna, que se constrói visando banir todo mistério do espaço público. Publicamos o maior número possível de resultados e produzimos sempre novas publicidades para criar, dessa maneira, mais transparência.

Heidegger vê aí um movimento de fuga. Em lugar de um confronto com o vazio entra a tentativa precipitada de dar um rosto àquilo que nos parece profundamente estranho, para, então, torná-lo dominável na forma de um inimigo ou de um risco mensurável. Mas o próprio Heidegger cai na cova que ele cavou para outros, e culpa pelo movimento e fuga da Modernidade "os judeus", que, para ele, escondem-se por trás da visão de mundo moderna[118]. Heidegger comete, assim, um erro de pensamento moralmente abjeto, que é ainda mais grave por tê-lo motivado a entrar no NSDAP. Todavia, ele tem razão em muito do que fala sobre a técnica, mesmo que ele suponha que, por trás da técnica

---

118. Uma boa visão geral das posições atuais sobre o tema de Heidegger e o antissemitismo se encontra em Homolka e Heidegger, 2016.

moderna, encontra-se uma espécie de conspiração mundial judaica, no que não se pode seguir a ele.

Em tempos de "completa encomendabilidade"

Em uma consideração praticamente clarividente, Heidegger indica, em seu próprio tempo, que, por meio do rádio e da televisão, a impressão da distância desaparece. Vemos hoje constantemente imagens de regiões em crise distantes, ou fazemos para nós mesmos um retrato on-line de nossas próximas férias, que estão longe espacial e temporalmente. A superação da distância espacial e temporal confirma a nossa capacidade de conhecer a realidade. Todo plano de viagem bem-sucedido é um pequeno argumento *no-miracle* (cf. p. 178), já que nossos aviões voam e o GPS funciona, o que não seria pensável sem a nossa física moderna.

A revolução digital acentuou ainda mais radicalmente a estrutura medial da Modernidade. Para ter mais tempo livre para obtenção de meios econômicos, dispensamos hoje o caminho analógico para o centro da cidade e encomendamos as nossas mercadorias on-line. Em geral, não tenho nada contra isso. Trata-se, aqui, sobretudo de entender que efeitos isso tem para a nossa situação geral como seres humanos.

Heidegger disse antes, em 1949, que a ordem global pós-guerra se apoiara no princípio da "completa encomendabilidade"[119]. As potências mundiais (na época os Estados Unidos e a União Soviética) se encontram, segundo ele, em uma corrida armamentista da redução de distância: mísseis cada vez mais rápidos, fornecimento cada vez mais rápido de mercadorias e informações. A Guerra Fria, na variante válida até 1989, foi decidida, entre outras coisas, simbolicamente por meio da velocidade superior do ocidente de então frente ao bloco oriental.

---

119. GA III, vol. 79, p. 30.

Nesse meio-tempo, a corrida armamentista se descolocou já há muito tempo para o ciberespaço, o que não exclui que, na realidade militar, ainda se chegue a uma corrida armamentista simultânea que, por sua vez, consiste em esquivar-se da ordem recém--criada de vigilância da internet por meio de outros caminhos de comunicação ou barreiras linguísticas. A região chinesa do World Wide Web, por causa de sua complexidade linguística e do grande número de atos comunicativos, não se abre simplesmente a partir de fora. Não há de modo algum tantos funcionários e tradutores que cresceram em meio ao desenvolvimento da linguagem on-line em fóruns chineses para que o Ocidente possa se sentir seguro na posição de um controle completo da China.

Somos verdadeiramente cercados de aparelhagens e processos de tratamento de dados. Interagimos, da manhã à noite, com sistemas que deixam à nossa disposição espaços de jogo para a ação. Isso, evidentemente, é o caso não primeiramente desde a digitalização. A arquitetura e estrutura das cidades, por exemplo, permite apenas pela sua organização realizar determinadas jogadas. Parques, pontes, curvas e leis de trânsito dirigem o nosso comportamento ao fornecer opções.

Sistemas de condução não nos manipulam, aí, compulsoriamente, e eles também não restringem inteiramente a nossa liberdade. Sem sistemas de condução não teríamos nenhuma escolha entre opções de ação conhecíveis e não seríamos livres, mas sim sobrecarregados. Percebe-se isso se se foge da aparelhagem da Modernidade e se refugia, por exemplo, em uma região distante do Amazonas. Reconhece-se então rapidamente por que o ser humano trabalhou por muitos anos em desenvolver um sistema de coordenadas que o permite fugir da batalha pela sobrevivência e de um mundo incalculável.

O nosso mundo da vida nos transmite, por causa da digitalização, a aparência de que ele mesmo já teria a estrutura de um sistema de coordenadas no qual nos orientamos. Em sua principal obra, *Ser e tempo*, de 1927, Heidegger fala de um "contexto de referências", para evitar a todo custo qualquer vocabulário matemático[120]. Pense-se, por exemplo, em uma visita ao supermercado depois do fim do expediente: no caminho para casa providencia-se rapidamente o mais necessário. Chega-se ao supermercado, as portas automáticas se abrem e logo se revela uma prateleira. Tudo é organizado segundo princípios que supostamente são conhecidos, se se vai regularmente a um supermercado ou se está familiarizado com a rede à qual a filial pertence. A nossa vista é direcionada pela organização específica, e nós somos inseridos no circuito de processamento de dados da filial. Nela, deixamos para trás, por causa de nossa situação de interesses, uma assinatura de nossa liberdade, uma vez que, por fim, temos razões para comprar algo e desenvolvemos costumes que se espelham em nossa escolha de produtos.

A soma de transações que são realizadas desse modo no supermercado produz proposições de dados que são lidas e utilizadas para a construção do supermercado em seu fornecimento cotidiano. A rede dessas estruturas é cada vez mais estreitamente traçada, de modo que os processos são otimizados e, assim, tornam-se mais econômicos. O nosso cotidiano de hoje consiste, em muitos aspectos, no trato com um arredor digital. Isso, porém, não significa que o mundo da vida se torna digitalizado. Novas aparelhagens penetram no mundo da vida e nos iludem de que ele cada vez mais desaparece e é substituído por processos de otimização – o que, novamente, é um processo de fuga da realidade.

Aqui, Heidegger indica o fato de que a constelação total se constrói com base em uma ideia que aparece a nós, seres humanos modernos, erroneamente, como sem alternativa. A ideia consiste em que nos representamos a realidade como um todo e, assim,

---

120. GA I, vol. 2, p. 100.

também a natureza como uma aparelhagem. Hoje, está mesmo amplamente difundido conceber o universo – ou seja, a esfera dos objetos das ciências naturais – segundo o modelo de um computador, como um cálculo gigantesco que une as unidades fundamentais de informação umas com as outras. O universo não nos aparece mais como um tipo de *container* no qual coisas materiais circulam segundo leis naturais. Uma tal visão grosseiramente materialista da natureza já não é sustentada há muito tempo na física.

Mas de onde sabemos, afinal, que a natureza *como um todo* é assim como nós a retratamos do ponto de vista de nosso conhecimento das ciências naturais? Não poderia ser que transmitimos erroneamente estruturas de nossa obtenção de conhecimento à realidade *como um todo*?

É certamente correto que nós só podemos conhecer a realidade pelas ciências naturais na medida em que ela nos fornece informações com as quais podemos interagir material-energicamente; ou seja, por meio de nossos instrumentos de mensuração. Faz parte da física que ela, na forma de experimentos no interior do universo, troque, ela mesma, informações com o universo, por meio do que descobrimos, então, algo sobre ele.

As ciências naturais funcionam, aí, similarmente a uma sonda sonora. Trazemos perguntas para a natureza e a obrigamos, por causa de uma habilidosa construção de tentativas, a responder essas perguntas. Com isso, lançamos, por assim dizer, uma rede de pesca que tem uma estrutura determinada. O que é preso na rede (de, p. ex., um acelerador de partículas) tem de ter propriedades que nós podemos derivar teoricamente das propriedades de nossa aparelhagem juntamente com a assinatura que a realidade física deixa em nossa aparelhagem. Isso foi descrito por Immanuel Kant em sua *Crítica da razão pura* da seguinte maneira:

> Quando *Galileu* deixou suas esferas rolarem por uma superfície oblíqua com um peso escolhido por ele

próprio, ou *Torricelli* fez o ar ter um peso que ele pensou de antemão como igual a uma coluna de água já conhecida por ele, ou ainda mais tarde *Stahl* transformou metal em calcário e este novamente em metal ao retirar e devolver a ele algo; assim, acendeu uma luz em todos os pesquisadores da natureza. Isso porque eles compreenderam que a razão apenas intelige aquilo que ela mesmo produz segundo seu projeto, que ela avança com princípios de seus juízos segundo leis constantes e teria de obrigar a natureza a responder a suas perguntas; não, porém, deixando-se guiar apenas por ela. Pois, caso contrário, observações causais, feitas sem nenhum plano previamente projetado, não se interligariam de modo algum em uma lei necessária; o que, todavia, a razão procura e precisa. A razão tem de ir à natureza com os princípios unicamente por meio dos quais experiências concordantes podem valer por lei em uma mão, e com os experimentos que ela pensa segundo aqueles na outra, para, de fato, ser instruído por ela, mas não na qualidade de um aluno que se deixa convencer de tudo que o professor quer, mas de um juiz ordenado que obriga a testemunha a responder às perguntas que ele fez. E assim, até mesmo a física deve a revolução vantajosa de seu modo de pensar simplesmente à ideia de procurar nela aquilo que ela quer aprender dela (não para selá-la) segundo aquilo que a razão pôs ela mesma na natureza, e do que ela por si mesma nada saberia. Desse modo, a ciência natural foi primeiramente trazida ao caminho de uma ciência, já que ela não foi por séculos nada mais que um mero tatear[121].

A natureza responde apenas a perguntas que colocamos de maneira metodicamente controlada. Ela não pede ela mesma para ter a palavra, de modo que possamos saber como ela é constituída. A ciência natural é uma atividade que tenta arrancar da natureza os seus segredos. Essa atividade tem uma forma determinada, graças

---

121. Kant 1974a, p. 23.

à qual algumas coisas podem ser registradas, enquanto outras, em contrapartida, são automaticamente ocultadas.

Estamos muito longe de termos registrado tudo. A princípio, não é possível saber se os nossos métodos atuais para o estabelecimento da estrutura factual do universo são apropriados para apreender o universo em todas as suas escalas. Não sabemos o que passa pelas malhas, por mais que saibamos, de fato, parcialmente o que não podemos saber.

A rede de pesca das ciências modernas é chamada por Heidegger de "projeto matemático da natureza"[122], com o que ele se refere, entre outras coisas, à passagem de Kant citada acima, que formulou esse projeto de maneira decisiva. A internet é uma realidade que corresponde inteiramente aos princípios do projeto matemático. Ela é uma aplicação técnica do formato científico das nossas avançadas ciências naturais e tecnológicas. Por isso, ela é, apesar da sua complexidade, inteiramente examinável.

A realidade digital se distingue por princípio da natureza pelo fato de que podemos saber como ela é construída. Isso porque ela opera no interior dos parâmetros da matemática e da lógica e não pode, portanto, opor-se a elas. Só se pode proteger temporariamente proposições de dados do acesso por hackers ou serviços secretos. De um ponto de vista lógico, nenhum firewall é impenetrável e nenhum código indecifrável.

Isso distingue um firewall, por exemplo, dos extremos limites do universo conhecível por nós. Simplesmente não podemos ver mais no espaço tempo do que o *big-bang* nos permite. Nas margens do universo que nos circunda em todas as direções há uma barreira de informação que não podemos penetrar. Graças à cosmologia moderna sabe-se que também a natureza no âmbito do universo observável não é inteiramente conhecível. No menor e no

---

122. GA II, vol. 41, p. 93.

mais apreensível por nós até agora encontramos limites os quais não podemos atravessar. Se há limites definitivos por trás dos quais não se encontre nada é algo que não podemos nunca constatar por meio das ciências naturais.

A internet, em contrapartida, enquanto artefato matemático--lógico, é, diferentemente da natureza, inteiramente transparente por princípio. É isso que Heidegger caracteriza como completa encomendabilidade. A estrutura do ciberespaço cobre gradualmente, como rede, a realidade analógica, de todo modo não feita por mãos humanas, de modo que resta cada vez menos espaços livres em nosso planeta para lidar com uma realidade offline. Recolhemo--nos no espaço do feito por nós mesmos, para, desse modo, tirar, por assim dizer, férias espirituais de nossa mortalidade. Mais cedo ou mais tarde, porém, a nossa morte não virtual pega a nós todos.

Presos em um *circle*?

A revolução digital é acompanhada com a fantasia de uma transparência total, que foi retratada de maneira potente no romance (mal) adaptado para filme recentemente, *The Circle*. A realidade social na qual nos apresentamos como pessoas parece ter sido tomada quase inteiramente por algoritmos e sistemas de processamento de dados. A revolução digital pode, nesse aspecto, ser vista como uma reestruturação da realidade social, como uma força determinante de uma mudança estrutural.

The Circle conta de um futuro próximo, que – onde mais? – é preparado na Califórnia. Em seu centro se encontra uma empresa que se chama exatamente como o título do romance. Essa empresa reúne todas as redes sociais e processos digitais nos quais seres humanos individuais participam em um programa, de modo que tudo que fazemos de algum modo digitalmente é observado por uma única central de controle.

Contudo, não satisfeita com isso, a empresa *The Circle* desenvolve pequenas câmeras especialmente sofisticadas, que são trazidas a nosso planeta como sensores de alcance mundial. Essas câmeras se multiplicam de tal maneira que nenhum órgão estatal estaria mais em condições de remover a todas elas. A realidade social é atropelada por câmeras que voltam o seu olhar a tudo que ocorre de algum modo no espaço público (e, em última instância, também no privado). Aí, *The Circle* defende, como os conhecidos gigantes do vale do silicone, falsas promessas de emancipação democraticamente legítima: pelo fato de câmeras gravarem tudo em todo lugar e criarem, assim, um aparato de vigilância total, toda violência estatal deve também se tornar imediatamente visível. Desse modo, chega-se (supostamente) automaticamente à resistência por parte dos oprimidos, que não podem mais apenas observar a injustiça.

Um eixo narrativo central do romance é a relação entre Mae e Mercer. Mae se inscreve na empresa para fazer uma carreira ali que a permita fornecer a seus pais uma assistência médica adequada – um problema tipicamente norte-americano. A empresa só surgiu, em última instância, pelo fato de que condições de vida analógicas, materiais, medicinais e econômicas na Califórnia são compensadas por meio de uma contrarrealidade digital.

A empresa maximamente digital se enraíza em uma desigualdade real-histórica da sociedade norte-americana. É uma desigualdade que, ademais, é refletida em mais produções de massa de séries e filmes da contemporaneidade (de *Game of Thrones* a *Breaking Bad* e *Hunger Games*, mas também a brilhante série brasileira *3%* ou a obra-prima britânica *Black Mirror*). No bosque da digitalização borbulha a desigualdade analógica. Para citar uma das sentenças involuntariamente cômicas de Heidegger: "Nesse sub [*Unter*] domina a divisão"[123].

---

123. GA I, vol. 12, p. 21.

Mae quer se voltar contra essa desigualdade ao se inscrever na firma, cuja estratégia de venda consiste em propagar a produção de igualdade. Que isso, todavia, seja mera aparência, é o que Mae percebe por meio do despedaçamento completo de suas relações sociais analógicas. Não apenas rui a relação com os seus pais, que era o que ela queria, na verdade, melhorar por meio do seu cargo. Ela também destrói, além disso, a vida de seu amigo de infância, Mercer. Ele tenta, a saber, fugir das câmeras e do sistema de vigilância do Circle, o que leva a que ele seja ainda mais obstinadamente caçado, até que ele morre em uma perseguição.

O que está em jogo são, desse modo, relações próximas, que são acopladas a uma estrutura analógica e, em última instância, também biológica. Conhecemos, como usuários de internet, em uma ou outra forma, o efeito de que amizades on-line parecem, de algum modo, irreais. Quem, como europeu, está em contato intensivo com os Estados Unidos, conhece talvez também, por experiência própria, a impressão de que os sistemas sociais de amizade e cordialidade que expressam laços estreitos são feitos de outro modo nos Estados Unidos. As relações próximas e distantes são controladas de outro modo na América do Norte também porque o sistema socioeconômico está disperso por uma faixa geográfica muito mais ampla, [e] as conurbações norte-americanas têm uma estrutura completamente diferente e assumem outras funções, já que elas são separadas por grandes distâncias geográficas de outras conurbações.

Essa lacuna de amizade transatlântica é apresentada de maneira divertida na série *Episodes*, na qual um casal de escritores britânicos tenta ser bem-sucedido em Hollywood com uma série de TV. Eles falham nisso na Califórnia, com as suas representações europeias de amizade e honestidade.

Mas o que se esconde, visto filosoficamente, por trás dessa impressão bem fundamentada de que algo nas redes sociais é irreal?

Aqui, é importante esclarecer que nós, como seres humanos, somos pessoas. Por uma **pessoa** entendo aí o retrato que fazemos daquilo que devemos ser para os outros. Esse retrato não é de modo algum privado, mas surge essencialmente pelo fato de que nos comunicamos com outros. Apresentamo-nos diante uns dos outros em situações sociais sempre de uma forma determinada.

A expressão "pessoa" vem da linguagem de teatro antiga e se refere originariamente à máscara através da qual o ator fala. Pe-ssoa (do grego antigo *pros-ôpon*) significa, literalmente, pelo som [*Durch-Klang*} ou à vista [*An-Blick*]. Através da máscara imóvel, soa, no teatro antigo, a voz do ator, de modo que, no palco, não se trata, como hoje, de produzir volumes de expressão gestual especialmente praticados. Muito pelo contrário, o peso se encontra apenas na palavra que é encenada no palco. O relevante nessa história prévia é a representação de que a realidade social é uma espécie de palco no qual nos expressamos.

Todos estão familiarizados com a circunstância de que, para a desoneração de nossa situação emocionalmente complexa, temos falas-padrão na ponta da língua. Pense no ritual cotidiano da compra, as frases prontas de educação, o sorriso padronizado pelo qual você dá a passagem para um casal com uma criança pequena ou, inversamente, no trânsito, o sinal de luz sempre igualmente agressivo, com o qual alguns condutores típicos de marcas de carro garantem a faixa de ultrapassagem.

Se se conhece alguém em uma relação próxima como com os pais, com amigos ou colegas próximos de trabalho, o efeito da máscara desmorona mais cedo ou mais tarde. Em algum momento as mesmas falas, piadas e gestos se tornam estúpidos e visíveis, já que eles são sempre usados como estratégias do cotidiano para contabilizar ganhos sociais. Não podemos mais enganar desse modo os seres humanos com que temos relações próximas. Para manter ligações reais, temos de arrancar reciprocamente as máscaras um do outro ou descartá-las voluntariamente.

Uma boa representação desse processo se encontra no filme de Ruben Östlund, *Força maior* (2014). Nele, um casal que está, com ambos os filhos, em férias de *ski* em um hotel de luxo, encara-se por um lado desconhecido. Depois do esposo deixar a família em uma situação complicada ao jogar sobre eles uma avalanche disparada artificialmente, as máscaras caem e a relação como um todo é colocada em questão. O filme tem um final feliz que, infelizmente, não é muito plausível, mas isso é outro assunto.

Relações próximas, portanto, des-personalizam. No lugar de nossas práticas de atuação como pessoas, entra a realidade individual. Naturalmente, retomamos isso novamente por meio de práticas e rituais cotidianos. A ritimização do cotidiano por meio de despertadores, pausas para o café, horário de trabalho e muitas outras coisas nos desoneram das vivências das relações próximas.

As redes sociais são puras máquinas de personalização. **Máquinas de personalização** são sistemas por meio dos quais fabricamos e vendemos encenações de si próprio. Aí, não se trata necessariamente de que nos vendemos por meio de nossa conta do Twitter ou do Instagram, mas muito mais de que outros vendem o nosso autorretrato e lucram economicamente com isso. Toda foto que disseminamos on-line enuncia algo sobre a nossa personalidade. Quanto mais fornecemos fotos e outras informações sobre nós, mais fácil é interagir com a nossa pessoa.

Essa interação não nos deixa como éramos antes. Clique a clique, like a like e link a link soltamos dados de nossa vida e os disseminamos como informações digitalizadas além de nosso alcance. Informações sobre local de moradia, renda, interesses e posições políticas fundamentais se deixam aproveitar economicamente de modo imediato, já que há sempre alguém que quer saber quem somos e onde queremos ir a seguir.

Visita de médico em Windern – A sociedade como usina nuclear

Com esse plano de fundo, podemos distinguir entre personalidade e individualidade.

Personalidade é um papel desempenhado de maneira variável de situação em situação, por meio da qual buscamos ou mantemos vantagens estratégicas na competição social. A isso pertence algo aparentemente tão não problemático como a nossa capacidade de conseguirmos atravessar corporalmente ilesos o nosso dia a dia. Que isso não é algo elementar se vê não apenas nos casos proeminentes como da guerra civil na Síria, mas se percebe cotidianamente no âmbito da violência subconsciente permanente em sistemas sociais dotados de tensões capitalistas. Também a nossa realidade do dia a dia é constantemente ameaçada pela irrupção da violência – se pense apenas nos tombos cotidianos, furtos e empurrões brutais no metrô, dos quais parece haver muitos especialmente em Berlim e Munique.

Individualidade, em contrapartida, resulta da simples circunstância de que cada um de nós é si mesmo de maneira insubstituível. Heidegger chama isso, com um de seus incontáveis neologismos no novo alemão, *"Jemeinigkeit"*, "estado de ser sempre meu"[124]. Que eu seja eu e esteja sempre lá ou se algo ocorre para mim é o que constitui a minha individualidade. Eu sou eu e você é você. Essa propriedade é impartilhável. A impartibilidade se diz, em latim, *individuum* (grego antigo *atomon*).

Como indivíduos, somos átomos pré-sociais. Isso não significa que a sociedade consiste em indivíduos associais. Antes, o social

---

124. Ibid.

e o individual são dois campos de sentido distintos que intersectam parcialmente. Eles não são, porém, idênticos e também nunca são inteiramente transferíveis um para o outro. Por isso, surge uma tensão entre ambos os campos de sentido, que, em casos extremos, descarrega-se como violência sistêmica.

Tudo que em algum momento vivenciamos, vivenciamos a partir de nossa perspectiva. Essa perspectiva consiste em que aquilo que nos afeta agora parece, de modo natural, especialmente importante. O filósofo norte-americano Tyler Burge (* 1946) fala, nesse contexto, de um **índice egocêntrico** que é constituído pela perspectiva de seres vivos[125]. O índice egocêntrico de um ser vivo é o modo e a maneira como o seu mundo aparece para ele. Já no âmbito puramente sensorial da troca de informações entre um ser vivo e o ambiente já se forma um centro que distingue entre o relevante e o irrelevante – por exemplo, entre alimento e não alimento.

Desse modo, todo ser vivo já tem, abaixo do nível da consciência, uma perspectiva em torno da qual ele organiza o seu ambiente. Essa perspectiva vem a existir em todos os seres vivos, também no ser humano, em um âmbito não consciente, a que não temos acesso consciente a todos os processos que têm de correr no plano de fundo, se quisermos conduzir processos conscientes. Enquanto você, por exemplo, planeja ler este parágrafo até o fim, processos eletromagnéticos no interior do seu crânio continuam a ser tratados por meio de processos bioquímicos. Ao mesmo tempo, porém, também as suas unhas crescem, a sua digestão trabalha, e assim por diante. A perspectiva egocêntrica do ser vivo é alimentada por todos esses processos.

Em tudo que fazemos como seres vivos surge prazer e desprazer – ou seja, sistemas fundamentais de estímulos –, sem os quais não haveria nenhuma motivação para nós, seres humanos. Somos

---

125. Cf. Burge, 2007.

ameaçados em toda situação pela doença, morte e violência, e compensamos isso por meio de um sistema de prazeres, graças ao qual a vida nos aparece como dotada de sentido e não apenas como um vale de lágrimas. Temos, então, uma "economia libidinal", como o filósofo francês Jean-François Lyotard (1924-1998) o expressou[126]. Tal economia vai muito além de nossa consciência. Quais ações e sensações qualificamos como prazerosas, quais valem como permitidas ou proibidas, está sempre também interligado com a nossa situação inabarcável como seres vivos.

A expressão "libido" tem sua origem aí, em Freud, e designa a nossa energia psíquica. Ademais, isso não tem em Freud um sentido exclusivamente sexual, no sentido corrente de um comportamento direcionado apenas ou intercurso sexual ou à autossatisfação. Antes, encontra-se, no plano de fundo, uma ideia de Kant, que, em sua *Crítica do juízo*, examina o "sentimento do prazer e do desprazer"[127]. Em sua arte inimitavelmente precisa de formulação, Kant define "prazer" aí, em uma outra passagem, como "a representação da concordância do objeto ou da ação com as condições *subjetivas* da vida"[128]. Algo gera prazer se ele combina com o nosso índice egocêntrico. Se o prazer perturba a esse índice, ele gera desprazer. O mesmo objeto (um Mettigel) que gera prazer em um ser humano (um carnavalista convicto) pode gerar prazer em um outro (um vegetariano assíduo).

Aqui se acresce o componente conceitual da representação. O que nos gera prazer ou desprazer depende de como representamos o objeto. Uma **Representação** é a concepção subjetiva de um objeto como algo que é assim e assado. Se pensamos agora conjuntamente no aeroporto Berlin-Tegel, representamos o objeto como um aero-

---

126. Lyotard, 2007.

127. Kant, 1974b, p. 76.

128. Kant 2000, p. 114.

porto. Podemos, porém, também nos representar o objeto como algo diferente, por exemplo, como um *shopping*, se, por alguma razão, quisermos comprar algo no aeroporto Berlin-Tegel. O mesmo objeto pode ser representado de modos diferentes. Eu me represento Tegel de um modo diferente de você, mesmo se nos representamos o mesmo [objeto], a saber, Tegel.

A nossa individualidade é constituída de nossa perspectiva insubstituível. A perspectiva que tomo neste momento só pode ser tomada por mim porque chegam a ela todas as circunstâncias que me levam ao fato de que eu a tome agora. Como nos representamos algo é altamente diferente de indivíduo para indivíduo. Isso já é na verdade evidente pelo fato de que todos nós, por assim dizer, tomamos parte a cada instante de nossa vida consciente e, desse modo, reunimos impressões e experiências que, a princípio, ninguém mais tem. Podemos, de fato, partilhar parcialmente vivências e representações. Em última instância, porém, elas permanecem subjetivas no sentido preciso de que elas pertencem a uma perspectiva individual.

A diferença entre personalidade social e individualidade não social não pode, por uma questão de princípio, ser transposta. Disso resulta uma tensão que tem efeitos socialmente em diferentes sub-regiões. Essa tensão consiste em que faz parte da estrutura de sistemas sociais que eles não possam apreender a individualidade. Isso porque a individualidade não é social, mesmo se a nossa perspectiva individual é constantemente informada e transformada pelo fato de que nós, como sujeitos, também somos pessoas.

Um **sujeito** é, aqui, um ser vivo individual espiritual. Sujeitos têm componentes corporais, mas também componentes que não se deixam classificar, de maneira dotada de sentido, espaço-temporalmente ou material-energeticamente[129]. A nossa personalidade é parte de nossa subjetividade, pois nós, como sujeitos,

---

129. Gabriel, 2015.

somos, entre outras coisas, pessoas. Como sujeitos somos, porém, também indivíduos.

O nosso lado socializado conflita com os componentes não sociais. A tensão parte de ambas as direções e se manifesta em âmbitos distintos. Para isso, Kant cunhou uma famosa formulação:

> O meio do qual a natureza se vale para desenvolver todas as suas aptidões é o antagonismo das mesmas na sociedade, na medida em que essa, por fim, é a causa da organização conforme a leis das mesmas. Entendo aqui por antagonismo a convivência insocial do ser humano; ou seja, a tendência do mesmo de entrar em sociedade que, todavia, está ligada com uma resistência contínua que ameaça constantemente essa sociedade. Aqui, a disposição para tanto reside, evidentemente, na natureza humana. O ser humano tem uma inclinação para se socializar, pois ele, em tal estado, sente-se mais como um ser humano; ou seja, sente o desenvolvimento de suas aptidões naturais. Ele tem, porém, também uma grande tendência a se individualizar (isolar): pois ele encontra em si mesmo, ao mesmo tempo, a propriedade insocial de querer dirigir tudo ao seu modo, e por isso espera resistência por todos os lados, assim como sabe de si próprio que ele, por sua vez, está inclinado à resistência contra outros[130].

A realidade social é marcada por um antagonismo; ou seja, uma tensão, que resulta do conflito entre personalidade e individualidade. A sociedade funciona, nessa medida, como uma usina nuclear social.

Isso é encenado de maneira apta na série de sucesso em língua alemã da Netflix, *Dark*, na qual uma usina nuclear constitui o centro de um acontecimento misterioso. O desenvolvimento narrativo das figuras desdobra a tensão entre os seus papéis sociais como pessoas (professores, policiais, alunos, o líder da AKW, dona de

---

130. Kant, 1977a, p. 37s.

hotel) e a sua individualidade, por meio da qual eles se posicionam contra a sua personalidade (ao serem infiéis, matarem-se, falsificarem documentos, deixarem-se corromper).

O lugar de nome Winden, cuja sociedade é estruturada em torno da AKW, é um campo experimental ideal para a estrutura antagonista da sociedade como tal. Gostemos ou não disso, vivemos todos em Winden ou em Dogville, para remeter ao experimento mental do filme de mesmo nome de Lars von Trier. O antagonismo social não é disputado apenas onde nos encontramos. O campo de tensão se prolonga e gira, como um fenômeno meteorológico, em torno da Terra.

Uma consciência para viagem, por favor

No empuxo da revolução digital, vivemos, hoje, uma mudança de consciência que tem efeitos na esfera pública. Lê-se continuamente dos desafios e perigos da digitalização, mas também de esperanças que estão ligadas com os avanços tecnológicos, como da inteligência artificial. Conhecemos, de nossa experiência cotidiana, a impressão de um crescente aceleramento social. Isso certamente está ligado com o crescimento exponencial do desempenho de nossos sistemas avançados de ampliação da consciência; ou seja, de nossos computadores.

Nesse contexto, **a tese da mente expandida (*extended mind*)** parece particularmente plausível. Ela diz que a nossa realidade psicológica e mental já há muito tempo não está limitada a nosso corpo, mas se expande em nossos aparelhos de pensamento. A boa e velha calculadora de bolso e seu sucessor futurístico, o smartphone, servem não apenas como auxílio à memória, mas assumem funções de nossa memória [*Erinnerungsspeicherung*] interna. Assim, lembra-se, por exemplo, de se ter anotado algo no smartphone, sem ter de perceber explicitamente a informação que se anotou. Ou se deixa em um carrinho de compras on-line ou em uma lista de desejos algo que, nesse meio-tempo, foi esquecido.

O nosso sistema de registro participa essencialmente de nós mesmos, já que simplesmente não podemos ter conscientemente presente a todo momento tudo que pertence a nós como sujeitos. Por que – assim perguntam os defensores de mente expandida – se deveria ainda ligar, por princípio, a sua mente de algum modo ao corpo?[131] Se meu calculador calcula para mim e, assim, chego a um resultado, isso não prova, por exemplo, que o pensamento não está vinculado a um hardware biológico, ou, em outras palavras, a um wetware?

Com base nisso, não se está muito longe da suposição de que as nossas próteses espirituais poderiam, em algum momento, tomar o controle da realidade espiritual. Essa suposição é parcialmente ligada com a hipótese da superinteligência, que Nick Bostrom ilustrou de maneira especialmente proeminente[132]. Chega-se a uma superinteligência se uma IA ou mesmo todas as atividades de pensamento sejam tão superiores ao ser humano em inteligência que não poderíamos nem entender e muito menos controlar os mecanismos de pensamento internos de tal superinteligência.

Os argumentos a favor e contra a possibilidade de uma superinteligência, que Bostrom e seu meio desenvolveram, giram, como um todo, em torno de probabilidades que são formuladas com base na velocidade do progresso tecnológico. Isso leva a considerações matemáticas que não devem te deter aqui. Isso porque, desse modo, nem mesmo se toca a questão filosoficamente interessante sobre, a saber, se sequer é possível haver uma inteligência artificial que se assemelhe suficientemente à nossa

---

131. Clark e Chalmers, 1998; Clark, 2004, 2008, 2016.

132. Bostrom, 2016.

inteligência para que possa ser considerada como superior ou mesmo como perigosa.

Que programas de computador podem solucionar problemas bem definidos, de modo mais eficiente do que nós, vale não apenas para programas de xadrez, mas também, naturalmente, para sites de reservas on-line, que podem encontrar extremamente mais rápido, por exemplo, a próxima mesa livre em nosso restaurante favorito do que qualquer ser humano que encarregarmos disso. O programa que uso para escrever este livro resolve o problema da escrita muito mais rápido do que a minha mão, uma vez que, graças a ele, é muito mais simples traduzir meu texto em um livro. Além disso, hoje se escreve muito mais rápido em um computador comum do que com a mão ou com uma máquina de escrever. Talvez às vezes se escrevesse melhor se o fizesse mais devagar. Mas deixemos isso de lado. Isso porque se trata, aqui, apenas da ideia geral de que a digitalização também equivale a uma explosão de inteligência.

Isso pressupõe, naturalmente, que se define a inteligência como uma capacidade de solução de problemas que se pode medir relativamente a um intervalo de tempo determinado. Programas de xadrez são, então, mais inteligentes do que todos os jogadores humanos no sentido de que outros métodos de resolução de problemas de xadrez estão à disposição a eles por disporem justamente de bancos de dados ilimitados e uma capacidade de cálculo muito superior à nossa.

Se se combina a tese da mente expandida com a hipótese da superinteligência, a digitalização parece, repentinamente, já muito ameaçadora. Isso porque entregamos, possivelmente, com cada avanço na área da solução de problemas algorítmica, a nossa inteligência a sistemas que não podemos mais compreender, e cujas soluções frequentemente nos surpreendem.

Quem aqui tem um problema?

Mas aqui se pede por cuidado filosófico, para que se realize uma avaliação de risco apropriada. Consideremos mais atentamente, para tanto, o conceito de um problema mais detalhadamente. Um **problema** é uma tarefa que um agente quer resolver para alcançar um determinado objetivo; ou seja, a solução. Por exemplo, é um problema mudar de lado da rua. Para resolver esse problema, há caminhos distintos: atravessar a faixa de pedestre, atravessar a rua quando não se vir nenhum carro na esquerda nem na direita, esperar o farol, correr e arriscar a sorte, e assim por diante. Para cada problema há diferentes estratégias de solução. A estratégias de solução podem ser organizadas segundo a sua eficiência.

Mas, agora, começa o problema com os problemas. O que conta como eficiente depende dos interesses. Quando quero atravessar uma rua o mais rápido possível, é mais eficiente fazê-lo por mais que determinado carro se aproxime, partindo-se do princípio de que não serei atropelado. Caso eu queira, em contrapartida, levar em consideração a segurança pública e a minha própria, é melhor esperar o farol ou atravessar a faixa, mesmo se, assim, eu chegar mais lentamente à solução. O caminho mais rápido para chegar a uma solução não é, desse modo, necessariamente inteligente, mas apenas [o é] se a velocidade desempenha um papel [aí].

Pensemos agora em um jogo, seja ele xadrez ou squash. Via de regra não procuramos, aí, um adversário que seja, para nós, imbatível. Isso porque, assim, o jogo perde a sua graça. Pela mesma razão, não procuramos um oponente desesperançosamente inferior. O objetivo de um jogo não é a obtenção incondicionada e o mais rápido possível da solução; ou seja, algo como o objetivo de vitória: "xeque", ou "11: 0; 11: 0; 11: 0". De fato, faz parte de jogos como xadrez que eles tenham uma solução unívoca, mas não faz parte disso chegar a essa solução o mais rápido possível e a todo custo. Isso porque, caso contrário, seria uma boa jogada subornar o seu oponente, para, então, chegar sem obstáculos ao xeque depois das quatro jogadas necessárias a partir do começo do jogo, pois o adversário se defende da pior maneira possível.

Não há nenhum critério absoluto de eficiência. Isso vale não apenas para jogos que estão submetidos a regras perfeitamente apreensíveis matematicamente, mas em toda situação em que problemas surgem. A vida de um ser humano consiste essencialmente, de fato, em resolver problemas e otimizar a própria competência de solução de problemas. Mas não subjaz a essa otimização nenhum pensamento de eficiência absoluto, pois simplesmente não há nenhum pensamento de eficiência absoluto que seja dotado de sentido.

Pode-se ilustrar isso por meio de uma consideração existencial clássica. O **existencialismo** supõe que a vida humana não tem nenhum sentido absoluto determinado a partir de fora, mas sim que só damos a ela um sentido nos contextos em que nos encontramos.

Um exemplo introduzido por Jean-Paul Sartre esclarece isso particularmente bem[133]. Imagine, para dar isso uma forma mais figurada, que Reinhold Messner fosse passear nos Alpes e encontrasse, lá, uma falésia facilmente superável para ele. Talvez ele deixe de lado a ambição de escalar essa falésia. Talvez ela seja muito fácil e ele a escala sem esforço e sem ambição. Imagine, agora, que a Madre Teresa, já com a idade avançada, se encontrasse diante da falésia mencionada. Para ela, essa falésia parecerá muito mais como um obstáculo, e ela escolherá um outro caminho.

A falésia em si, em seu ser-em-si, como Sartre diz, não tem nem o sentido de esvaziar a ambição em nós, nem o sentido de nos direcionar a um outro caminho. Ela está, simplesmente, lá, chegou lá de algum modo, como por fenômenos sísmicos. A questão

---

133. Sartre, 1993, p. 833s.

é como exatamente se quer atingir um objetivo e resolver um problema. É, então, em certo aspecto, muito mais inteligente não fazer um teste de QI ou trapacear nele do que, por meio de imaginação espacial e sob pressão de tempo, girar alguma figura geométrica a fim de riscar a caixinha certa.

Todo sistema de IA – independentemente de como rodem os seus mecanismos de processamento internos – é, em seu interior, muito mais como uma falésia do que como Reinhold Messner ou a Mãe Teresa. Constatamos o seu espaço de resolução relativamente a critérios de eficiência, motivo pelo qual o sistema nos parece inteligente. Mas o sistema não tem interesses próprios e também não pode, por isso, ponderá-los uns em relação aos outros, se os critérios de eficiência não são claramente definidos. Programas de computador indicam mais rápido do que nós soluções cujos critérios de eficiência se encontram sob condições exatamente determinadas. Isso não significa que programas de computador pensam. Se, por exemplo, o pensar deve estar essencialmente ligado ao fato de que um ser vivo tem determinados pensamentos e, nesse âmbito, surgem critérios de eficiência, computadores podem, de fato, desempenhar um papel importante e em parte perigoso em nossa vida, sem por isso, porém, eles mesmos pensarem.

Aqui, alguns objetarão que já temos há muito tempo sistemas de IA que podem aprender. Entenda-se aqui **aprender** como a introdução sistemática de novos problemas para resolver problemas antigos. Se se aprende algo cria-se, assim, para si sempre novos problemas. Os nossos computadores atuais, segundo a objeção, são muito mais semelhantes a nós e, por isso, também superiores a uma boa e velha calculadora.

Não se pode contestar o avanço técnico. Mas isso não muda nada no fato de que a nossa inteligência não é apenas um sistema geral de solução de problemas, mas o formular de problemas.

Esses problemas não se colocam para nós em um espaço abstrato de solução de problemas, mas sim no âmbito concreto de nossa sobrevivência. Para programas de computador, não há a questão da sobrevivência, porque eles não estão vivos.

Vivo é, até agora, apenas aquilo que surgiu por meio da evolução. Podemos, de fato, clonar e, talvez, em algum momento, sintetizar células a partir de matéria inanimada. Mas nos orientamos, então, sempre pelas diretrizes da evolução. Vida que não surgiu biologicamente ou que não é direcionada pelas diretrizes da vida surgida evolutivamente não existe até o momento, e não sabemos se há formas de vida que surgiram inteiramente fora das condições conhecidas do Planeta Terra. Mas uma coisa é certa: nenhum sistema artificial hoje existente que foi construído a partir de matéria inanimada tem interesses de sobrevivência, pois nenhum desses sistemas é vivo.

4

Por que apenas seres vivos pensam

O nooscópio

O nosso pensar é um sentido. Nosso sentido do pensar nos colocar em contato com uma infinitude de possibilidades e realidades, os campos de sentido. O especial em nosso sentido de pensar consiste em que sondamos [graças a ele], com uma resolução impressionante, a estrutura profunda do universo, mas também os abismos do espírito, a história da arte, palavras cruzadas e muitas outras coisas. Isso só ocorre porque os objetos de nosso sentido do pensar são, como um todo, logicamente estruturados.

Todo sentido tem qualidades do sentido específicas [a ele], *qualia*, que ele percebe diretamente: ouvimos sons, vimos cores, sentimos calor, pensamos pensamentos, e assim por diante. Da perspectiva do sentido do pensar, apreendemos as estruturas de outros sentidos, assim como, a princípio, as estruturas de muitos campos do sentido que vão além de tudo que se poderia apreender por meio de um outro sentido. As *qualia* do sentido do pensar são conceitos, a partir dos quais se constroem experiências de pensamento.

Desse modo, torna-se plausível o alcance da matemática e da ciência natural matematizada. Uma das maiores descobertas científicas de todos os tempos, a descoberta por Albert Einstein (1879-1955) da teoria da relatividade, apoia-se em uma radical mudança na forma de pensamento em relação aos nossos conceitos espaciais e temporais, que é conhecida por todos nós por meio de filmes de ficção científica ou ainda, de maneira mais cotidiana, no trato com técnicas baseadas em satélites.

Os experimentos mentais de Einstein levaram a um conhecimento mais profundo da circunstância de que o universo aparece para nós, no Planeta Terra, por causa de como somos equipados, diferente do que ele é, visto fisicamente. Movimento e velocidade são, desse modo, fenômenos relativos, o que significa que eles, vistos fisicamente, não são apenas movimento ou repouso, mas sempre apenas movimento em relação a um sistema de referências. Aparece-me agora por exemplo, justamente, como se estivesse sentado em uma cadeira firmemente em repouso. Lá fora também está tudo parado. De uma outra perspectiva, que toma um outro quadro de referência, acelero, porém, juntamente com o Planeta Terra, por mais de 100.000km por hora em torno do sol, embora o sistema solar gire ainda mais rápido em torno do centro da Via Láctea. Todavia, eu não violo as leis de trânsito enquanto sento aqui. O que conta, para ela, conta relativamente ao sistema de referências da Terra, cujo movimento próprio não percebemos de modo a estarmos continuamente conscientes dos 100.000km por hora adicionais.

Compreensões físicas começam, hoje, em escalas que só se pode descrever sob condições matemáticas extremas, às quais são atribuídas temperaturas, massas, distâncias e assim por diante simplesmente inimagináveis. Por mais que nenhum ser humano já tenha saído do sistema solar, podemos ver nas profundidades do cosmos e pesquisar suas leis. Aí, esbarramos com limites que, por sua vez, podem ser expressos matematicamente, de modo que sabemos, por exemplo, que a matéria conhecida por nós (a assim chamada bariônica) consiste justamente de 4% do universo observável. Para poder de algum modo apreender o universo, por meio da física teórica e apoiada em experimentos, no menor e no maior para nós, utilizamos o nosso sentido do pensar.

"O nosso universo matemático", como o físico que pesquisa no MIT Max Tegmark o chama, é, em larga medida, inteiramente inacessível para as nossas modalidades clássicas dos sentidos[134]. Os progressos da física moderna foram sempre preparados ou acompanhados pelo progresso matemático. Isso vale não apenas para o cálculo infinitesimal, que Isaac Newton (1643-1727) descobriu ao mesmo tempo que Leibniz, mas especialmente para a geometria não euclidiana, que foi desenvolvida no século XIX e desempenhou um importante papel para a revolução do modo de pensar de Einstein.

Em última instância, Platão tinha razão. Platão esmiuçou, a saber, a ideia dos assim chamados pitagóricos (os alunos do matemático Pitágoras, 570-510 a. C.) de que encontramos estruturas matemáticas por meio do nosso pensamento e não as usamos apenas como um auxílio útil para a pesquisa de um universo que em si não é, de modo algum, matemático. Em contrapartida, o seu aluno prodígio Aristóteles revidou com a tese contrária de que o nosso pensamento matemático é simplesmente um auxílio aos nossos cinco sentidos, a fim de organizar o ambiente natural e torná-lo tecnologicamente dominável.

O sentido humano do pensar pode ser visto, como já declarado (cf. p. 29), como nooscópio. *Nous* é a palavra do grego antigo para pensar, e *skopêo* caracteriza o observar ou espiar. Podemos, então, apresentar a **tese do nooscópio**: o nosso pensar é um sentido por meio do qual espiamos e podemos representar matematicamente o infinito.

---

134. Tegmark, 2016.

A alma e o fichário

Platão considerava o corpo humano como uma prisão ou como uma sepultura da nossa alma, o que se poderia chamar da **tese da *sôma-sêma*** (do *sôma* = corpo e *sêma* = cova)[135]. Ele argumentou em particular em seu diálogo *Fédon* a favor da imortalidade da alma, o que os Pais da Igreja do cristianismo retomaram posteriormente, de modo que platonismo e cristianismo se fundiram[136]. A Bíblia, ademais, não ensina em nenhum lugar, no texto canônico que temos diante de nós hoje, claramente sobre a imortalidade da alma, mas sobre a ressurreição do corpo. Um céu e um inferno no qual almas inteiramente incorporais sejam preservadas será buscado em vão no texto da Bíblia. Assim, temos no inferno, por exemplo segundo Mt 10,28, também um corpo: "E não temam diante daquilo que mata o corpo mas não pode matar a alma; temam antes aquilo que pode corromper o corpo e a alma no inferno"[137]. A representação de uma alma imortal, completamente incorporal, tem sua origem, presumivelmente, no Egito. De lá, ela encontra entrada nas considerações de Platão e é elaborada em uma teoria de maneira decisiva no platonismo da antiguidade tardia.

Aqui, não quero me demorar muito com a pergunta pela imortalidade da alma. Isso porque tanto os defensores como os críticos da imortalidade deixam passar batido o verdadeiro cenário filosófico. E isso reside no fato de que o nosso pensamento não é reconhecido como um sentido, mas sim oposto à nossa vida sensível – e, de fato, tanto por aqueles que o consideram imortal como pelos materialistas, que pensam que a morte corporal seria o fim

---

135. Cf. Platão, 2014, p. 86.

136. Cf., a esse respeito, Beierwaltes, 2014.

137. Mt 10,29.

de toda a vida e pensamento, e querem concluir, a partir daí, que o nosso pensamento também é algo corporal.

Entremos novamente, então, na argumentação filosófica. Para isso, levantemos perguntas fundamentais: é possível que algo que não tem bases biológicas pense? Podem computadores, almas imortais (se elas por fim, contra as expectativas, de fato existirem) e Deus de algum modo *pensar*?

Se pensar é essencialmente biológico, essa possibilidade está excluída. Computadores, almas imortais e Deus também não ouvem e saboreiam nada, já que lhes falta o equipamento apropriado para tal e o ancoramento no reino dos animais. Isso nos leva a uma outra tese central do presente livro, **o externalismo biológico**; à tese de que as expressões por meio das quais descrevemos os nossos processos de pensar se referem essencialmente a algo que tem componentes biológicos. Chamemos essas expressões **palavras de pensar**. Pertencem a palavras de pensar, juntamente com pensar: inteligência, agudeza, esperteza, opinar, ponderar, supor e assim por diante. Diferentes línguas têm diferentes palavras de pensar. Além disso, diferentes falantes dispõem de diferentes palavras de pensar. As palavras de pensar de uma linguagem ou de um falante constituem, conjuntamente, um vocabulário. Esse vocabulário pode ser designado como **vocabulário noético**.

O vocabulário noético varia tanto diacronicamente (através do tempo) como também sincronicamente (em cada tempo há diferentes línguas e falantes). Por isso, não podemos simplesmente sair de nosso vocabulário noético e produzir um catálogo de todas as palavras de pensar, às quais, então, indicamos significados unívocos correspondentes, como em um dicionário perfeito. Como o pensar é um sentido, somos falíveis na questão sobre o que o pensar é. Por essa razão, alguns podem acreditar (erroneamente, se eu tiver razão) que o pensar não é um sentido. Se eu tiver razão enganam-se aqueles que contestam que o pensar é um sentido.

O externalismo biológico afirma que as nossas palavras de pensar só podem, por princípio, referir-se a algo que é biológico; ou seja, a algo vivo. Apenas seres vivos pensam.

O argumento central para a tese é semântico. A **semântica** se ocupa com o significado de expressões. Não se trata de afirmações arbitrárias. A semântica não é simplesmente arbitrária. O que expressões significam é uma questão de arbitrariedade apenas em casos de exceção. Isso porque o significado de nossas expressões é determinado pelo uso linguístico. O uso linguístico resulta, por sua vez, de um grande número de aplicações concretas de expressões que nenhum falante individual abrange com a vista. Se uma expressão é acrescentada a um vocabulário [ou não], não está nas mãos apenas de falantes, mas resulta de muitos contextos que não se pode, a princípio, abranger com a vista.

Pensemos, por exemplo, na palavra "linguagem". O que, afinal, significa "linguagem"? Tente agora indicar o significado de "linguagem". Algumas respostas lhe parecerão plausíveis. Talvez se pudesse rapidamente ser levado a conceitos como sintaxe, gramática ou significado. Uma linguagem aparece para alguém como um código que se encontra sob certas regras de decodificação.

Mas isso, naturalmente, é geral demais. Em um sentido tão geral, praticamente tudo é linguagem, não apenas a dança das abelhas que lembra a nossa linguagem como meio de comunicação, ou uma linguagem de computador, mas também a organização dos planetas. Isso porque pode-se vê-la como um código que se encontra sob leis naturais que nós, por nossa vez, podemos tornar explícitas, de modo que possamos, então, ler os céus.

Mas a trajetória dos planetas tem significado no mesmo sentido que este livro? E a linguagem de dança das abelhas tem realmente significado no mesmo sentido que as proposições no trabalho do zoólogo Karl von Frisch (1886-1982), que se dedicou ao estudo da dança das abelhas? É controverso, entre zoólogos, se há uma linguagem das abelhas. Há muitos experimentos e dados que falam contra essa hipótese. E mesmo se houver um sentido no qual, por meio de uma dança de abelhas, informação sobre fontes de alimentação é transmitida, isso ainda está longe de significar que a informação aponta para uma gramática ou para uma estrutura lógica como a da linguagem humana.

Não quero, aqui, de modo algum duvidar que outros seres vivos dispõem de uma linguagem que não entendemos. Para o argumento presente, preciso unicamente da premissa de que não podemos saber tão simplesmente o que é uma linguagem, sem aí reivindicar um significado linguístico que nenhum de nós produz arbitrariamente. O que "linguagem" significa exatamente e o que nos ocorre em primeiro ou em segundo lugar se nos perguntamos sobre o significado de "linguagem" não é uma questão de arbitrariedade.

A semântica, por isso, não é uma mera questão de definição; o que é frequentemente objetado a argumentações linguístico-filosóficas. Uma argumentação semântica não é um jogo de linguagem trivial. Temos de saber a que "pensar" se refere, se nos perguntamos se computadores pensam. Se "pensar" se refere, em nosso vocabulário noético, essencialmente a uma atividade de seres vivos, está, assim, excluído que computadores pensem, mesmo que possamos também dizer coloquialmente que eles "pensam", no sentido de que fazem algo que se assemelha ao pensar.

A que expressões se referem não pode ser simplesmente transformado pelo fato de que se decide que elas, agora, referem-se a algo diferente. Isso porque se muda, talvez, a **etiqueta de palavra**, mas de modo algum o significado de uma expressão. Por etiqueta de palavra se entende, diferentemente de "expressão", uma sequência de sons ou outros signos que utilizamos em contextos linguísticos, com a qual, porém, poderíamos também fazer outra coisa do que expressar um significado. Eu posso achar a palavra "palavra" bonita, porque o "a" curvilíneo segue tão maravilhosamente o pontudo "p". Pode-se perguntar quanto espaço de memória uma sequência de signos, por exemplo as obras completas de Goethe, toma em um Hard Drive. Trata-se, então, de uma série de signos, independentemente de seu significado. Eu acho a escrita devanāgarī, na qual se escreve em hindi, bonita. Isso, porém, tem muito pouco a ver com o significado de palavras hindi, mas sim com etiquetas de palavras.

As nossas palavras de pensar não podem ser usadas arbitrariamente. Se pode haver de algum modo algo como uma inteligência artificial é, por isso, não apenas uma questão tecnológica, mas uma questão linguístico-filosófica polêmica. Naturalmente, posso chamar meu programa de xadrez "inteligente". Ele me vence no xadrez e também muitos jogadores que são muito melhores do que eu. Desse modo, ele resolve problemas de xadrez. Mas: se faz parte da diversão do xadrez não apenas encontrar o caminho mais rápido por um espaço de soluções, mas, por meio da reflexão consciente, alcançar uma vantagem estratégica, não se pode mais de modo algum dizer que programas de xadrez jogam xadrez inteligentemente.

Eles possivelmente, então, jogam tampouco xadrez quanto a trajetória dos planetas expressa algo. A trajetória dos planetas não fala conosco na linguagem da física. Ela simplesmente não fala.

Algo análogo vale para programas de xadrez: eles simplesmente não jogam xadrez. Podemos, de fato, jogar contra programas, mas, então, apenas um lado realmente joga. (Isso se assemelha à situação em que alguém faz uso de um boneco sexual. Nesse caso também seria falso dizer que o intercurso sexual ocorre.)

Na filosofia da linguagem, o **externalismo** é, em geral, a suposição de que determinadas expressões se relacionam a algo sem que um falante competente tenha de saber como exatamente é constituído aquilo com que ele se ocupa no *medium* de suas expressões (cf. p. 105s.). Todos os leitores destas linhas sabem, presumivelmente, que átomos podem ser ligados em moléculas. Mas, desse modo, estamos longe de ser físicos atômicos ou químicos. Como não conhecemos até agora o menor âmbito do universo e nem sequer sabemos se há um menor âmbito, também não sabemos hoje, de modo algum, tudo sobre átomos. Eles consistem em pequenas partes, as partículas elementares, que, por sua vez, consistem de algo, sem que possamos saber com certeza que, nesse caminho, esbarraremos em algum momento no menor ponto [possível].

Quando Friedrich Schiller pediu a Goethe mais vinho, nem Schiller nem Goethe sabiam, nem mesmo de maneira incipiente, tanto sobre a composição química do vinho como a nossa indústria e ciência atuais. Todavia, Schiller e Goethe falavam alemão bem o bastante para poder usar a expressão "vinho" de maneira dotada de sentido.

O engraçado em toda essa consideração é que podemos dominar suficientemente bem o significado linguístico de uma expressão para a utilizá-la sem, daí, inferir apropriadamente a essência no fundamento da realidade que examinamos por meio da expressão no contexto de uma linguagem. Não haveria aí a possibilidade de entender uma linguagem se não pudéssemos pressupor um passado histórico, em parte de muito longo alcance, do uso da linguagem. Como o grande escritor argentino Jorge Luis Borges (1899-1986) faz com que diga corretamente o narrador de seu conto magistral *O Aleph*: "Toda linguagem é um alfabeto de símbolos cujo uso pressupõe um passado comum com o parceiro de diálogo"[138].

No passado compartilhado de todas as comunidades linguísticas conhecidas, o vocabulário noético se refere sempre a uma

---

138. Borges, 1992, p. 143.

realidade que tem um componente biológico. Até pouco tempo foi sempre o caso, de maneira razoavelmente unívoca, que apenas seres vivos executaram atividades que podemos designar com "pensar", "cognição" e conceitos semelhantes. Disso resulta, segundo o externalismo, que essas expressões se referem *essencialmente* a atividades de um ser vivo. Usa-se mal a linguagem se se atribui a um computador não biológico pensar, inteligência ou mesmo consciência. Naturalmente, é possível usar a etiqueta de palavra inteligência para a IA, mas isso não significa de modo algum que se usa a expressão corretamente.

Segundo esse argumento linguístico-filosófico, é, então, absurdo ver como inteligentes máquinas que não surgiram através de milhões de anos no âmbito de processos que se deixam descrever com a teoria da evolução. Assim, a boa e velha pergunta sobre se computadores podem pensar é respondida universalmente de modo negativo.

Isso não faz de modo algum sem sentido a pergunta sobre que papel computadores desempenham para o nosso pensar. Isso porque computadores assumem funções em nossas vidas, a fim de nos desonerar. Frequentemente eles são, naturalmente, também mais baratos do que uma equipe humana – o que, todavia, é um outro tema, econômico, ecológico e sociopolítico. A isso se acresce que a nossa avaliação de risco da digitalização e do progresso tecnológico muda se não temos de contar com cenários de *Exterminador do futuro*. Os nossos computadores não têm interesse e, especialmente, não são uma forma de vida que nos submeterá ou extinguirá.

O verdadeiro perigo consiste, antes, em que a nossa técnica *não* pensa, mas, antes, aplica parâmetros de valores sob condições gerais inflexíveis. Isso é apresentado de maneira especialmente drástica no quinto episódio da quarta temporada de *Black Mirror*, que tem o título adequado de *Metalhead* [metaleiro]. Nesse episódio apresenta-se um futuro distópico no qual máquinas perfeitas de assassinato, que parecem com cães, são construídas e matam toda a vida humana que passa pelo seu caminho. Supostamente, essas máquinas foram projetadas, entre outras coisas, como proteção contra invasores. Os seus sensores são extremamente sensíveis e, sem que elas pensem ou sejam inteligentes, elas funcionam tão perfeitamente, que toda compaixão é desativada. Porque a nossa técnica não é como nós, ela levanta novos perigos, diante dos quais fechamos os nossos olhos, se temos uma imagem antropomórfica delas.

Antropomorfismo é, em geral, a falsa projeção de estruturas humanas a esferas não humanas, ao que pertencem, entre outras coisas, a subdivisão do reino animal em seres vivos de que nos sentimos próximos (como animais domésticos, zebras) e seres vivos que nos parecem irrelevantes ou mesmo assustadores (como cobras, frieiras, insetos). Enquanto nós causamos danos a outros animais por meio de nosso antropomorfismo e, assim, indiretamente, a nós mesmos, intervimos imediatamente em nossas próprias condições de vida, se concebemos máquinas como se assemelhando a seres humanos. É um erro pensar que computadores ou androides poderiam, de modo correspondente, pensar e sentir como nós. Eles não são realmente inteligentes. A vida interior de um programa de xadrez é tão excitante quanto a de um fichário empoeirado.

Como dito, essa situação não é necessariamente menos perigosa. Mas uma compreensão do estado de coisas pode ajudar a nos libertar da superstição e ver nas máquinas que construímos o verdadeiro perigo, pois ele está não na inteligência, mas na estupidez de nossos artefatos. Nesse sentido, temos de concordar com o filósofo Maurizio Ferraris que, recentemente, escreveu um livro com o título *A estupidez é uma coisa para se levar a sério*, no qual se trata de nossa era digital[139].

---

139. Cf. Ferraris, 2017.

"E venha agora, sua vassoura velha!"

Naturalmente, a tese do externalismo biológico não persuadirá facilmente funcionalistas convictos. Para torná-la mais plausível, gostaria por isso de, primeiramente, ressaltar em que medida é um absurdo pensar que computadores poderiam pensar e que programas de xadrez seriam inteligentes. O que é, afinal, absurdo [*Unsinn*] e [dotado de] sentido [*Sinn*]?

Com a nossa linguagem, falamos, frequentemente, sobre o real. Aqui, real é aquilo sobre o que podemos nos enganar, pois ele, na maior parte das vezes, não pode simplesmente nos comunicar como deveríamos refletir sobre ele, a fim de não nos enganarmos. Os fatos não nos comunicam continuamente o que eles são. A realidade é, frequentemente, muda.

Na medida em que, com a nossa linguagem, falamos sobre o real, temos de admitir que algumas de nossas expressões se referem a algo real. Temos de estar em contato linguístico com objetos e fatos se quisermos apreendê-los de maneira linguisticamente codificada. Isso é chamado, na filosofia da linguagem, de **referência** [*referenz*], ou, em alemão, *sprachliche Bezugnahme* [referência linguística].

A referência linguística pressupõe que alguém usa em contextos apropriados aquelas expressões que se ocupam diretamente com o real. Desse modo, obtém-se o sentido linguístico. Um pensamento codificado linguisticamente só tem sentido se as expressões referentes podem ser usadas em um contexto apropriado. O que são contextos apropriados para o uso da linguagem é sintetizado por Ludwig Wittgenstein em sua obra divisora de águas, *Investigações filosóficas*, sob o título de "Forma de vida". A linguagem pertenceria à "história natural do ser humano"[140]. O

---

140. Wittgenstein, 1984a, p. 411 (§ 415).

que tem sentido e o que não tem resultaria do "rio dos pensamentos e da vida"[141].

Isso, porém, não significa, justamente, que podemos estabelecer arbitrariamente o significado de nossas expressões. Se há uma *inteligência* artificial [ou não] não pode ser decidido pelo fato que simplesmente se decide, de agora em diante, falar assim. Ao descrever determinados processos de armazenamento e processamento de dados que acompanham a digitalização metaforicamente em analogia a atividades humanas, não se produz assim, de modo algum, um exterminador do futuro. Os sistemas de IA hoje disponíveis são, na melhor das hipóteses, um tipo de golem; ou seja, um pedaço de matéria burro e apático que processa informação sem, aí, sugerir o menor rastro de consciência. Uma espécie que não surgiu por meio de milhões de anos de evolução não é apropriada para levar uma vida espiritual interior. Faltam as pressuposições biológicas necessárias.

Isso não diminui, como dito, nem os perigos, nem as oportunidades da digitalização, mas os situa no lugar correto. Ao programarmos sistemas de IA que convertem dados em informações com os quais podemos fazer alguma coisa, arriscamos de fato, por causa da técnica que progride, a continuidade da espécie humana. Isso, porém, não se dá pelo fato de que a IA é uma forma de vida inteligente que, em algum momento, como em filmes do tipo *2001: Uma odisseia no espaço*, *Exterminador do futuro*, *Transcendência*, *Ela* ou *Ex machina*, decidirá extinguir a humanidade que lhe é cognitivamente muito inferior. Pressupõe-se, aqui, que a IA é uma espécie de superinteligência humana, que não segue nenhum tipo de diretrizes morais. Modela-se a IA como um ditador expressamente perigoso e louco, para quem tudo se trata da submissão e aniquilação de todos que pensam diferente. Com isso, porém, deixa-se passar desapercebido o verdadeiro perigo.

---

141. Wittgenstein, 1989b, p. 307 (§ 173).

Esse verdadeiro perigo foi expresso adequadamente pelo pesquisador norte-americano de IA Eliezer Shlomo Yudkowsky (* 1979) em um congresso realizado na Universidade de Nova York sobre a ética da IA[142]. Seu exemplo (muito americano) é o episódio "O aprendiz de feiticeiro", do clássico da Walt Disney de 1940, *Fantasia*. Esse episódio é, por sua vez, como se sabe, uma adaptação da balada de Goethe *O aprendiz de feiticeiro*. Na balada, um aprendiz de feiticeiro fala como o eu lírico (incorporado, em Walt Disney, por ninguém menos que o Mickey Mouse). O aprendiz de feiticeiro anima uma vassoura, que assume a tarefa de pegar água de um rio para encher uma bacia.

> E venha agora, sua vassoura velha e esmera!
> Pegue os trapos de pano ruim!
> Por muito tempo serva já era!
> Agora satisfaças minha vontade por mim!
> Fique em dois pés,
> A cabeça acima!
> Apressa-se sem revés
> Traga o balde para cima![143]

O problema é que o aprendiz de feiticeiro instalou um programa insuficiente na vassoura. Esse programa se baseia em uma função de utilidade enganosa, que consiste em que a vassoura deve pegar água para encher a bacia, sem que tenha se estabelecido que ela deve parar, assim que a bacia estiver cheia.

Uma vez que a vassoura foi programada pelo aprendiz de feiticeiro, ela segue, até o último detalhe, o seu programa. Ela é tão perfeita na condução do algoritmo mágico que ela não se deixa distrair por nada, ela foi, afinal, feita unicamente para encher a bacia, não importa se ela transbordar. A vassoura não conhece danos colaterais, uma vez que eles não foram relevantemente programados.

---

142. Disponível no YouTube em https://www.youtube.com/watch?v=93-sYbHDtv9M. Cf. tb. Bostrom e Yudkowsky, 2014.

143. Goethe, 2007, p. 277.

Para evitar o desastre, o aprendiz de feiticeiro decide destruir a vassoura. Ele a parte com um machado, para trazer um fim ao terror. Infelizmente, a vassoura foi programada tão perfeitamente que, agora, ambas as metades continuam a tarefa, o que agrava a situação.

> Vão! Vão!
> Ambas as partes
> Com pressa destarte
> Como servas afinal
> Feitas no inferno são!
> Me ajudem, ah! Poderes maiores!
> E elas correm! Molhado e mais molhado!
> Fica na sala e nos andares!
> Ah! Pelas águas sou assolado![144]

O sentido do uso desse tema para a digitalização resulta, segundo Yudkowsky, do fato de não sabermos como devemos programar o alinhamento de valores de uma IA de modo correspondente à nossa forma de vida. Por um **alinhamento de valores** (*value alignment*) se entende um sistema de objetivos coordenados que um programa ou um agente segue. Como indivíduos que estão inseridos em complexos sistemas sociais não podemos, de modo algum, partir do princípio de que todos os seres humanos com que nos encontramos em relações sociais partilham de fato o mesmo alinhamento de valores. Visto mais exatamente, sabemos que não é assim.

Em sistemas sociais humanos é impossível, depois de um certo nível de complexidade que é rapidamente atingível fora de pequenos grupos, garantir um alinhamento de valores comum. Isso se deve já ao fato de não podermos indicar nem mesmo o nosso próprio alinhamento de valores de maneira certa. Como seres vivos livres e espirituais, nunca sabemos, em última instância, inteiramente o que realmente queremos. Ninguém se conhece inteiramente, pois muitos fatores tomam parte em quais espaços de ação

---

144. Ibid., p. 278s.

se abrem para nós em uma situação dada. Por isso, coloca-se novamente todo dia a pergunta sobre o sentido de nossas vidas sempre individuais.

Já que não podemos nem conhecer a nós mesmos bem o suficiente para poder, por assim dizer, por meio de um simples olhar para dentro, indicar quais valores realmente orientam as nossas ações, não podemos, de modo algum, partir do princípio de que conhecemos o alinhamento de valores de sistemas sociais complexos. Mas como deveríamos, então, programar a função de uso de uma IA de tal modo que não nos prejudiquemos desse modo, sem poder imediatamente percebê-lo?

Por **computador** entendo um sistema produzido por nós, cuja mudança de estado é regulada por programas. Computadores são artefatos. Se falamos de IA, falamos de artefatos, o que está contido tanto na expressão inglesa *artificial intelligence* quanto na expressão alemã *künstliche Intelligenz*[145]. Os artefatos contam como "inteligentes" porque *nós* temos pensamentos sobre como eles organizam e processam dados. O processamento de dados consiste, em última instância, em propor traduções; ou seja, codificar e decodificar dados.

Uma IA é um programa. Progressos da IA resultam do fato de que reunimos diferentes programas e os alimentamos com quantias de dados que nenhum de nós pode abranger. A codificação e decodificação desses dados ocorre, por causa do desempenho dos computadores atuais, mais rápido do que entre nós, seres humanos. A razão evidente para isso é o fato de que não somos computadores.

Seres humanos não são artefatos. Como seres vivos que apreendem dados biologicamente (por meio de nossas modalidades dos sentidos) e que salvam esses dados, então, em seu organismo, surgimos por meio de processos puramente naturais, que são investigados pelas ciências da vida. A teoria da evolução apreende,

---

145. E, evidentemente, também na expressão portuguesa "inteligência artificial" [N.T.].

aí, as estruturas com as quais novas espécies surgem com base nas formas de vida existentes. Na medida em que somos seres vivos – ou seja, animais – não somos artificiais.

Computadores são, por isso, máquinas do sem sentido [*Unsinnmaschinen*], pois eles não têm nenhuma modalidade dos sentidos. Eles não levam nenhuma vida. Podemos, no máximo, descrevê-los metaforicamente como se eles fossem vivos. Crer que eles o são é um caso de superstição. Computadores produzem apenas absurdos sem sentido [*Unsinn*] que nós, então, retificamos ao nos alimentarmos constantemente com dados que, por causa de nossa referência linguística, estão em contato com a realidade.

Cérebros iluminados

A um resultado semelhante chega a veterinária e psicóloga Brigitte Görnitz e o físico Thomas Görnitz em seu livro publicado em 2016, *Da física quântica à consciência: cosmos, mente e matéria*[146]. Görnitz e Görnitz partem de uma interpretação da teoria quântica que, antes deles, já Carl Friedrich von Weizsäcker (1912-2007) propôs. Muito resumidamente, ambos os autores pensam que a consciência é a visão interior de informação quântica em um cérebro vivo[147]. A consciência é, aí, como a "dobra de uma proteína", essencialmente "inserida em um processo de realização da vida"[148].

Ora, há, como se sabe, artefatos que reagem igualmente a informações. Carros autodirigidos reagem a diferentes informações que eles decodificam e às quais eles, então, atribuem um significado, por exemplo o freio diante de pedestres e de faróis ver-

---

146. Görnitz e Görnitz, 2016.

147. "A consciência é uma forma especial de protipose; a saber, uma tal informação quântica que, como parte de um processo de tratamento de informação levado a cabo por um cérebro vivo, pode experienciar e conhecer a si própria" (ibid., p. 120).

148. Ibid., p. 161.

melhos. Apesar desse modo de comportamento análogo ao racional, esses veículos não têm consciência. Mas por trás deles sempre se encontra a consciência de seu construtor, que instruiu os artefatos sobre qual informação deve receber que significado no processamento[149].

Mesmo se se devesse concordar com essa tese, coloca-se a pergunta sobre como exatamente Görnitz e Görnitz representam a consciência, de modo que possam ligá-la com segurança a artefatos inteligentes e não biológicos. A fraqueza filosófica de sua argumentação consiste em que eles simplesmente pressupõem o fato de que a consciência só ocorre em um sistema vivo que surgiu evolutivamente. Aí, eles admitem, no âmbito de suas considerações teóricas quânticas, que a consciência é, em última instância, uma receptora de informação; ou seja, algo que se deixar descrever por meio das ciências naturais. Há, porém, outros receptores, por exemplo televisões, como ambos os autores admitem. Isso levanta a questão sobre se a nossa consciência seria algo diferente de uma televisão. Se não for, não há mais razão para negar a consciência a artefatos inteligentes e não biológicos como o meu smartphone. Pelo contrário!

Para responder a isso, Görnitz e Görnitz introduzem o seu conceito de **Uniware**. Seres vivos são, desse modo, uma unidade de software e hardware. Eles supõem, aqui, que células nervosas trabalham conjuntamente com processos eletromagnéticos no cérebro que são "ao mesmo tempo transmissores e receptores de informação"[150]. Desse modo, surge uma interação recíproca entre os processos eletromagnéticos no interior de nosso crânio que podem ser medidos por meio de um EEG (Eletroencefalograma) e os processos bioquímicos por meio dos quais as células nervosas são ligadas umas às outras. Essa interação escapa à representação de

---

149. Ibid., p. 160.

150. Ibid., p. 174.

que haveria um software e um hardware do espírito humano, já que ele, antes, é um fenômeno inteiramente biofísico, que só pode ser apreendido adequadamente por meio da neurobiologia e da teoria quântica. Assim, resumem Görnitz e Görnitz: "A consciência é uma estrutura de informação que toma conhecimento de informação, a experiencia e, assim, pode lhe dar significado"[151].

Aqui, não gostaria de me entregar exaustivamente a especulações das ciências naturais sobre o lugar da consciência no universo. Isso porque, de uma perspectiva filosófica, as interessantes manobras de uma tal teoria quântica se mostram como questionáveis.

O primeiro problema está na tese de que a consciência seria uma estrutura de informação que experienciaria a si própria. A tese pressupõe aquilo que ela quer explicar. O verdadeiro problema é, a saber, o experienciar. Pode ser que a nossa experiência consciente sempre seja acompanhada de um uniware de células nervosas e informação quântica. Visto exatamente, isso não é de modo algum explicado empiricamente, já que, até o momento, não é conhecida nenhuma assinatura exata da consciência que poderia ser medida para, por exemplo, garantir, então, que um paciente que é hospitalizado em um hospital está consciente, mesmo se ele não puder se expressar. Podemos, porém, pressupor, em nome do argumento, que há uma tal assinatura.

Mas o problema da consciência não foi então solucionado se se substitui, na definição, a expressão "consciência" por "experiência"; pois, assim, o problema se coloca novamente. Por que "sistemas extremamente complexos"[152] como células nervosas que estão conectadas umas com as outras teriam consciência, enquanto outros sistemas extremamente complexos como o sol, a galáxia ou a *Odisseia* de Homero não teriam consciência? Enquanto Görnitz

---

151. Ibid.

152. Ibid., p. 175.

e Görnitz não puderem responder a essa pergunta, o seu recurso simpático ao uniware é um "asseverar seco", como Hegel chamou tais teses. "Um asseverar seco vale tanto quanto outro"[153].

A posição de Görnitz e Görnitz é, como toda outra tentativa de valorizar a pesquisa sobre a consciência por meio da teoria quântica, uma outra versão do naturalismo, e fracassa exatamente por isso. O naturalismo é, para lembrá-lo mais uma vez, em geral, a suposição de que tudo que existe é explicável e apreensível por meio das ciências naturais. A consciência em particular traz uma série de dificuldades a essa perspectiva. Assim que se atribui, a saber, à consciência alguma estrutura que se pode de fato verificar no universo (como, p. ex., células nervosas ou prótons), coloca-se a pergunta sobre se ela está limitada a essas estruturas. Haveria consciência apenas em mamíferos? Apenas em seres vivos com determinados sistemas nervosos, ou mesmo já em plantas? E se, por exemplo, abelhas e elefantes têm consciência, e quanto a bactérias ou ao nosso trato intestinal? Seria nosso intestino talvez consciente, sem que o percebamos, porque podemos apenas experienciar a consciência cerebral, enquanto a consciência intestinal se pergunta neste momento se o cérebro, possivelmente, também é consciente?

Assim que se tematiza a consciência dessa maneira, abriram-se todas as portas para a superinteligência. Talvez, a saber, já uma calculadora seja consciente. Quem sabe possivelmente exista há muito tempo uma conspiração da técnica inteligente contra o ser humano. A singularidade pode já ter acontecido. Ou já estamos tão conectados com a nossa técnica que ela nos controla. Talvez, então, não tenham sido alguns russos que hackearam a eleição dos Estados Unidos (se isso é mesmo verdade), mas sistemas autônomos de IA, cujo modo de funcionamento não podemos compreender e que

---

153. Hegel, 1986, p. 71.

se decidiram conscientemente a controlar a história da humanidade, a fim de que produzamos mais hardware.

Naturalmente, tais especulações são sem sentido. Mas podemos formular quantas teorias da conspiração filosóficas quisermos e acreditar que elas sejam verdadeiras, enquanto simplesmente não soubermos como são realmente as coisas. O real está firme, mas as nossas reivindicações de saber variam, enquanto os nossos conceitos não funcionarem perfeitamente. Isso é especialmente verdade lá, onde a consciência está em jogo, já que ela não é material e, por isso, não é mensurável.

Consciência *first* – Tononi encontra (e supera) Husserl

Esse problema foi reconhecido pelo neurocientista italiano e renomado pesquisador do sono, Giulio Tononi, que conduz o Center for Sleep and Consciousness [Centro Para o Sono e Consciência] da Universidade de Wisconsin-Madison. Por isso, ele propõe um caminho inteiramente diferente, o que chamou alguma atenção. Por convite do senado chileno e da presidenta chilena então, Michelle Bachelet, tive, em janeiro de 2018, o prazer de discutir com Tononi por alguns dias sobre consciência e IA em um congresso futurologista que ocorre anualmente no Chile[154].

Tononi se pergunta sobre a questão sobre a relação da consciência com a realidade material. Ele reconhece que nunca se teve sucesso em explicar a consciência por meio do cérebro ou de algum outro sistema complexo[155]. A pergunta sobre quais sistemas são conscientes, dentre aqueles que se pode verificar no universo por meio das ciências naturais, não pode, por uma questão de princípio, segundo Tononi, ser respondida, sem partir de nossa própria consciência.

---

154. Disponível em http://www.congresofuturo.cl/

155. Cf. esp. Tononi e Koch, 2015.

Com base nessa consideração, ele mostra, em um artigo que escreveu conjuntamente com Christof Koch (* 1956), que computadores e também sistemas de Deep Learning, como AlphaGo, são máquinas de input-output inteiramente sem consciência, que simulam comportamento inteligente sem serem inteligentes[156]. Se Tononi e Koch têm razão, isso refuta, ademais, o teste de Turing, já que, então, algo pode se comportar de modo que não se possa distingui-lo, visto de fora, de vida inteligente ou mesmo consciente, sem que, por isso, ele tenha também de ser realmente inteligente ou consciente.

Junto a considerações empíricas sobre essa tese, Tononi fornece em especial um argumento filosófico que o motivou a uma mudança na sua forma de pensar. Esse argumento toma seu ponto de partida do conceito de **existência intrínseca**, que consiste em que algo sabe de si próprio que ele existe. Ora, sabemos todos de nós mesmos que existimos, com o que Tononi naturalmente quer chegar ao famoso *Penso, logo existo*, o ***cogito*** cartesiano.

Tononi não conclui disso, porém, como René Descartes (1596-1650), que ele é simplesmente um pensador de pensamentos, que, de algum modo, perdeu-se em um corpo. Ele se detém primeiramente e admite que ele é uma consciência. Ele herda essa estratégia de Husserl, que também pensava que devemos, primeiro, descrever a nossa consciência adequadamente, antes de nos voltarmos para a natureza e nos perguntarmos como a consciência se encaixa nela. Segundo Husserl e Tononi, Descartes não apreende a sua existência intrínseca adequadamente, por mais que ele tenha reconhecido inteiramente que ele existe intrinsecamente. A filosofia da consciência de Husserl é extremamente complexa. A vantagem de Tononi é que ele pensa poder se virar apenas com cinco axiomas, que ele considera indubitáveis. Os **axiomas de Tononi** são existência intrínseca, composição, informação, integração e exclusão.

---

156. Ibid., p. 13-15.

A existência intrínseca já foi apresentada.

A **composição** consiste no fato de que a nossa experiência consciente tem uma estrutura. Eu vejo minhas mãos e minha tela e ouço barulhos na rua em Santiago do Chile, enquanto escrevo, em meu quarto de hotel, essas sentenças, tendo consciência de que Tononi também está em algum lugar no mesmo hotel. Todo estado de consciência tem alguma estrutura.

Informação é a circunstância de que toda experiência consciente é diferente de toda outra. Ela se distingue como altamente individual de toda outra experiência que eu ou alguma outra pessoa jamais fará. O exemplo de Tononi para esse axioma é uma analogia que ele faz com as imagens individuais de um filme. Toda imagem individual contém o que ela contém e se distingue de toda outra imagem individual.

Integração significa que toda experiência consciente tem uma estrutura que não pode simplesmente ser reduzida a suas partes. A sua consciência da palavra BONDE DE RUA não consiste de uma consciência da palavra BONDE e uma consciência das palavras DE RUA. E mesmo se fosse, então, você não teria, por causa disso, uma consciência que consiste dos fragmentos BO, N, DE, D, E, R, e UA.

Exclusão é o que Tononi vê no fato que a consciência é inteiramente determinada, definida. Ela é sempre apenas aquilo que ela é, nada mais e nada menos.

Esses axiomas levantam algumas outras perguntas filosóficas. Qual é, por exemplo, a diferença entre informação e exclusão? Tononi diz, a esse respeito, que a informação seria *específica* e a exclusão seria *definida*. Se a consciência é específica, então ela aparentemente também é, por causa disso, definida, a não ser que Tononi pense que pode haver informação específica, mas não definida, o que ele teria de explicar. Mas o verdadeiro problema não está no sistema de axiomas.

226

A dificuldade gerada por sua proposta consiste em que Tononi pensa que todo o resto da realidade – ou seja, aquilo que não existe intrinsecamente – só pode ser acessado do ponto de vista da consciência. Ele crê que a única existência assegurada é a da consciência, e que temos de acessar o resto da realidade e, assim, também a realização física da consciência, teoricamente. Com isso, ele admite que seria possível que não houvesse nenhuma outra realidade fora da consciência. Ele considera isso, de fato, falso, mas pode refutá-lo apenas por uma assim chamada **inferência a partir da melhor explicação**.

Essa inferência consiste em se decidir, a partir da base de dados disponíveis, qual causa ou cadeia de causas é mais provável. Um simples exemplo para tais inferências inteiramente cotidianas é, por exemplo, que se suponha que choveu quando se volta para casa, porque as ruas no bairro estão molhadas e o céu está cinza. Inferências a partir da melhor explicação são anuláveis (*defeasible*). Isso significa que só se realiza uma inferência a partir da melhor explicação quando se está, a princípio, disposto a contar com [a possibilidade de] uma outra cadeia de causas. O que se traz para a explicação de um determinado estado de coisas é, nesse âmbito, sempre uma hipótese, e não um outro estado de coisas univocamente identificado. Inferências a partir da melhor explicação operam, então, sob a condição do saber não assegurado.

Se apenas a existência da consciência está assegurada e, a partir dela, a existência de uma existência não consciente (física) deve ser acessada, isso significa, porém, que se está, a princípio, pronto para reconhecer que só a consciência existe. Tononi, de fato, considera isso improvável, e, por isso, não é, de modo algum, um solipsista. O **solipsismo** é a suposição de que só há a própria consciência e o resto se deixa conceber como o seu conteúdo. Como dito, Tononi de modo algum pensa isso. Mas ele não considera, desse modo, incoerente o solipsismo, mas simplesmente factualmente falso.

O truque digno de nota, mesmo revolucionário de sua proposta, consiste em que Tononi permite formular um programa concreto de pesquisa que pode ajudar a encontrar, de maneira empírica, assinaturas da consciência no cérebro humano. Isso porque algo só poderia ser, no âmbito desse programa de pesquisa, uma assinatura da consciência se não violasse nenhum dos cinco axiomas mencionados. Por isso Tononi colocou, ao lado dos axiomas, postulados; ou seja, "propriedades que sistemas físicos (elementos em um estado) têm de ter, a fim de poderem explicar a experiência consciente"[157].

Tononi contribuiu para esse programa de pesquisa com uma série de proeminentes colegas neurocientistas, aos quais também pertence Christof Koch, que lidera o *Allen Institute for Brain Science* [Instituto Allen para a Ciência do Cérebro] em Seattle[158]. Na medida em que esse modelo matemático, que é conhecido como a **teoria da informação integrada** (*Integrated Information Theory = IIT*), é confirmado empiricamente, Tononi pode concluir, a partir disso, que nenhum computador até agora – e mesmo que se melhorasse muito os hardwares e softwares hoje conhecidos – jamais levará a que sistemas não biológicos que nós produzimos para replicar processos de pensamento do ser humano ou sistemas sensoriais possam obter consciência.

A razão para tanto consiste, segundo seu modelo (de fato parcialmente confirmado empiricamente), que o processamento de informação em nossos artefatos não é integrado da maneira apro-

---

157. "Properties that physical systems (elements in a state) must have to account for experience" (TONONI & KOCH, p. 7; trad. minha).

158. Sobre a posição atual de Koch sobre a consciência cf., p. ex., Koch, 2017. Mais extensivamente, cf. Koch, 2013.

priada. O uso do modelo preciso em redes artificias constata, desse modo, que elas têm (ou podem ter) exatamente 0 consciência. Todavia, muito depende aqui da argumentação de Tononi, que, em última instância, não prova que computadores não são conscientes. Ela mostra, pelo contrário, apenas que as assim chamadas redes de feedforward, que processam inputs em outputs, não satisfazem seus postulados. Desse modo, porém, ele abre todas as portas à opção de que as assim chamadas redes retroalimentadas e recorrentes que, entre outras coisas, são usadas para o reconhecimento de linguagem, possam ser conscientes. Ele não oferece, por fim, em nenhum de seus trabalhos publicados até o momento, nenhum argumento convincente contra a independência de substrato, pois ele apenas mostrou que determinados computadores não estão conscientes. Sei, todavia, que ele está em vias de publicar um artigo em que esse resultado é estendido a todos os computadores. Infelizmente, esse artigo ainda não foi publicado, de modo que os detalhes só poderão ser discutidos no futuro.

Filosoficamente, a proposta de Tononi é, certamente, de muitas maneiras, radicalmente nova. Isso porque ele parte especialmente de um princípio fundamental do novo realismo, que ele aplica de uma maneira completamente própria. Esse princípio fundamental enuncia que o nosso pensar ou a nossa consciência não é, de modo algum, menos real do que, por exemplo, uma cadeia de montanhas. Visto exatamente, ele quer, nesse caso, até mesmo dizer que a consciência é mais real do que cadeias de montanhas, pois essas últimas não satisfazem as bases definidas por ele para uma existência física, autônoma e consciente. A informação que é realizada em cadeias de montanhas não é suficientemente integrada para ser consciente, o que de fato se segue dos detalhes matemáticos da IIT. Mas isso é outra história. O que conta, aqui, é o reconhecimento da realidade irredutível da subjetividade; ou seja, de nosso ponto de vista como sujeitos que experienciam e que pensam. Nesse sentido, vale a pena seguir a Tononi, mesmo que ele não forneça nenhum meio efetivo de proteção contra o funcionalismo.

Dentro, fora ou em lugar nenhum

Tononi introduz um conceito de consciência que tem suporte em sua pesquisa neurocientífica e que nos auxilia na busca pelo sentido do pensar. Isso porque ele chama a atenção para um fato que ainda não recebeu a atenção devida no *mainstream* da visão de mundo científica atual[159]. Aí, trata-se da estrutura e realidade de nossa experiência sempre subjetiva. Na filosofia, fala-se de consciência fenomênica[160]. Tononi oferece, a esse respeito, uma nova contribuição.

Para entender a sua inovação, retorno mais uma vez ao conceito geral de intencionalidade (cf. p. 102s.). A intencionalidade surge em seres vivos, de modo que ela é uma estrutura realmente existente que um sistema consciente (um si) liga, por meio de um conteúdo, a um objeto (ou a vários objetos). A intencionalidade consiste, então, dito simplesmente, de um *si*, um *conteúdo* e um *objeto*.

Imagine que você estivesse neste momento em Paris e se encontrasse diante da Torre Eiffel. Esta é, agora, o objeto de intencio-

---

159. Que se mencione, aqui, que Tononi, desse modo, não é um defensor do neurocentrismo que critiquei em *Eu não sou meu cérebro*, mas, antes, o supera em solo neurocientífico, o que corresponde a uma mudança de paradigma, ou seja, a uma mudança radical de perspectiva. Assim como a física atual não é mais, em última instância, naturalista, a neurociência contemporânea está a caminho de superar o neurocentrismo a partir de dentro, o que é um interessante desenvolvimento, que deve levar a uma aproximação inteiramente nova entre filosofia e ciências naturais. Trabalho neste momento nesse programa com uma série de cientistas naturais de diferentes disciplinas e poderei, espero, reportar, em um futuro próximo, como as coisas se desenrolarão.

160. A esse respeito, de maneira introdutória, cf. Gabriel, 2015. Quem desejar um panorama sobre a discussão especializada deve conferir a entrada *consciousness* na *Stanford Encyclopedia of Philosophy*, que pode ser vista on-line.

nalidade. Você é o si que se direciona a esse objeto. Enquanto você se representa a Torre Eiffel e a retrata em sua imaginação, ela lhe aparece de uma maneira determinada: ela tem uma forma, uma cor, proporções de grandeza, e você a imagina a partir de uma perspectiva ótica. Tudo isso pertence ao conteúdo. O conteúdo é o modo e a maneira com que você se representa os seus objetos, neste caso, a Torre Eiffel. O seu conteúdo e o meu conteúdo se distinguem. Dois seres humanos ou o mesmo ser humano em instantes diferentes nunca têm o mesmo conteúdo; podem, porém, sem grandes dificuldades, visar ao mesmo objeto de sua intencionalidade.

Enquanto você vislumbra a Torre Eiffel em pensamentos e a representa para si, você está consciente. Você experimenta nesse momento todo tipo de coisa: Assim, você percebe, por exemplo, o contato com o chão, qual é a sensação de se sentar com um livro à mão (ou estar de pé, se você ler de pé) e percebe alguns rumores em seu corpo, se prestar atenção aos processos internos. (Não se preocupe, não faremos aqui um exercício de atenção psicoterapêutico nem uma meditação budista!)

Lembre-se agora, por favor, do seu último pesadelo intenso, ou traga à memória um dos seus medos (olhe, isso aqui não é nenhum exercício de atenção psicoterapêutico, de verdade...). Durante um pesadelo intenso, você experimenta sentimentos parcialmente extremos. Alguns sentimentos acompanham todo exercício de sua intencionalidade (cf. p. 116s.). Aí, naturalmente, não são sempre os mesmos sentimentos que estão ligados com o mesmo conteúdo, e de modo nenhum com o mesmo objeto. É possível amar e depois odiar a mesma pessoa, ou inversamente. Os nossos sentimentos não são controlados exclusivamente pela presença de objetos em nosso campo de atenção. O ponto da pesquisa neurocientífica da consciência consiste em que nós, independentemente da questão acerca de sobre que objetos refletimos, temos uma experiência subjetiva. A experiência subjetiva de um medo intenso em um pesadelo pode ser exatamente tão angustiante quanto a experiência subjetiva em vista de uma situação real de perigo.

Ora, hoje é sabido que também os conteúdos que experienciamos (como formas, cores, cheiros, perspectivas) podem estar presentes, mesmo se não tivermos uma consciência de vigília, mas sim de sono. Conteúdos de sonho podem, aí – atualmente já parcialmente e no futuro, possivelmente, inteiramente –, ser desencadeados em um sujeito pelo fato de que se coloca o cérebro da pessoa em determinados estados.

Desse conhecido fato empírico, Tononi não infere, de modo algum, a identidade do cérebro e do pensar, ou que o cérebro causa o pensamento, ou algo semelhante. Ele apenas indica que há uma experiência subjetiva que, no estado de sono e no estado de vigília – ou seja, para a experiência do sujeito –, pode ser inteiramente idêntica. Essa ideia não é nova e pode se encontrar em filmes e programas de tv os mais variados. Ela foi proeminentemente introduzida por Descartes e tem origens antigas[161]. Talvez você já tenha ouvido alguma vez da famosa questão do filósofo chinês Zhuang Zi (370-287 a. C.) sobre se ele seria realmente um ser humano que sonharia ser uma borboleta, ou uma borboleta que sonharia ser um ser humano[162].

Tononi certamente tem razão de que a experiência subjetiva no estado de vigília e no estado de sono podem ser fenomenicamente idênticas ou de que essa pergunta deve ser examinada empiricamente. Isso porque ele faz exatamente isso com os seus colegas neurocientistas, e com algum sucesso. Não se deve mexer com isso.

Agora, Tononi não exclui disso, mas, felizmente, não conclui com isso, que não possamos conhecer a realidade tal como ela é

---

161. Gabriel, 2014c.

162. Cf. Zhuang Zi, 2013, p. 60s.

independentemente de nossa consciência. Ele é, por fim, um verdadeiro realista. Por isso, ele introduz, inversamente, a consciência na realidade. A consciência não é nenhum espaço interior que se contraporia ao espaço exterior. Ela não é localizável de nenhuma maneira dotada de sentido. Há, de fato, portadores neuronais da consciência, que se encontram na saída da consciência e que só podem ser encontrados na saída da consciência. Mas isso não significa que a consciência só se encontra lá onde se encontra o portador neuronal. A consciência é uma realidade própria, que, todavia, por causa de suas propriedades estruturais, não pode ser portada por qualquer matéria ou organização completa.

Não temos nenhuma razão forte para atribuir a computadores ou a robôs produtíveis algum tipo de consciência no sentido da experiência subjetiva. Isso é apontado, ademais, por uma pesquisadora de robótica proeminente, Nadia Magnenat Thalmann (* 1946), cujo robô social Nadine foi o modelo para os robôs da nova temporada da HBO de *Westworld*[163]. Desse modo, acreditar que se chegaria de algum modo a uma explosão gigantesca de inteligência e uma tomada do planeta pelas nossas máquinas digitalmente conectadas se mostra, nesse âmbito, como pura ficção científica.

Um pedaço emaranhado e úmido de realidade

Depois desse excurso na pesquisa empírica avançada acerca da pergunta sobre se computadores podem pensar e sentir (não!), retornamos à investigação filosófica de nosso sentido do pensar do nooscópio. Como modelo para o entendimento do nooscópio, a filosofia do novo realismo se destaca. Em geral, o novo realismo afirma que (1) podemos apreender objetos e fatos como eles realmente

---

163. Que robôs sociais não seriam conscientes e que *Westworld* não seja uma ficção realizável é algo que Thalmann me assegurou pessoalmente em um e-mail. Compartilho isso aqui apenas como uma opinião de especialista.

são, e (2) há infinitos campos de sentido, nos quais objetos e fatos existem. Não há uma realidade que abrange tudo. *O mundo não existe de modo algum.* Argumentei a favor disso extensivamente em um outro lugar[164]. Para a pergunta sobre o sentido do pensar basta o seguinte exemplo, para ilustrar os efeitos do novo realismo em nossas reflexões.

Imagine que você estivesse neste momento em Nápoles e visse o Vesúvio de sua perspectiva. Ao mesmo tempo, a sua melhor amiga está em Sorrento, onde ela vê, igualmente, o Vesúvio. Vocês veem o mesmo objeto, o Vesúvio. O **antigo realismo** admite que a realidade, nesse caso, contém o Vesúvio, mas não ambas as perspectivas do Vesúvio. Caracterizei isso, em *Por que o mundo não existe*, como "Mundo sem espectador"[165]. O antigo realismo levanta, entre críticos, a pergunta pelo papel do espectador. É que parece assim agora como se, ao lado do mundo sem espectador, ainda houvesse um "mundo do espectador"[166]. A expressão clássica para essa situação é cisão sujeito-objeto. A **cisão sujeito-objeto** é a suposição de que, de um lado, há uma realidade independente do sujeito (o objeto ou o objetivo) e, do outro lado, há um sujeito que se volta para essa realidade.

A visão de mundo científica moderna não superou de modo algum a cisão sujeito-objeto, já que ainda se parte, a maior parte das vezes, do princípio de que há uma diferença fundamental entre a realidade fora de nosso crânio e os processos internos no cérebro. Aqui, no lugar de sujeito-objeto, entra, por exemplo, cérebro-universo.

De fato, assim se quer dizer, ao mesmo tempo, que o cérebro pertenceria, sim, também ao universo. Mas exatamente isso levan-

---

164. Gabriel, 2013; 2016a. Quem se interessar por detalhes do debate acadêmico, cf. Buchheim, 2016.

165. Gabriel, 2013, p. 15.

166. Ibid.

ta o enigma da consciência, visto hoje por muitos como um mistério: como é possível que o cérebro produza subjetividade – ou seja, perspectivas da realidade – por mais que ele mesmo seja um pedaço (úmido e emaranhado) da realidade? O biólogo britânico Thomas Henry Huxley (1825-1895) expressou isso uma vez da seguinte forma:

> Como é possível que algo tão notável quanto um estado de consciência venha a ser como resultado da irritação de tecidos nervosos é tão inexplicável quanto o surgimento do gênio quando Aladim esfregou sua lâmpada[167].

A cisão sujeito-objeto está profundamente ancorada na reflexão sobre o saber humano. Mas justamente aqui está a pegadinha. Isso porque resulta da incorporação, a maior parte das vezes acrítica, da herança filosófica dos primórdios da Modernidade, nos quais a cisão sujeito-objeto, dando suposta sequência a Descartes, desempenhou um grande papel, uma imagem distorcida do conhecimento científico. Quero endireitar isso agora, por meio de um exercício de pensamento elementar.

A obtenção científica de conhecimento funciona, primeiramente, de tal modo que sabemos que temos de questionar algo que nos parece óbvio. O objetivo, porém, não é algo como uma dúvida radical acerca de tudo em que acreditamos, mas uma compreensão melhor ou uma explicação teórica das interligações entre fenômenos. Um **fenômeno** é algo que aparece para nós de modo supostamente inteiramente sem mediação, mas que, em última instância, é uma percepção mediada sensivelmente.

Nos séculos XVIII e XIX, a expressão "fenomenologia" se referia originalmente a uma teoria dos enganos ou das ilusões. A razão

---

167. "How it is that anything so remarkable as a state of consciousness comes about as a result of irritating nervous tissue, is just as unaccountable as the appearance of the Djin, when Aladdin rubbed his lamp" (HUXLEY, 1986, p. 193; trad. minha).

factual para tanto está no fato de que não podemos simplesmente ler, em nossas impressões espontâneas, aquilo que é o caso. Em última instância, somos passíveis de erro, o que se deve ao fato de que acreditamos facilmente demais nos fenômenos. Isso porque não pode ser que erremos inteiramente a realidade. Por isso, podemos estar inteiramente certos de que alguns fenômenos nos colocam em ligação com fatos. Infelizmente, não se deriva simplesmente desse fato quais fenômenos são esses, motivo pelo qual uma fenomenologia é necessária.

Na fenomenologia, trata-se, originalmente, da aparência [*Schein*], e não do ser. Se lidamos com um assunto de uma maneira científica, temos de partir do princípio de que a aparência poderia ser um mero fenômeno. Assim, abrimos para nós novos contextos, que representamos em modelos. Esses modelos têm de afastar a aparência, de modo que possamos nos assegurar de nos aproximarmos do ser; ou seja, do fato.

Um **modelo** é, aí, uma representação simplificada de uma situação real. Ele enfatiza interligações essenciais, que não são perceptíveis à primeira vista. Assim, por exemplo, o modelo do padrão da física quântica nos comunica quais partículas existem e como elas, em geral, interagem umas com as outras. A física de partículas não descreve de modo algum, porém, tudo que ocorre com partículas em situações concretas. Ele simplifica a realidade das partículas com consequências de largo alcance, interessando-se apenas pelas propriedades essenciais de seus objetos.

Desse modo, pode-se avançar na explicação de uma situação real na qual as propriedades de partículas elementares desempenham um papel fundamental. O modelo é aplicável porque as partículas elementares realmente têm as propriedades capturadas pelo modelo. Há, de fato, nas ciências naturais, um certo espaço de jogo, já que os modelos não são simplesmente apenas cópias diretas das

236

propriedades de seus objetos. Para traduzir propriedades de partículas elementares na linguagem da matemática, idealizações são necessárias. Conhece-se, das aulas de física, o problema de que, na realidade, bolas de canhão e penas não caem na mesma velocidade, mas sim que isso vale apenas no vácuo e, portanto, sob condições muito específicas. Um modelo como a mecânica newtoniana não descreve e explica simplesmente tudo que ocorre, mas é, justamente, um modelo, que permite certas previsões e explicações.

Como um modelo é propositivo e pode emitir previsões, justamente por isso ele não pode ser uma cópia do real. Modelos não são nenhum "espelho da natureza"[168]. Se um modelo fosse uma cópia, ele não teria nenhum uso, já que se poderia, então, simplesmente observar diretamente o real.

Pense, por exemplo, no modelo plástico da costa neerlandesa, por meio do qual se pode investigar os efeitos da mudança climática. Para tanto, faz-se com que a água passe lentamente no modelo, para ver quais regiões são inundadas, se se chegaria a tanto, e quantos refugiados holandeses iriam, por exemplo, sob o efeito da mudança climática, para a Alemanha. Tal modelo não é uma cópia em miniatura 100% [precisa], tampouco quanto a miniatura da Holanda no Madurodam em Den Haag é uma segunda Holanda. Modelos podem, então, falsificar o real, cujos traços fundamentais eles querem apreender, até um determinado grau, ao, por exemplo, simplificá-los.

Até aqui, tudo bem. Mas agora começa a verdadeira diversão da teoria do conhecimento. Isso porque, enquanto você leu os pa-

---

168. Sobre a crítica geral da ideia de que nós, por meio de modelos ou como consciência, simplesmente espelhamos a natureza, cf. o livro influente de Richard Rorty: *O espelho da natureza* (RORTY, 1987). Rorty, infelizmente, extrapola muito os limites e se torna um dos principais defensores do construtivismo pós-moderno. Ele cometeu o erro de inferir, do fato de que não somos um espelho da natureza, que não pode haver nenhuma verdade e nenhum conhecimento seguro da realidade. Uma coisa, porém, não se segue da outra.

rágrafos anteriores, você mesmo, sob minha instrução, fez, em seus pensamentos, um modelo. Esse modelo apreende traços fundamentais de modelos. Chamemos ele, simplesmente, de modelo-modelo.

O **modelo-modelo simples** tem duas partes: modelos e o real que eles simplificam. Agora tudo isso impõe a questão decisiva: podemos apreender o real, que um modelo deve apreender, independentemente de qualquer modelo? Se não fosse possível apreender o real, que um modelo deve apreender, independentemente de qualquer modelo, seria colocada a pergunta sobre como, então, poderíamos saber que há traços fundamentais essenciais de alguma realidade e que podemos conhecê-los. Poderia ser, a saber, que errássemos inteiramente com os nossos modelos. Simplesmente não haveria mais controles independentes, já que cada controle sempre só poderia, na melhor das hipóteses, consistir em que fizéssemos outro modelo, o que levantaria a mesma pergunta sob uma nova luz. A situação a que somos levados dessa forma é retratada acertadamente por Ludwig Wittgenstein, em suas *Investigações filosóficas,* da seguinte maneira:

> Pensemos em uma tabela que existe apenas em nossa imaginação; como um dicionário. Por meio de um dicionário, pode-se justificar a tradução de uma palavra X pela palavra Y. Mas também devemos chamar isso de uma justificação, se se folheia essa tabela apenas em nossa imaginação? – "Ora, é então, justamente, uma justificação subjetiva." – Mas a justificação consiste, justamente, em se apelar a uma instância independente. – "Mas eu posso, sim, também apelar de uma lembrança a uma outra. Não sei (p. ex.) se percebi corretamente o horário de partida do trem e trago à memória, para fazer o controle, a imagem da página do plano de viagem. Não temos, aqui, o mesmo caso?" – Não; pois esse processo tem de evocar realmente a lembrança *correta.* Se a representação do plano de viagem não pudesse ser ela

mesma *verificada* em sua correção, como se poderia constatar a correção da primeira lembrança? (Como se alguém comprasse vários exemplares do jornal da manhã de hoje, para garantir que ele escreve a verdade.) Folhear uma tabela na imaginação é tampouco um folhear de uma tabela quando a representação do resultado de um experimento imaginado é o resultado de um experimento[169].

Se nós, agora, só pudéssemos saber, no âmbito de modelos, que há algo real de que eles tratam, e como esse real é constituído, não poderíamos nem ter certeza de que há algo real, nem de que poderíamos conhecer como ele é constituído. Em última instância, só poderíamos (na melhor das hipóteses!) adivinhar fatos. Justamente isso é o que quer a difamação populista dos fatos no círculo do então presidente norte-americano. Isso porque, se só podemos adivinhar fatos, também se pode apostar contra a mudança climática e o progresso social e montar o cavalo da superstição.

Naturalmente, a situação é ainda pior. Se só pudéssemos saber algo do real no modelo-modelo, isso também valeria para o modelo-modelo. Teríamos, então, um modelo-modelo-modelo e sempre assim por diante. Se se quiser evitar esse regresso ao infinito perverso, resta a alguém, nas regras de jogo dessa representação, apenas apostar, apenas adivinhar em algum lugar, o que, todavia, mina toda objetividade científica. Chamemos isso de **regresso perverso de modelos**.

Naturalmente, nem todo regresso ao infinito é perverso. Esse regresso perverso de modelos, porém, é (ele merece o seu nome!). Um regresso na teoria do conhecimento é perverso, se ele é desencadeado pelo fato de que uma regra que é introduzida para conhecer como o conhecimento é possível tem de ser repetida infinitamente, antes que possamos conhecer como o conhecimento é possível.

---

169. Wittgenstein, 1984a, p. 363s. (§ 265).

O regresso de modelos perverso é uma consequência da cisão sujeito-objeto moderna, que está no fundamento da visão de mundo científica. Essa visão de mundo não quer, de fato, de modo algum colocar tudo radicalmente em questão. Caso contrário, também não restaria, por fim, espaço para construção de modelos científicos. Mas, por causa de sua construção por tentativa, resulta exatamente aquilo que deve ser evitado: uma dúvida radical. Ela parece, à primeira vista, menos radical do que ela é, pois se quer, aparentemente, parar em cada nível de modelo e fazer uma pausa para a reflexão, a fim de observar, a partir da perspectiva tomada, a paisagem da realidade. Mas isso é um mero fenômeno. Nunca se chega desse modo à posição de realmente observar algo.

Por isso, temos, também em nome do progresso científico, de superar o simples modelo-modelo e a cisão sujeito-objeto que subjaz a ele.

5
Realidade e simulação

Nos capítulos até aqui, tentei te convencer de que o nosso pensar é uma intersecção real, objetivamente existente, que liga sujeito e objeto. O ser humano dispõe de um sentido do pensar especialmente desenvolvido, um nooscópio, por meio do qual podemos sondar a realidade dos pensamentos. O pensar é, ele mesmo, algo real.

Neste capítulo será retratada mais profundamente a imagem realista de nossa posição medial. Nesse contexto, temos, naturalmente, de responder à pergunta sobre do que, afinal, estamos falando quando falamos de realidade ou do real, e em que medida estamos inseparavelmente acoplados ao real. Trata-se, sucintamente, da resposta à pergunta: o que é a realidade, e de que maneira o nosso pensar está em contato com ela?

Nem os voos de nossa imaginação nem nossas simulações modernas, que nos permitem experimentar realidades virtuais (como videogames), são o suficiente para realmente escapar à realidade. Os campos de sentido que a nossa imaginação nos abre e que podemos objetivar como obras de arte, videogames, romances, sonhos acordado e ideologias são, eles mesmos, algo de real. Essa é a concepção do novo realismo.

O novo realismo se dirige contra a alienação atual da realidade. Isso é apreendido de maneira inteiramente certeira na contri-

241

buição de Iris Radisch em uma série sobre o novo realismo que foi publicada, em 2014, em sete partes no *Die Zeit*[170]. Radisch pensa, ali, que a realidade teria se tornado uma ficção científica, e supõe haver em Maurizio Ferraris e em mim um tipo de nostalgia pós-moderna:

> Filósofos como Markus Gabriel e Maurizio Ferraris buscam por um "novo realismo" que pudesse quebrar o protetor de tela sob o qual a vida correta, como que sob uma camada de gelo de milhares de construções e sobrescritos pós-modernos, hiberna.

Todavia, não se chega longe com a afirmação de que a realidade teria se tornado uma ficção científica. A realidade nunca se tornou uma ficção científica – e desaparecida ela também não está. Há, de fato, ficção científica, e há avanços técnicos que concretizam cenários que eram, ontem, de ficção científica. Mas isso não significa, de modo algum, que a realidade teria se tornado uma ficção científica – uma afirmação que se deixa desmascarar, em uma segunda leitura, como uma falsa pressuposição.

Para variar, a contrapelo, o título de um livro do sociólogo pós-moderno Bruno Latour (* 1947), o novo realismo diz que nunca fomos pós-modernos[171]. A Pós-modernidade nunca ocorreu, estamos afundados na Modernidade, com todas as suas armadilhas.

O real é aquilo que não se deixa apagar pelo fato de que se empilha ficção em cima de ficção. Quem passa a sua vida com videogames e redes sociais não foge, desse modo, da realidade, mas sim age em meio a ela. Tecnologias e campos de sentido fictícios não são nem um pouco menos reais do que o metabolismo, a dor de estômago e a chancelaria federal. O contraste entre ficção científica e realidade que Radisch reivindica e, ao mesmo tempo, desmente

---

170. Radisch, 2014.

171. Latour, 2008.

ironicamente, apoia-se em uma concepção insustentável de realidade que caracterizo como o "antigo realismo" e recuso como falso.

O antigo realismo ou o realismo metafísico se representa a realidade como aquilo que é essencialmente independente do ser humano – como, por exemplo, de nossos sentidos, nosso pensar e nossa fala – sem jamais indicar exatamente em que deve consistir essa independência. O antigo realismo e a (suposta) hiper-reação pós-moderna a ele são uma ficção, um arranjo intelectual malsucedido no âmbito da, em última instância incoerente, dicotomia sujeito-objeto.

A marca decisiva da alienação da realidade contra a qual o novo realismo procede é a impressão amplamente difundida de que estamos presos em bolhas midiáticas, em câmeras de eco do pensar. Mas isso é, presumivelmente, em última instância, apenas uma desculpa preguiçosa para não se pôr diante da realidade, desculpa que consiste em que se tenha chegado a um deslocamento de muitas camadas para uma nova mudança estrutural da esfera pública[172].

A mudança estrutural de que falo se manifesta em uma crise da representação (como eu a chamo) em um duplo sentido.

Primeiramente, toma-se uma irritação, relevante do ponto de vista da teoria do conhecimento, referente à relação entre pensar e realidade. Podemos, ainda que mesmo aproximadamente, nos representar a realidade tal como ela é? Não seria tudo isso complexo demais para poder ser, mesmo superficialmente, apreensível, calculável e previsível em modelos e simulações?

Em segundo lugar, instala-se, no mesmo âmbito, a impressão de que os nossos representantes eleitos – ou seja, os nossos representantes democraticamente legítimos do povo –, ou não representam

---

172. Cf., a esse respeito, o clássico *Mudança estrutural da esfera pública*, de Jürgen Habermas, que retrata o surgimento da Modernidade a partir das estruturais mediais do Esclarecimento (HABERMAS, 1990).

mais nada, ou têm de tentar compulsoriamente falar com um povo fictício, que tentam moldar por meio de constituições de mitos de mau gosto. A crise da representação do real e a crise da democracia representativa estão interligadas, pois a primeira coloca em questão fatos existentes objetivamente, o que torna difícil à democracia sobreviver em nossa suposta "era pós-fática".

O que vivenciamos hoje como crise da democracia está, de fato, estreitamente ligado com a revolução digital. É, porém, um engano crer que ela leva automaticamente à ruína de democracia. *Nada leva automaticamente para o autodesmantelamento da democracia.* É uma perigosa crença equivocada pensar que estaríamos prestes a desenvolver, por meio da digitalização e, assim, da automatização da jornada de trabalho no setor de serviços, ou da internet das coisas que otimiza as nossas fábricas, um belo novo mundo dos algoritmos. As nossas decisões essenciais não podem e não devem ser delegadas a programas de computador – cujo código, ademais, sempre foi escrito por um ser humano, que, assim, aplica explícita ou implicitamente as suas próprias prescrições de valores (cf. p. 216ss.).

A democracia pressupõe, como se sabe, cidadãos capazes e representantes do povo correspondentemente capazes. Os últimos se assentam, por causa da nova esfera pública digital, na estufa dos marcadores de notícias e de escândalos acelerados, o que pode ser estudado no absurdo laboratório experimental da indústria de escândalos em torno do então governo dos Estados Unidos, que, infelizmente, se assemelhava demais a um *reality show* cheio de consequências. Todos esses processos são inteiramente reais. Nenhuma ficção científica toma parte, aí, em uma tecnologia da comunicação simplesmente avançada e em uma confusão que se dissemina dos cidadãos na pergunta sobre o que a política hoje, em vista dos desafios de nosso tempo, significa.

Para poder realmente lidar com os desafios da digitalização temos de ter uma imagem clara de como podemos superar a alienação da realidade. Visto filosoficamente, faz parte disso uma divulgação dos modelos de argumentação de que nos valemos explícita ou implicitamente quando cremos estarmos alienados da realidade. Ao se mostrar os erros de pensar a que nos dispomos involuntariamente quando desviamos o nosso sentido do pensar dos fatos, resultam assim, antes de tudo, novos caminhos do pensamento. A filosofia elabora, entre outras coisas, um diagnóstico de um sentido do pensar adoecido, que Wittgenstein expressa perfeitamente com um de seus motes: "O filósofo trata uma questão como uma doença"[173]. Isso é ambíguo, porque também se pode querer dizer com isso que o tratamento filosófico de uma questão é, ele mesmo, uma doença. A autoinvestigação da razão, de nosso sentido do pensar, não é automaticamente imune contra erros, que devem ser descobertos e superados. Isso, porém, não é motivo para autodúvidas desnecessárias. Isso porque os erros são parte do trabalho de terapia a ser superado.

O cinema na cabeça encontra o smartphone

A atual alienação da realidade, alienação que gira em torno de si mesma, baseia-se em uma concepção distorcida do que realmente acontece quando percebemos algo. Essa concepção distorcida toma as nossas percepções por uma simulação, um cinema na cabeça que, na melhor das hipóteses, encontra-se mais ou menos em ligação com a realidade. Segundo essa concepção, a percepção não é algo como uma apreensão real do real, mas uma ilusão.

As nossas modalidades dos sentidos são mídias. Uma mídia é uma intersecção que transmite informação de um código para

---

173. Wittgenstein, 1984a, p. 360 (§ 255).

outro. Neste momento, você lê esta sentença. Considere agora os seguintes signos, sem se perguntar o que eles significam: σκιᾶς ὄναρ ἄνθρωπος ou 道可道非常道, 名可名, 非常名.

Se você pode ler grego ou os ideogramas chineses simplificados que são impressos aqui, você pode ler em voz alta essas sentenças e prestar atenção em como elas soam. Caso contrário, veja as sentenças como um modelo gráfico. O que você vê, ouve e entende em tudo isso é sempre redigido em um [dos] outro[s] código[s]. Você pode traduzir as modalidades dos sentidos ver, ouvir e entender (entender é um modo do pensar) umas nas outras. Você pode ver, ouvir e entender uma mesma coisa; por exemplo, esta sentença. Códigos diferentes apresentam a mesma informação em uma outra mídia. Isso, porém, não significa, justamente, que não podemos apreender aquilo que os códigos apresentam. Pelo contrário, isso significa que, em uma dada mídia, apreendemos exatamente aquilo que a mídia nos apresenta.

Nenhuma mídia pode apreender tudo de uma única vez. Toda mídia escolhe, entre tudo aquilo que se pode de algum modo processar, alguma coisa. Nesse sentido, as mídias são unilaterais. Códigos mediais não são, todavia, falsificações. Podemos, por meio da tradução de uma mídia em uma outra, distorcer informações. Além disso, podemos mentir em qualquer mídia em que expressamos pensamentos. Não faz parte, porém, da essência de uma mídia, erguer um "limite simplesmente divisório"[174] entre nós e a realidade. Todo o real já aparece, a saber, sempre em uma mídia. A matéria bariônica é uma mídia tanto quanto o papel que tem ela por base e no qual esta sentença está impressa. Adorno formulou essa intelecção na seguinte fórmula da teoria das mídias (**dito da mediação de Adorno**):

> Tampouco, porém, quanto os polos [do] sujeito e [do] objeto se deixa a mediação hipostasear; ela vale

---

174. Hegel, 1986, p. 68.

unicamente em sua constelação. A mediação é mediada pelo mediado[175].

Mídias não são filtros que se encontram entre nós e a realidade, mas intersecções que cuidam para que algo real nos apareça de uma maneira e modo determinados (cf. o conceito de realismo direto, p. 71). Os signos que são impressos em diferentes edições do presente livro são algo real. Eles atuam em diferentes modalidades dos sentidos. Como os signos são processados depende da mídia. As nossas modalidades dos sentidos estão ligadas com mídias que se pode descrever por meio das ciências naturais: não se pode ouvir nada no espaço vazio (p. ex., na Lua), não se pode ver ou ler nada no escuro. A luz é, por isso, também uma mídia, pois ela pode codificar informações; caso contrário, não poderíamos, afinal, ler algo pelo fato de que alguém liga a luz em um quarto escuro.

O modo e a maneira com que objetos aparecem em uma mídia é o seu sentido (cf. p. 39ss.). As nossas modalidades dos sentidos são formas do sentido, que nos colocam em contato com campos de sentido; ou seja, com ordens de objetos que só podem ser apreendidas a partir de uma determinada perspectiva. Não há objetos sem sentido – ou seja, objetos que simplesmente existem – sem que eles apareçam em uma mídia. Também as esferas do universo que existem independentemente do ser humano são medialmente estruturadas, porque os objetos que ocorrem nelas estão conectados de uma maneira determinada. Os nossos sentidos são, por isso, um componente do real. Eles são eles mesmos algo de real que está em contato com um outro real. Por causa de nosso sentido do pensar, essa circunstância, por sua vez, é acessível a nós.

Há sentido também de maneira completamente independente do ser humano. O real não é como que iluminado espiritualmente pelo ser humano, de modo que, antes de nosso surgimento no

---

175. Adorno, 1973, p. 106.

planeta Terra, ele fosse, por assim dizer, completamente sem sentido. Se isso fosse verdade, não poderíamos saber absolutamente nada sobre como o real era antes de seres humanos existirem. Isso porque ele teria sido, então, completamente sem sentido, para sempre não mediável.

Não há objetos sem sentido. **Objetos sem sentido** seriam objetos que não apareceriam em nenhuma mídia; que não seriam, em nenhum sentido, portadores de informação. Naturalmente, há muitos objetos que surgem em mídias que não podemos, a princípio, apreender; por exemplo, todos os objetos que estão em buracos negros, já que nenhuma informação consegue sair de buracos negros. Mesmo se se pudesse solucionar esse problema de algum modo, haveria, todavia, ainda objetos que estão longe demais de nós (mais distantes do que, digamos, cerca de 14 bilhões de anos-luz, segundo o estado atual de nosso conhecimento) para poderem ser apreendidos por nós. Mas isso não significa que esses objetos existem fora de mídias.

Chamo, como disse (cf. p. 37), uma interligação de objetos em uma ou mais mídias um campo de sentido [*Sinnfeld*]. Se assim se quiser, seria possível conceber o nosso pensar, de maneira correspondente, como sentido para campos [*Feldsinn*]: encontramo-nos em campos de sentido e estamos em condição de conhecê-los. A teoria filosófica que se ocupa com a existência de campos de sentido – ou seja, a minha – chama-se, de modo correspondente, de ontologia dos campos de sentido [*Sinnfeldontologie*]. Segundo essa teoria, não há objetos nus que ocorrem isoladamente, mas sempre apenas objetos que surgem em determinadas mídias e, por isso, podem ser codificados e decodificados. Esses processos são reais e, em larga medida, independentes de seres humanos. Eles ocorrem sem a nossa intervenção. Eles ocorreram antes que existíssemos; eles ocorrem, neste momento, fora de nosso alcance causal e cognitivo; e eles também ocorrerão ainda, quando não houver mais seres humanos.

Mídias não são uma tomada de distância da realidade, mas sim uma intervenção real no real. Isso também vale para a nossa paisagem midiática da infoesfera. Cada clique é uma intervenção na manutenção de energia de nosso planeta. Pense em quanta energia usam os servidores sem os quais não haveria World Wide Web, e o quão frequentemente você carrega o seu celular para poder continuar navegando. Toda atualização dos marcadores de notícias de um portal on-line custa dinheiro, tempo e energia. Toda notícia que você lê e com que você se ocupa espiritualmente transforma a situação em que você se encontra factualmente. Você nunca assiste o universo de fora por um olho mágico irreal, mas sim se encontra no real. Não há nenhuma escapatória.

O erro fundamental de nosso tempo é uma concepção de que se tira toda realidade [*entwirklichte*], e por isso falsa, de nossa paisagem de mídias. Deixa-se passar desapercebido que informações não são apenas processos espirituais, mas intervenções no real. Mídias influenciam o que seres humanos fazem ao influenciar como eles pensam. Isso é, em larga medida, independente de se são disseminadas informações verdadeiras ou, justamente, as assim chamadas *fake news*. Aí, não nos ocorre, particularmente, que a nossa paisagem de mídias tem efeitos extremos em nosso planeta. Manter a conexão mais ou menos global custa tempo e dinheiro. Se alguns podem se tornar ricos simplesmente pelo fato de que nos interessamos por determinadas informações, isso é porque tornar disponíveis essas informações requer uma base material-energética.

O ser humano se refugia, atualmente, em um falso mundo das ideias. Esse falso mundo das ideias sugere que nós, como inforgues – ou seja, como ciborgues da informação –, estamos livres de nossa animalidade e nos encontramos tão longe da realidade, quando nos sentamos diante de nossas telas, para que não tenhamos de enfrentar nenhum instante de tédio. Mas o oposto é o caso. Transformamos o real ao digitalizá-lo, porque, desse modo, criámos novas mídias, que, contudo, não são, de modo algum, não reais.

Apenas quando finalmente tivermos tornado claro para nós mesmos que a nossa vida não é de modo algum um sonho, mas sim uma condução muito real da vida por parte do ser vivo espiritual que somos, haverá esperança de um melhor futuro para o ser humano. Para formulá-lo nitidamente: A teoria pós-moderna das mídias, que hoje se esconde de bom grado por trás das neurociências, pensa como uma criança pequena que acredita que ela não poderia ser vista se fechasse os seus olhos. É, porém, um traço decisivo da realidade que o real muda apenas minimamente, se olhamos para longe dele. A única transformação que surtimos quando tapamos os nossos olhos, orelhas e o nosso pensar, consiste em que nos tornamos gradativamente estúpidos. Então, realmente, em terra de cegos, quem tem um olho é rei.

A inevitável Matrix

A primeira parte da trilogia do *Matrix*, das irmãs Wachowski, apareceu em 1999 nos cinemas. Ela se fixou rapidamente na memória cultural. Isso porque ela expressa perfeitamente a suspeita fundamental da Pós-modernidade de que não se pode ir muito longe na realidade. No centro do filme se encontra a seguinte construção, que gostaria de recapitular brevemente:

Os protagonistas do filme são, primeiramente, inseridos em uma realidade aparente (uma simulação), que se assemelha a um videogame programado de modo realista. Essa realidade aparente é chamada, lá, de "Matrix".

Uma **simulação** é, em geral, uma realidade aparente que se assemelha a uma outra realidade (do latim *simulatio,* que é derivado de *simulare* = tornar semelhante). Simulações são reais; elas surgem, porém, como imitação de algo real que, via de regra, não é, ele mesmo, uma simulação. Chamemos algo que não é ele próprio nem uma simulação nem algo que surgiu por meio das intenções de um ser vivo de parte da **realidade de base**. A realidade de base não é o "sonho morto de uma realidade elementar"[176], mas uma categoria que pode ser formada muito facilmente. Há muito que não é simulado nem é de nenhum outro modo um artefato que seres vivos produziram intencionalmente: a lua, Marte, o sistema solar, tumores cerebrais em seres humanos, léptons, números primos e muito mais. Pode-se debater sobre os candidatos a serem elementos da realidade de base, e também se faz isso nas ciências naturais e na filosofia. Mas afirmar que a categoria de realidade de base seria vazia é uma falácia pós-moderna[177].

Nem mesmo o experimento mental do *Matrix* chega ao ponto de colocar em questão a existência de uma realidade de base. Muito pelo contrário. A Matrix é no filme, a saber, uma simulação, que se distingue de uma triste realidade de base. A realidade de base do filme consiste em que máquinas exploram seres humanos como força de trabalho. Para manter os organismos humanos continuamente vivos enquanto o fazem, as máquinas estimulam o cérebro dos seres humanos, de modo que produz uma realidade de sonho que aparece como inteiramente real aos seres humanos – uma simulação, portanto, consideravelmente perfeita. Essa ideia de simulações perfeitas por meio do estímulo do cérebro já vem de muito

---

176. Radisch, 2014.

177. Os exageros e falácias, em teorias pós-modernas, que se encontram por trás desse delírio, são desmascarados de maneira especialmente clara e compreensível em Boghossian, 2013; Hacking, 1999.

tempo do gênero de ficção científica. Pense-se aqui também na obra-prima de David Cronenberg, *eXistenZ*, que também estreou em 1999. O cume desse gênero de filmes é, no momento, a série britânica *Black Mirror*, e a sua equivalente igualmente bem-sucedida, embora com alguma restrição, *Eletric Dreams*.

O protagonista no *Matrix* é um certo Neo (interpretado por Keanu Reeves), que desempenha, no interior da Matrix, o papel de um hacker. Por razões completamente incompreensíveis, alguns seres humanos conseguiram se proteger, na realidade de base, contra as máquinas. Eles entram, liderados por Morpheus (interpretado por Laurence Fishburne), no filme de consciência de Neo e o livram da simulação, para, então, tramar, na realidade de base, uma guerra contra as máquinas.

A trilogia do *Matrix* dá desenvolvimento a uma mitologia que se tornou a quintessência do sentimento de vida pós-moderno, que se aprofundou particularmente na década de 1990. Infelizmente, essa mitologia não foi realmente superada, mas sim foi transmitida ao nosso jovem século, principalmente pela sociologia francesa e pela filosofia das décadas de 1960 até 1990, para as neurociências e para a informática. Aqui, **mitologia** é uma estrutura narrativa por meio da qual nós, seres humanos, fazemos uma imagem de nossa situação histórica e socioeconômica correspondente como um todo. Mitologias são essencialmente falsas; escondem isso, porém, pelo fato de que elas têm pontos de apoio plausíveis na realidade.

Para enfatizá-lo de antemão: é uma ilusão perigosa a imagem trans-humanista do ser humano visível hoje e que se constrói com base na representação de que a nossa vida como um todo e a nossa sociedade seriam, possivelmente, um tipo de simulação, que só poderíamos superar ao erigir o ser-humano inteiramente com base no modelo do progresso tecnológico. Temos de ver através dessa ilusão, já que, caso contrário, estaremos emaranhados cada vez mais profundamente na destruição das condições de vida do ser humano, destruição que se manifesta, não por último, de maneira alarmante na forma da crise ecológica.

Mas a crise ecológica não é nem de perto o único problema de nosso tempo que é acentuado por uma mitologia disseminada acriticamente. Isso porque ela está estreitamente entrelaçada com sistemas globais de exploração e distribuição de recursos materiais que, vistas mais de perto, são moralmente inaceitáveis. Esses sistemas não apenas levam a formas extremas de pobreza e injustiça social – que são visíveis para todos que viajam, por exemplo, para o Brasil ou que viram alguns dos bairros pobres espalhados por todo o mundo, cujo horror nós, como habitantes de áreas privilegiadas da Europa, mal podemos imaginar. Antes, eles também levam a crimes contra a humanidade e à ruína de nossos sistemas de valores, crimes que não poderíamos aceitar se tomássemos conhecimento deles sem que eles sejam maquiados de algum modo.

A representação atual de que sistemas de IA e as descobertas tecnológicas ligadas a eles e que chegariam até formas de superinteligência humana trariam, mais cedo ou mais tarde, a solução desses problemas humanos, é ainda mais ingênua e fatal do que a utopia, refutada pela sequência da primavera árabe e do terrorismo internacional, de que as redes sociais levariam automaticamente à libertação política do mundo árabe.

Uma tarefa importante do pensamento filosófico consiste em nos confrontar com a realidade e em desmascarar as construções aparentes em que nos inserimos, a fim de tranquilizar da nossa consciência moral diante das situações miseráveis que não podemos suportar de olhos abertos. Isso é parte da missão filosófica do Esclarecimento, ou seja, do "projeto incompleto da Modernidade", como Jürgen Habermas (* 1929) o chamou.

Em nosso ainda jovem século XXI, pode-se verificar pelo menos três estoques restantes da assim chamada Pós-modernidade, a saber:

1) A ideia de que poderíamos viver em uma simulação de computador que é programada por civilização avançada do futuro (a **hipótese da simulação**).

2) A ideia de que a nossa vida espiritual é uma simulação que o nosso corpo produz para obter uma vantagem na batalha por sobrevivência entre as espécies.

3) A ideia de que a sociedade é um construto social no sentido de que ela não é verdadeiramente real, mas apenas uma espécie de jogo de máscaras, que poderíamos a princípio transformar a qualquer momento por meio da mudança das regras do jogo (o **construtivismo social**).

In memoriam: Jean Baudrillard

É mesmo quase irônico que justamente aquele sociólogo que conta como um dos principais defensores do pós-modernismo, a saber, o pensador francês Jean Baudrillard, tenha atacado a mitologia do construtivismo social. Ele desempenha um papel central no *Matrix*. Isso porque, na Matrix em *Matrix*, Neo esconde, diante dos poderosos agentes que o estão caçando, um pen-drive que ele usa como arma de hacker. O escondido é uma cópia do livro *Simulacres et simulation* de Baudrillard, que foi publicado em 1981[178]. Ele nos é, assim, mostrado visivelmente em uma cena do filme.

Todavia, trata-se apenas de um casco vazio, o que combina bem com o conteúdo do livro. Baudrillard afirma que haveria três grandes revoluções sociais que culminaram em nossa situação atual:

---

178. Baudrillard, 1981.

1) Na *Era Pré-moderna*, os seres humanos foram controlados por símbolos que se distinguiam de maneira razoavelmente clara da realidade. Uma estátua de um deus feita de barro é um símbolo para um deus, mas não é, ela mesma, um deus, como a proibição de imagens feita pelo Antigo Testamento enfatiza. A revolução monoteísta expressa perfeitamente, por assim dizer, a era pré-moderna.

2) A *Modernidade* está ligada antes de tudo, para Baudrillard, com a Revolução Industrial. Nela, produtos são, pela primeira vez, feitos em uma produção em série. Esses produtos de massa, que eram, como um todo, cópias de uma ideia original que inventores podiam patentear, são indistinguíveis dos originais. Nesse âmbito, há um modelo, por exemplo a classe-S ou o mais novo iPhone, que podem, então, ser produzidos serialmente em grandes quantias. A sociedade moderna se constrói, segundo Baudrillard, com base em processos de cópia para a produção de mercadorias de massa. Ikea, por exemplo, seria uma invenção paradigmaticamente moderna: a ideia de móveis que só existem como série e nunca como originais. Como caso exemplar da arte moderna seria possível pensar em Andy Warhol, que documenta o caráter de massa de mercadorias modernas com, por exemplo, as suas famosas Brillo Boxes.

3) A *Pós-modernidade* seria, em comparação com a Pré-modernidade e com a Modernidade, completamente esvaziada, pois a sua produção de mercadorias teria se distanciado de toda cópia da realidade. A favor de tal diagnóstico fala o mercado digital. Moedas digitais, redes sociais em que as vantagens socioeconômicas são medidas na forma de *Likes* e *Retweets*, videogames e realidades virtuais como *Second Life* seriam exemplos contemporâneos para esse estádio da simu-

lação. Sistemas de símbolos pós-modernos não se referem mais, segundo Baudrillard, à realidade externa. Eles bastam a si mesmos e produzem, desse modo, ordens sociais.

Chamemos isso de **tese da simulação de Baudrillard**. Ela diz que a globalização é um processo que é conduzido por sistemas de signos esvaziados, sistemas que produzem a si próprios. Plataformas como o Facebook ou o Instagram ilustram essa ideia. Elas pedem simplesmente que se compartilhe conteúdos nelas, e produzem, com essa base, uma mais-valia, sem oferecerem, elas mesmas, conteúdos. Imagens e compartilhamentos que se posta tem efeitos retroativos na realidade não medial, e, de fato, simplesmente por surgirem no contexto de sistemas de símbolos de redes sociais. Mas a produção digital de mercadorias aparentemente não intervém mais diretamente na realidade não medial, mas apenas por meio da mediação dos clientes que, por assim dizer, tornam-se – sem perceber – representantes das redes sociais. Heidegger cunhou, para essa forma de vida simbólica, a expressão apropriada de que teríamos nos tornado: "representantes do encomendar" [*Angestellten des Bestellens*][179].

Baudrillard poderia conceber Donald Trump, justamente, como a confirmação completa de sua teoria, que, ademais, foi formulada em estreita conexão com as suas experiências de viagem nos Estados Unidos, que ele retratou em seu livro de 1986, *América*[180]. Trump é um resultado do sistema de mídias norte-americano, que ele parece levar ao seu ápice com a sua política de Twitter e de escândalos. A política se torna, desse modo, aparentemente, um *"show about nothing"* [*show* sobre nada] pós-moderno, para recorrer à minha expressão favorita da série de sucesso *Seinfeld*. Baudrillard indica ele mesmo Richard Nixon como presidente da

---

179. GA III, vol. 79, p. 30.

180. Baudrillard, 2004.

simulação pós-moderna, que, juntamente a Ronald Reagan de 1969 a 1974, deu o passe estilístico para o governo atual dos Estados Unidos. O diagnóstico da condução atual da simulação é enfatizado visivelmente por Baudrillard na seguinte famosa passagem:

> Hoje em dia, a abstração não é mais a abstração do mapa, do duplo, do espelho ou do conceito. A simulação não é mais a simulação de uma região, de um ser referencial, de uma substância. Ela é o surgimento por meio do modelo de um real que não tem nem origem nem realidade: o hiper-real. A região não precede mais ao mapa, e também não sobrevive a ele. É agora o mapa que precede à região – o processo prévio [*Vor-Gang*] dos simulacros –, é ele que produz a região[181].

Antes de nos entregarmos a mundos pós-modernos de representação, deveríamos, todavia, pisar nos freios mais uma vez. Se se descreve, a saber, a nossa ordem global partindo de sua mercantilização medial, ignora-se imediatamente que, em todos esses processos, a realidade não medial de modo algum cessa. Trump tomou posse, entre outras coisas, com promessas eleitorais para a indústria de aço.

A realidade norte-americana não é, de modo algum, tal como ela é apresentada, retificada, em filmes de Hollywood. O diagnóstico de Baudrillard foi, ele mesmo, vítima da mitologia norte-americana, segundo a qual a suja realidade de carvão, aço, indústria automotiva, *fracking*, plataformas de petróleo e portões de Diesel foi apagada, correspondentemente, por um novo, belo e reluzente mundo digital. Desse modo, Baudrillard, por assim dizer, caiu no verniz americano, no qual se trata de cascas de ocultamento, que muitos norte-americanos deixam fixar em seus dentes frontais para poder dispor de um sorriso que brilha eternamente branco.

---

181. Baudrillard, 1981, p. 10; trad. minha.

Horror e jogos (Vorazes)

Há um abismo gigantesco entre a ilusão de que estaríamos diante da digitalização da vida e da sociedade como um todo e a realidade social. Isso se tornou visível mais recentemente em um novo gênero de filme de horror, com o qual a ordem simbólica norte-americana reagiu ao trauma da era pós-Obama. Penso particularmente em filmes como *Mother!*, de Darren Aronofsky (2017), *Suburbicon*, de George Clooney (2017, *script*: os irmãos Cohen), *Get Out*, de Jordan Peeles (2017), *The Shape of Water*, de Guillermo del Toro (2017), *Three Billboards Outside Ebbing*, de Martin McDonagh (2017), ou *Anihilation*, de Alex Garland (2018).

Get Out encena uma forma acentuada de racismo. O artista negro Chris Washington se apaixona pela branca Rose Armitage, que o leva para conhecer os seus pais, unicamente pelo bem deles. Desde o início, Chris está preocupado com que ele possa se deparar com racismo. Mas Rose o convence de que não se pode falar de racismo de seus pais, que seu pai votaria em Obama uma terceira vez, se isso fosse possível. Desse modo, a trama se desenvolve em uma história de horror, que põe à vista uma nova forma de escravização da população negra nos Estados Unidos. Isso porque a família de Rose hipnotiza os seus amantes negros há anos, para usar os seus corpos, então, para transplantes de cérebro para homens ricos, velhos e brancos, que se instalam, então, nos corpos negros. É particularmente pavoroso, aí, que uma parte da consciência do recipiente negro é preservada, pois nem todo sistema nervoso é trocado. Assim, ele permanece vivo no pano de fundo e precisa vivenciar como uma outra consciência conduz o seu corpo. Esse cenário de pesadelo insuportável é amenizado no filme por meio de elementos cômicos, assim como por uma narrativa de vingança. No fim, o protagonista consegue escapar bem a tempo e matar a família sádica em legítima defesa.

Uma estrutura de fantasia semelhante toma forma concreta no sucesso de bilheteria da série de romances adaptada para filme, *Jogos vorazes*, da autora norte-americana Suzanne Collins. No plano de fundo se encontra, aí, um original japonês de Kōshun Takami, *Battle Royale*, que foi igualmente filmado em 2000[182]. Na distopia de *Jogos vorazes* há uma ditadura no território atual dos Estados Unidos, chamada Panem, que consiste em uma capital de nome Kapitol e doze distritos. Os distritos estão submetidos ao arbítrio da capital. Ela organiza uma série de jogos em que os jovens são obrigados a saírem de seus distritos, lutarem pela sobrevivência diante de câmeras ambulantes em um parque e se trucidarem reciprocamente. Daí o nome do país, que alude à expressão romana "Pão e jogos (*panem et circenses*)", que remete à décima sátira do poeta romano Juvenal, em que ele critica essas relações romanas de seu tempo[183].

Infelizmente, não precisamos nos esforçar para imaginar qualquer distopia do futuro a fim de nos retratarmos o cenário de *Jogos vorazes*. Um exemplo drástico dessa estrutura, que é enfatizado literária e cinematicamente por *Battle Royale* e *Jogos vorazes*, é fornecida, por exemplo, pela cerimônia de encerramento do campeonato europeu de futebol de 2016. A entrada com a estética de David Guetta, a virulência marcial e evocação da unidade dos presentes (como em "*We are in this together [...]. Our hearts beat together*" [Estamos juntos nisso [...]. Nossos corações batem juntos]) atua até no detalhe, como se ela tivesse sido copiada da série de filmes dos *Jogos vorazes*. A capital francesa em que ocorreu a cerimônia é, com o seu centro econômico, político e cultural que a tudo domina e com seus cinturões de pobreza, um local de realização perfeito para tal final, no qual uma guerra simbólica entre nações – ou seja, uma guerra limitada e em larga medida sem sangue – é realizada.

---

182. Takami, 2012.

183. Juvenal, 1993, p. 209.

Nesse âmbito, podemos utilizar um conceito da psicanálise e da sociologia, e, de fato, o de ordem simbólica. Esse conceito é utilizado por Jacques Lacan (1901-1981), que o cunhou, de maneira de fato distinta, mas, de todo modo, semelhante. A ordem simbólica é a encenação pública de representações que fazemos do modo de funcionamento da sociedade como um todo. A ordem simbólica é a mídia da autoapresentação de um sistema social. Essa autoapresentação não diz obrigatoriamente a verdade, antes, ela é sintomática para o antagonismo de uma sociedade; ou seja, para a tensão entre personalidade e individualidade (cf. p. 192ss.).

Pertencem à ordem simbólica atos festivos como o discurso de ano-novo da presidente, espetáculos esportivos, o carnaval de Colônia, o debate de televisão antes de uma eleição, a tomada de posse do presidente norte-americano, os jogos olímpicos, mercados de Natal e muito mais. O *slogan* da ordem simbólica é: "*We are in this together*".

A ordem simbólica está entrelaçada com a realidade socioeconômica. Isso porque alguém precisa, por fim, pagar pelo pão e pelos jogos. O espetáculo da encenação da unidade nacional custa dinheiro de impostos e, assim, acessa recursos que são produzidos na economia real. Desse modo, a ordem simbólica não cai do céu, ela é produzida.

Um dos melhores diagnósticos de modo de funcionamento da ordem simbólica de nosso tempo vem do filósofo francês Guy Debord (1931-1994), que o apresentou em seu livro divisor de águas, *A sociedade do espetáculo*, de 1967[184]. Segundo Debord, a ordem simbólica toma a forma de um espetáculo cuja tarefa é convencer os participantes do espetáculo de que tudo está em ordem, enquanto as condições de operação da ordem social que eles reproduzem diariamente trabalham contra seus próprios interesses. Pense-se

---

184. Debord, 1996.

aqui apenas em que a intervenção do governo de Trump no sistema de imposto, na infraestrutura ou no sistema de saúde justamente não será útil ou mesmo será prejudicial para a sua base eleitoral. Eles são, porém, constantemente bombardeados com bombas de fumaça de absurdo, de modo que eles nem percebem que votam contra os seus próprios interesses.

Era tanto mais útil para Trump que o seu absurdo fosse disseminado mundialmente em todos os canais de reportagem. A agitação contínua por seus comentários e tweets serviu a seu sistema de governo. Ao se informar sobre quantas bolas de sorvete há na Casa Branca para visitantes, que Trump gosta de comer hambúrgueres ou outras coisas tão irrelevantes, ele era, por assim dizer, novamente eleito simbolicamente, pois ele desejava exatamente esse tipo de atenção. Nada foi mais útil para Trump do que o *best-seller* sobre o seu governo do gênero *Fogo e fúria*, um assim chamado livro de revelação do jornalista Michael Wolff. Debord e, baseando-se nele, Baudrillard, veriam, na digitalização atual, a reta final da submissão definitiva do ser humano sob o mandato do simulacro – ou seja, da pura cegueira – que distrai tão bem da realidade que se chega à manipulação perfeita da produção de mercadorias e dos consumidores.

Infelizmente, o diagnóstico de Debord e de Baudrillard é consideravelmente exagerado. Visto mais exatamente, eles ignoram que a estrutura do espetáculo não é uma trama dos mundos de trabalho modernos e capitalistas, mas tão antiga quanto a existência de altas culturas, como se pode ver na Roma antiga. A origem do espetáculo é a divisão do trabalho, que, a partir de uma determinada ordem de grandeza de grupos sociais e de um determinado desenvolvimento da troca de mercadorias, não pode mais ser evitada.

Assim que não podemos mais ver toda engrenagem na produção de uma mercadoria, nós, seres humanos, começamos a nos contar uma história que entra no lugar dos processos reais em nossa consciência. Nessa medida, o historiador israelita Yuval Noah Harari (* 1976) está inteiramente certo em seu livro *Uma breve história da humanidade*, no qual defende a tese de que seres humanos têm de retratar a sua vida em forma de histórias, a fim de possibilitar a coesão de grupos que superam uma massa crítica[185].

O tecido de todo sistema social que não pode mais ver através de suas próprias condições de produção é, a partir de então, um mito. Nesse aspecto, nada mudou. Nunca se narrou tanto[s mitos] quanto hoje, pois nós, justamente, vivenciamos uma multiplicação infinita das ordens simbólicas mediais. Desde o século XIX, pode-se observar uma onda de ficcionalização da ordem simbólica como nunca houve antes. A literatura e a ópera do século XIX preparam o terreno para as novas mídias da fotografia e do filme, que abrem o palco para as ordens simbólicas digitais que, hoje, são dominadas especialmente por séries de TV bem-sucedidas e por mídias sociais.

Admirável novo mundo – Bem-vindos aos Sims

The Sims, que foi lançado primeiramente em 2000, é parte de uma série de jogos de computador e conta como um dos jogos de computador mais vendidos de todos os tempos. Os Sims, que dão nome ao jogo, são figuras simuladas, que se pode, como jogador, controlar. Constrói-se cidades e estruturas sociais para eles. A série de jogos pertence ao gênero de simulações econômicas, já que se pode controlar parâmetros de desenvolvimento econômico como planejador de cidades e estados.

Como você sabe que você, justamente, não é uma figura de jogo em uma versão quase perfeita de *The Sims* que foi desenvolvida por uma civilização avançada? Uma **simulação perfeita** é defi-

---

185. Harari, 2015.

nida como uma que não se pode mais, como Sim, distinguir da realidade. Se pudéssemos equipar os Sims de nossos jogos com consciência, talvez ocorresse a eles que os objetos que eles percebem são consideravelmente pixelados. Seria possível para eles descobrir os algoritmos que estruturam a sua realidade para, desse modo, concluírem que eles foram programados. A simulação dos Sims, nessa medida, não é perfeita. Talvez, de fato, os Sims não se dessem conta disso, pois isso é tudo que eles conhecem; mas eles poderiam, a princípio, descobrir, a não ser que os programássemos de modo a remover essa capacidade.

É uma representação religiosa de milhares de anos e, posteriormente, filosófica, que a nossa vida, assim como todo o universo, tenha sido criada e, assim, programada por Deus ou por deuses. A história monoteísta da criação acrescenta a isso, ainda, que nós, seres humanos, somos uma inteligência artificial, cujo software Deus fez o upload (infundiu) em um corpo que Ele fizera antes a partir do barro.

Além disso, ninguém menos do que Newton e Leibniz imaginam a realidade desse modo. Segundo eles, Deus continua a atuar em sua criação por meio das leis naturais e de forças. A física descobre, assim, o programa que Deus usa para escrever a história natural.

Com base em tais especulações, o filósofo sueco Nick Bostrom apresentou o seu muito discutido argumento da simulação, que ele publicou em 2003 no artigo *Are You Living in a Computer Simulation?* [Você está vivendo em uma simulação de computador?][186]. Além disso, Bostrom se tornou mundialmente conhecido por causa de seu livro *Superinteligência*, no qual ele discute o risco de inteligências artificiais que seriam mais inteligentes do que seres humanos em (quase) todas as esferas[187].

---

186. Bostrom, 2003.

187. Bostrom, 2016.

O artigo de Bostrom é, em última instância, uma tentativa de, com o auxílio de algumas suposições simples, desenvolver um argumento baseado na teoria da probabilidade. Nisso o argumento original tem alguns erros, que Bostrom tentou, nesse meio-tempo, corrigir[188]. Seja como for, pode-se entender sem muitos desvios matemáticos e sem muito esforço que o argumento de Bostrom não é sustentável. Uma vez que ele despertou muito interesse e mesmo um ganhador do Prêmio Nobel de Física como George Smoot (* 1945) pensa que seria inteiramente possível vivermos em uma simulação de computador, devemos utilizar a oportunidade para desvelar as grandes fraquezas da ideia de Bostrom[189].

Primeiramente, deve-se distinguir entre o argumento da simulação e a hipótese da simulação. O **argumento da simulação** de Bostrom quer provar que é provável que vivamos em uma simulação, no sentido de que é racional acreditar que nos encontramos em uma simulação. Bostrom coloca, por isso, a seguinte pergunta:

> Se houver uma chance considerável de que a nossa civilização alcance um estágio pós-humano e rode muitas simulações de ancestrais, como é possível, então, que você não viva em uma tal simulação?[190]

Deve-se distinguir isso da hipótese da simulação. Essa consiste simplesmente em que se retrata para si próprio que a realidade em que vivemos é, em verdade, uma simulação. Se se puder mostrar que a hipótese da simulação é falsa, o argumento da simulação é, assim, refutado.

---

188. Bostrom e Kulcycki, 2011.

189. Cf. sua TED-Talk sobre o tema "You are a Simulation & Physics Can Prove It" [Você é uma simulação e a física pode provar isso], que se encontra facilmente no YouTube, onde ela recebeu milhões de cliques.

190. "If there were a substantial chance that our civilization will ever get to the posthuman stage and run many ancestor-simulations, then how come you are not living in such a simulation?" (BOSTROM, 2003, p. 248; trad. minha).

Infiltraram-se muitos equívocos na formulação da hipótese da simulação em Bostrom. Na primeira página de seu artigo, ele faz tantas pressuposições filosoficamente equivocadas sem nenhum argumento compreensível [para tanto], que não vale a pena listar todas elas. Se Bostrom conseguisse defender pelo menos uma dessas pressuposições científica e filosoficamente, talvez ele já tivesse conseguido muito. Em vez disso, ele pressupõe acriticamente uma imagem do mundo e do ser humano, a partir das quais ele tira conclusões semirreligiosas. Ele diz expressamente que seu argumento "sugere analogias naturais com certas concepções religiosas tradicionais que alguns podem achar interessantes ou como algo que pode estimular a reflexão"[191].

O argumento propriamente dito deve provar que apenas uma das três seguintes suposições pode ser verdadeira (embora ele não comunique ao leitor por que, afinal, essa deve ser uma lista completa das opções):

1) A espécie humana provavelmente perece antes de alcançar um estágio "pós-humano".

2) É extremamente provável que toda civilização pós-humana não rode um número significativo de simulações de sua história prévia evolutiva (ou de variantes dela).

3) É praticamente certo que vivemos em uma simulação de computador[192].

Os principais conceitos do argumento de Bostrom são imprecisos demais para podem ser usados de maneira logicamente lím-

---

191. "The argument is a stimulus for formulating some methodological and metaphysical questions, and it suggests naturalistic analogies to certain traditional religious conceptions, which some may find amusing or thought-provoking" (BOSTROM, p. 243s.; trad. minha).

192. "(1) the human species is very likely to become extinct before reaching a 'posthuman' stage; (2) any posthuman civilization is extremely unlikely to run a significant number o simulations of its evolutionary history (or variations thereof); (3) we are almost certainly living in a computer simulation" (BOSTROM, p. 243; trad. minha).

pida. O que é exatamente um estágio "pós-humano"? Ele o retrata, por meio de pura ficção científica, como um cenário em que computadores baseados em silício chegaram à consciência e todos os seres humanos pereceram. Aí, ele simplesmente pressupõe, sem nenhum argumento, que a consciência é "independente do substrato", como ele o chama; ou seja, que tudo possível pode ser consciente, não apenas sistemas nervosos que pertencem a seres vivos[193].

Ora, essa suposição é, no melhor dos casos, pura especulação, vista mais exatamente, porém, ela é falsa (cf. p. 122ss.). Mesmo se, *per impossible*, fosse de fato possível, em algum sentido que a consciência fosse independente do substrato, disso não se seguiria nem de perto que um computador futuro que tivesse obtido consciência teria de bater da cabeça como nós, seres humanos, e se interessar, por exemplo, por seus ancestrais ou por simulações. Para adotar alguma distribuição de probabilidades e mediar as suposições de Bostrom de acordo com ela, todos esses problemas teriam de ser resolvidos anteriormente.

Pode-se, naturalmente, tentar fazer uma concessão a Bostrom reformulando as suas premissas. Então seria possível apresentar as seguintes suposições:

1) Ou haverá em algum momento computadores conscientes que programam simulações muito realistas, ou não haverá.

Suponhamos que esse seja o caso. Então:

(2) Ou eles rodam muitas simulações perfeitas, ou não rodam.

Suponhamos que eles rodem muitos (mais de milhões) de tais simulações. Então:

(3) Ou sabemos que não vivemos em uma tal simulação, ou não sabemos.

Pressupõe-se, em tudo isso, que pode haver simulações perfeitas, que nós, como aqueles a quem elas concernem, não pode-

---

193. Cf. Bostrom, p. 244s.

mos distinguir da realidade não simulada. Aqui, Bostrom teria de argumentar, agora, que não podemos saber que estamos em uma simulação. Não há, porém, qualquer sinal de um tal argumento.

Na melhor das hipóteses, ele poderia alegar o seguinte: Chamemos o modo e a maneira em que a realidade em que nós vivemos aparece para nós os fenômenos = F. Chamemos um ambiente na realidade = R e um ambiente na simulação a aparência = A. Além disso, suponhamos que as pessoas em ambos os ambientes só podem distinguir entre R e A ao fazerem suposições sobre F que também podem ser falsas. Ora, há praticamente infinitos casos de aparência, praticamente infinitas simulações. Assim, diminui a probabilidade de que F = R. Desse modo, seria mais racional acreditar que estamos em uma simulação do que acreditar que a realidade aparece para nós.

Você está acordado ou preso em sonhos e em conversas consigo mesmo?

O que esbocei no fim do último capítulo é conhecido na teoria do conhecimento como argumento cético. Um **argumento cético** deve provar que, por uma questão de princípio, não podemos conhecer algo determinado. O mais conhecido argumento cético é o **argumento do sonho**, que se pode, aliás, encontrar em muitas culturas do leste ao oeste e do norte ao sul. Na Europa, ele se tornou famoso por meio de Descartes, que o enfraqueceu de maneira convincente em suas *Meditações sobre a filosofia primeira*, de 1641[194]. Descartes mostra, a saber, que ainda poderíamos saber muito sobre a realidade se sonhássemos, já que, mesmo em sonhos, as leis lógicas e matemáticas ainda valem. Além disso há, simplesmente, quando sonhamos, uma realidade não sonhada. Só se pode sonhar

---

194. Gabriel, 2012; Descartes, 2009.

quando se dorme, e quando se dorme, há, afinal, um mundo não sonhado. Por isso, ele formula uma dúvida radical sobre tudo, que, porém, é inconsistente, já que não se pode duvidar de que se duvida enquanto se duvida. Não podemos duvidar de tudo e, por isso, não temos razão para nos deixarmos levar, do problema do sonho, para a dúvida universal.

A **hipótese do sonho** diz que não podemos saber em nenhum instante com certeza se estamos acordados ou sonhando. Como você sabe que aquilo que você toma pelo seu sonho de ontem não é, na verdade, a realidade? Talvez você esteja sonhando neste momento que você sonhou ontem, enquanto, na realidade, você está se lembrando, durante o sono, do dia de ontem!

Com base nisso desenvolveram-se muitos **argumentos dos sonhos**, que devem provar que não podemos saber se estamos acordados ou sonhando. Esses argumentos sempre pressupõem que os fenômenos no estado de vigília não podem ser distinguidos dos fenômenos no estado de sonho. Por isso, não poderíamos inspecionar mais detalhadamente os fenômenos para constatar se sonhamos ou estamos acordados. Se eu me belisco agora, por exemplo, poderia ser que tudo isso [que vivencio agora] fosse apenas sonhado.

A quem agora objetar que sonhos nunca são tão realistas, pode-se contar a hipótese da simulação ou a hipótese de uma droga perfeita que coloca alguém em um estado de sonho realista. É, de todo modo, logicamente possível que a vida consciente seja uma espécie de simulação que ocorre de uma maneira inteiramente diferente do que pelo fato de estarmos acordados e nos orientarmos pela realidade.

Visto exatamente, nos encontramos, de fato, em uma situação semelhante. Não sabemos de modo algum, a saber, tudo sobre como os fenômenos ocorrem. Para saber tudo sobre isso, teríamos de compreender inteiramente o universo físico, o nosso cérebro, mas também a sua inserção em nosso organismo, assim como o papel do meio ambiente para os processos em nosso organismo, e estamos a milhas de distância disso. Como exatamente os fenômenos no estado de vigília se configuram, isso nenhum ser humano hoje sabe.

Todavia, sabemos o principal, a saber, que nós, no estado de vigília, nos encontramos em ligação com algo que não é, como um todo, simulado. Se algo é simulado, ele é, a saber, um artefato; ou seja, algo que é criado intencionalmente por seres vivos. Simulações não surgem simplesmente do nada, mas sim são feitas propositalmente. Não é possível que o universo seja um jogo de computador que simplesmente surge espontaneamente do nada ou que surge agora, de repente, em um canto de meu escritório, onde há pouco se encontrava minha roupa de *jogging*. Igualmente, não é sensato acreditar que a nossa vida poderia ser um longo sonho sem despertar. Se alguém sonha, essa pessoa também pode, por princípio, estar acordada. Se a nossa vida como um todo não fosse senão um sonho e nada mais do que um sonho, não haveria nenhum estado de vigília possível. Mas, assim, o contraste entre estar acordado e sonhar seria simplesmente apagado. Se tudo é sonhado, então, absolutamente nada é sonhado, um argumento que, a meu ver, já se encontra em Descartes.

Há um argumento ainda mais simples que mostra que, do fato de que sonhamos às vezes, não se pode concluir que não podemos, por princípio, distinguir entre vigília e sonho. Wittgenstein expressa esse argumento de uma forma condensada em suas reflexões, feitas em 1950 e 1951, com o título *Sobre a certeza*, em uma única sentença:

> O argumento "Talvez eu sonhe" é sem sentido, porque, então, também essa observação é sonhada, sim, também *isso*, que estas palavras têm um significado[195].

---

195. Wittgenstein, 1989a, p. 195 (§ 383).

Se você se perguntar, agora, se toda a sua vida poderia ser um sonho, o significado da sentença de que você estaria sonhando seria igualmente sonhado. Isso teria por consequência que não se poderia opor sonho e realidade. Se palavras sonhadas têm um significado que não se distingue do significado de palavras sonhadas, há, em sonhos, uma realidade, ao menos uma realidade linguística. Sonho e realidade não são, então, inteiramente opostos.

Wittgenstein quer, porém, ir ainda mais adiante. Ele crê, a saber, que palavras só podem ter significado se alguém ensinou esse significado. A favor disso fala indiretamente o seu famoso argumento da linguagem privada. É, entre filósofos, polêmico como exatamente se deve reconstruir esse argumento. Por isso, gostaria de desenvolver aqui uma concepção própria, para não ter de entrar em detalhes, irrelevantes para esse fim, da pesquisa em Wittgenstein.

Desse modo, o **argumento da linguagem privada** diz que não podemos utilizar uma única palavra corretamente se não pudermos também utilizá-la incorretamente: se nós, a saber, não pudéssemos estar em contato com outros falantes que corrigem o nosso uso da linguagem, não poderíamos utilizar uma única palavra incorretamente. Para poder utilizar uma palavra incorretamente, temos de poder, de algum modo, perceber que cometemos um engano. Isso significa que é preciso haver uma diferença entre pensarmos que utilizamos a palavra corretamente e fornecer os fatos sobre se utilizamos a palavra corretamente. De onde deveria surgir essa diferença, se, por toda a nossa vida, apenas tivéssemos sonhado, ou se tivéssemos crescido na Matrix? Não teríamos, então, como diz Wittgenstein, "nenhum critério para a correção"[196] de nosso uso linguístico.

---

196. Wittgenstein, 1984a, p. 362 (§ 258).

> Quer-se dizer aqui: é correto o que sempre apare-
> ce como correto. E isso significa apenas que não se
> pode falar aqui de "correto"[197].

Naturalmente, Wittgenstein não provou, assim, que só há um uso correto da linguagem se também há outros seres humanos que já me corrigiram alguma vez. Algo assim não pode ser provado por meio da reflexão filosófica. A pergunta é, antes, por que alguém acreditaria que não haveria nenhum outro ser humano e que ele corrigira a si mesmo em uma conversa consigo mesmo de sua alma que sonha, pois isso é, formulado cuidadosamente, uma suposição consideravelmente extravagante. Não se pode refutá-la por meio de uma análise de nossos conceitos, mas apenas por meio da indicação do fato de que há outros seres humanos. Quem contesta isso tem problemas epistemológicos de uma ordem inteiramente diferente.

Wittgenstein tem em geral problemas com Platão, de quem ele não gosta de jeito nenhum. A primeira formulação de um argumento do sonho remete a Platão, formulação que se encontra em seu diálogo *Teeteto*. No mesmo diálogo, Platão considera a definição do pensar como "Conversa da alma consigo mesma"[198]. Essa ideia teve profundas repercussões. Wittgenstein tem consciência disso, motivo pelo qual ele ataca diretamente o pai da Igreja Agostinho (354-430 d. C.), que fixou a compreensão de Platão da alma no fundamento teológico da teologia católica. Platão parte, a saber, do princípio de que nós, seres humanos, somos equipados com ideias inatas. O pensar já é, segundo essa concepção, estruturado na mais jovem idade, de modo que temos de aprender dos adultos apenas a(s) língua(s) materna(s), para poder designar nossos pensamentos e as coisas no mundo exterior. Nas artes visuais, isso leva à representação medieval dos infantes como pequenos adultos.

---

197. Ibid.

198. *Sophistes*, 263e3-5. Cf. Platão, 1990, p. 177; trad. minha.

Em contrapartida, Wittgenstein pensa que só aprendemos, primeiramente, juntamente com a linguagem, como devemos pensar. Se o pensar fosse apenas uma conversa da alma consigo mesma, se colocaria o problema de como seria possível errar ao pensar. Nem tudo que penso é verdadeiro simplesmente pelo fato de que eu penso desse modo. É preciso haver uma instância que possa me corrigir. Wittgenstein supõe que a instância que pode me corrigir é, originalmente, outros membros dos grupos sociais em que cresci, por exemplo, meus parentes. O modo e a maneira com que pensamos é, desse modo, dependente de a quais grupos sociais pertencemos, pois os nossos grupos sociais fornecem juízos sobre quais palavras utilizamos corretamente e quais não utilizamos.

Isso não significa que a criação nos obriga a determinadas linhas de pensamento ou que nos tornamos não livres por meio do pertencimento social, mas apenas que, em algum momento, aprendemos muitas pressuposições sobre o uso linguístico correto. Temos, aí, de aceitar autoridades, que internalizamos na forma de regras gramaticais. É preciso em algum momento acreditar em alguém, caso contrário, não se poderia falar nenhuma linguagem e nunca se poderia organizar seus próprios pensamentos.

Por meio dessa simples reflexão, Wittgenstein coloca de ponta-cabeça um retrato tradicional e inteiramente falso do pensar humano: não temos de acessar a realidade a partir do espaço interior e escondido de nossa alma, mas nos encontramos, como algo real, em meio à realidade.

A realidade não pode ser inteiramente simulada. Ela seria, então, um artefato que alguém produziu. Assim haveria, porém, uma realidade na qual a nossa realidade aparente teria sido produzida. Por razões semelhantes, a vida também não pode ser um longo sonho. Não é por acaso que o *Matrix* não escapa de ter uma realidade na qual as máquinas estimulam eletricamente os corpos dos protagonistas. Uma pura máquina de ilusões que se produz ela mesma a partir do nada, sem que haja uma realidade, não é, por princípio, pensável.

Você conhece a Holanda?

O argumento da simulação é uma versão de videogame do argumento do sonho. Como esse argumento, ele pressupõe a cisão sujeito-objeto acriticamente, para extrair, dela, consequências céticas. Nos capítulos anteriores, porém, já mostrei que só podemos encontrar a realidade para além dessa cisão.

Tiremos o cansaço dos olhos por meio de um outro exercício filosófico! Tomemos mais uma vez o nosso modelo miniatura da Holanda. Para que possamos compreender que o modelo é uma simplificação da Holanda, temos de ter uma experiência independente desse modelo. Temos de *conhecer* [*kennen*] a Holanda, antes de podermos *saber* [*erkennen*] que um modelo da Holanda se distingue da Holanda. Igualmente, um físico que pesquisa em busca de um refinamento ou de um aprimoramento do modelo-padrão tem de *conhecer* os seus instrumentos e os seus colegas de pesquisa, antes de poder *saber* algo no âmbito desse modelo. Todo modelo pressupõe, por isso, que temos uma familiaridade com algo que se distingue desse modelo.

Não se pode mudar nada nesse fato, independentemente de quantos modelos amontoarmos. Por isso, não é verdade que nunca podemos apreender a realidade, independentemente de modelos. Inversamente a circunstância de que podemos apreender traços fundamentais essenciais da realidade por meio de modelos confirma que sempre temos uma experiência independente de todo modelo existente. Todo modelo pressupõe que há algo que não é, simplesmente, uma propriedade do modelo. Isso vale também para todo modelo-modelo. Não podemos, então, por uma questão de princípio, nos proteger da realidade.

Isso já tinha sido compreendido pelos bons e velhos gregos, Platão e Aristóteles (cf. p. 149ss.). Ambos oferecem, aí, variantes da seguinte reflexão: se nos fazemos um retrato de um estado de coisas, ordenamos elementos em nosso pensamento. O estado de coisas em meu quarto de hotel no Chile é, no momento, consideravelmente bagunçado. Todavia, reconheço ali na frente o meu relógio de pulso, mais à direita, uma garrafa de água e minha mala bagunçada. Ao expressar isso, distingo coisas e as caracterizo. Expresso como elas estão ordenadas linguisticamente, com palavras como "mais para a direita", que mostram uma relação entre elementos.

Esse processo é nomeado por Aristóteles com uma palavra de uso corrente até hoje, *síntese*, em alemão: *Zusammen-Stellung* [colocar junto] de *syn* = junto [*zusammen*] e *thesis* = colocação [*Stellung*], posição [*Setzung*]). Se se reflete sobre a realidade, realiza-se, segundo ele, uma "síntese de pensamentos de tal modo que eles são unificados nela"[199]. Ele também caracteriza isso como *dia-noia*, literalmente: perpassar com o pensamento [*Durchdenken*]. Onde perpassamos com o pensamento um estado de coisas, ligamos elementos. Se a ligação é bem-sucedida, conhecemos o estado de coisas; caso contrário, falhamos.

Mas, segundo Aristóteles e Platão, o perpassar com o pensamento não pode ser a única forma do pensar. Se, a saber, nós – como nesse livro, com exceção de algumas pausas (como, p. ex., essa inserção entre travessões que comento agora entre parênteses) – refletimos sobre a reflexão, descobrimos algo inédito. Descobrimos que

---

199. Aristóteles certamente pensa que também haveria uma forma de pensamento que seria infalível – a saber, a apreensão do indivisível –, o que demandaria uma longa discussão. Onde o erro é possível, existe, de todo modo, expressamente uma síntese. Ele escreve em *Sobre a alma*, 430a26-28: "O pensar do indivisível ocorre lá, onde não há nenhum erro. Onde, porém, há tanto erro quanto verdade, há alguma síntese de pensamentos tal, que eles são unificados nela" (ARISTÓTELES, 2011, p. 155; trad. minha).

não é possível que conheçamos tudo apenas no âmbito de modelos. Caso contrário, não poderíamos fazer nenhum modelo. Se não tivéssemos nenhum tipo de *conhecimento por familiaridade*, como Bertrand Russel chamou a isso, simplesmente não poderíamos conhecer nada[200].

Estamos, como seres vivos conscientes e espirituais, em condição de conhecer a realidade tal como ela é. Certamente, só conseguimos isso porque somos conscientes em dois aspectos. Por um lado, dispomos de uma experiência subjetiva, sem a qual não poderíamos ter nenhum conteúdo. A realidade nos aparece de uma forma determinada. Por outro lado, porém, a experiência subjetiva no estado de vigília se dirige, na forma da percepção, diretamente a objetos e não os distorce automaticamente. O que percebemos, os objetos, não é sempre idêntico com o modo e a maneira como o percebemos, o conteúdo.

De fato, algo real nos aparece, por causa de nosso equipamento biológico, sempre de uma maneira determinada, que pode variar de espécie para espécie, de indivíduo para indivíduo e mesmo de momento para momento. Isso, porém, não significa que produzimos os objetos da percepção por meio da atividade neuronal. Isso, por sua vez, significa que não é possível que o cérebro apenas faça para si continuamente modelos da realidade com base em sinais elétricos, sem jamais apreender a própria realidade. Dessa maneira, nunca se poderia esclarecer a nossa familiaridade com a realidade e a nossa familiaridade ainda maior com o fato de nossa própria consciência. A melhor explicação de nossa capacidade de desenvolver modelos da realidade para, dessa maneira, compreender os fenômenos por meio do processo científico e trocá-los por saber, pressupõe que temos um contato imediato com a realidade. Esse contato imediato é o nosso sentido do pensar.

---

200. Russel, 1967, cap. XIII.

Por isso, Tononi está inteiramente certo quando faz com que a pesquisa neurocientífica comece com a autofamiliaridade da consciência. Se nos perguntamos como a realidade é constituída, nos encontramos, com essa pergunta, já em uma realidade na qual podemos colocar essa questão. Esse é o ponto do "Penso, logo existo" de Descartes, no que Descartes entende por pensar (latim *cogitare*), ademais, também atividades sensíveis. Para Descartes, sentir (*sentire*), representar (*imaginari*) e querer (*velle*) são, igualmente, processos de pensamento[201]. Ele, justamente, não reduz o pensar ao *intelligere*; ou seja, ao exercício de processos de cálculo puramente racionais.

Como o filósofo de Bonn Jens Rometsch (* 1973) mostrou, Descartes é por isso, na verdade, o primeiro (e um dos mais argutos) crítico do racionalismo, assim como da pesquisa de IA que já surgia em seu tempo. Assim, já se poderia ter aprendido com ele como se supera a cisão sujeito-objeto. Mas, em vez disso, justo Descartes foi feito de maior representante de tudo aquilo contra o que ele argumentou[202].

Matéria e não saber

Modelos são, eles mesmos, parte da realidade. Você já fez comigo em seu pensamento, por mais de duzentas páginas, modelos de modelos e os testou por meio de experimentos mentais filosóficos. Esses modelos se encontram no âmbito dos objetos desta investigação. O âmbito de objetos é real. Como exporei de maneira ainda mais completa em breve, trata-se, na *realidade*, da circunstância de que há objetos e fatos sobre os quais podemos nos enganar, pois eles não se reduzem ao fato de que temos certas opiniões sobre eles.

---

201. Cf. Descartes, 2009, p. 37, 169.

202. A quem se interessar pelos detalhes, recomendamos o livro pioneiro de Jens Rometsch: *Liberdade para a verdade* (ROMETSCH, 2018).

Para ter uma compreensão mais exata desse estado de coisas, temos de brevemente começar desde o início.

Há um grande número de teorias da realidade. A origem da reflexão sobre a realidade se encontra, novamente, em Platão e Aristóteles. Platão chama aquilo que foi designado mais tarde como "realidade" de *dynamis*, que também está na origem de nossa expressão "dinâmica"[203]. A concepção de realidade de Platão é, de fato, dinâmica. O seu aluno Aristóteles, em contrapartida, distingue, sobretudo em seus livros *Física* e *Metafísica*, entre *dynamis* e *energeia*, o que se condensa na expressão "energia". Isso não é, simplesmente, uma nota de rodapé histórica, mas o tiro de largada para visão de mundo das ciências naturais.

Aí, tanto Platão quanto Aristóteles argumentam, em seus escritos, contra o naturalismo; ou seja, em seu caso, contra a redução de todo o real àquilo que se pode conhecer no âmbito da física. Por isso, eles apresentaram não apenas a primeira tentativa rigorosa de uma física, mas também, ao mesmo tempo, de uma metafísica. Neste contexto, esta significa basicamente a investigação daqueles objetos que, por uma questão de princípio, não se deixam investigar fisicamente. Nesse sentido, toda boa teoria filosófica é metafísica, pois não haveria de modo algum nenhuma filosofia (e também nenhuma ciência) se tudo que se pudesse conhecer de algum modo fosse físico.

A razão por que Platão e Aristóteles introduziram o conceito de realidade não está, de modo algum, ultrapassada. Por realidade, Platão entende a circunstância de que algo tem a capacidade de fundamentar alguma outra coisa. Hoje em dia, isso é frequentemente malcompreendido. A realidade não é, para Platão, uma interligação causal de objetos materiais. Muito pelo contrário! A expressão "matéria" tem a sua origem em Platão. Matéria é uma palavra de origem

---

203. Platão, 1990, p. 114-121 (245e-247e).

latina (*mater-ia*). A expressão contém, como uma de suas partes, a palavra latina para "mãe" (*mater*), porque Platão fala, em sua obra de filosofia natural *Timeu*, que a verdadeira realidade se apoiaria em uma irrealidade que ele concebe como princípio feminino – os gregos antigos eram consideravelmente misóginos e xenófobos[204]. Também Aristóteles vê a matéria (que ele chama de *hyle*; ou seja, matagal [*Unterholz*]) como algo que estaria meramente na base da realidade. O princípio feminino está, para os fundadores gregos antigos da filosofia, submetido à verdadeira realidade. Historicamente, a reflexão sobre a matéria é, então, marcada por antecedentes relacionados à teoria de gênero, mas isso é uma outra história.

A realidade, de todo modo, não é, nem para Platão, nem para Aristóteles, algo material. Antes, eles pensam que algo é real se ele condiciona estruturalmente alguma outra coisa. A realidade é uma forma de poder. Os filósofos gregos antigos pensam, como um todo, em modelos de soberania [*Herrschaftsmodellen*]. Um dos principais conceitos de sua filosofia é a soberania ou o império; ou seja, a *archê*, o que significa, ao mesmo tempo, tanto começo quanto origem. O começo de uma coisa, sua origem, é, segundo eles, aquilo que determina o que ela é. Tal concepção ainda ecoa na expressão alemã *Ur-Sache*[205].

Voltemos ao presente, em que ainda carregamos conosco essa herança greco-antiga. Pense aqui na representação do *big-bang*. Imaginamos de bom grado a ele como a origem de tudo que existe, como a origem do universo. Isso levanta imediatamente a pergunta sobre o que havia antes do *big-bang*, e sobre como ele foi desencadeado. Perguntamo-nos, então, sobre a causa de todas as causas. Poderíamos designar a causa de todas as causas também, simplesmente, como A CAUSA.

---

204. Cf. especialmente Platão: *Timeu* 51a4s. (PLATÃO, 2003, p. 93).

205. *Ursache,* termo alemão para causa, literalmente "coisa" (*Sache*) "originária" (*Ur*) [N.T.].

É claro que não descobrimos, até agora, A CAUSA. Vista mais exatamente, a cosmologia física atual ensina que, por uma questão de princípio, não podemos conhecer A CAUSA do universo, já que nenhuma informação sobre ela pode chegar a nós. Deve-se, porém, ir ainda mais longe aqui. Mesmo se a teoria do *big-bang*, na forma com que ela é defendida atualmente, seja verdadeira (o que eu não gostaria de colocar em questão), não se segue dela, justamente, que há ou que poderia haver A CAUSA. Muito pelo contrário, não podemos, com base nos dados que falam a favor dessa teoria, partir do princípio de que há, de algum modo, A CAUSA. Segundo tudo que podemos saber sobre o universo, o *big-bang* poderia ser a consequência ou o efeito de algo que, ele mesmo, não é efeito de nenhuma outra coisa. A teoria do *big-bang* não é uma teoria da CAUSA.

Além disso, simplesmente não estamos justificados em partir de uma única CAUSA. Poderia haver muitos fatores que condicionam conjuntamente o *big-bang* e que, por sua vez, são fundamentados em muitas causas.

Semelhantes considerações já levaram, na Antiguidade, a não se buscar a CAUSA no universo matéria. Esse é o ponto de Platão e Aristóteles, que, com toda a sua filosofia, voltam-se contra o materialismo de Demócrito, que conta como o inventor do **atomismo** – ou seja, da doutrina de que tudo o que existe é composto das menores partículas, entre as quais se encontra apenas o puro vazio – por meio do qual ele explica que não haja apenas um único aglomerado de matéria.

O modelo-padrão atual da física de partículas ainda segue a Demócrito apenas na medida em que sabemos, nesse meio-tempo, que há partículas elementares, sem que saibamos, todavia, se há as menores partículas elementares. Aqui se repete, neste momento, o nosso não saber, que já vale para o maior todo físico, o universo, no que é o menor para nós. Há um limite do conhecimento da física contemporânea, o comprimento de Planck (aproximadamente 10^{-35}m). Caso se quisesse examinar mais exatamente objetos nessa escala, seria necessário um acelerador de partícula que, nas condições tecnológicas atuais, teria de ser muito maior do que o Planeta Terra inteiro.

A física investiga partículas elementares pelo fato de que ela usa energia. Um experimento consiste em se intervir fisicamente no universo. Os gastos para a pesquisa experimento do mais minúsculo de todos não podem ser cobertos, então, pelo estado científico e tecnológico atual. Por isso se continua a procurar, por exemplo, em modelos cosmológicos, já que, em algum lugar pouco depois do *big-bang*, foram liberadas energias que têm efeitos na escala de Planck. O maior para nós pode, por causa disso, nos fornecer esclarecimentos sobre o menor para nós.

Resumindo bastante: não sabemos, hoje, nem se há um maior físico, nem se há um menor físico. Em ambas as direções domina, no momento, o desconhecimento [*Unwissenheit*].

Mas, mesmo se tivéssemos uma resposta física, ela se limitaria ao universo observável por nós. Por princípio, não podemos saber, no âmbito da física, se aquilo que observamos fisicamente virá em algum momento a esgotar tudo aquilo que é material. E eu ainda nem entrei nos problemas das assim chamadas matéria escura e energia escura.

A física é uma ciência empírica. Faz parte da essência de uma ciência empírica que ela, por princípio, não pode ser concluída. Não pode haver um fim da física que nos dê um esclarecimento definitivo sobre as perguntas metafísicas pela CAUSA.

Sim, nós temos de ir adiante. Seja lá o que puder ser descoberto no âmbito de nossas ciências naturais impressionantemente avançadas: nunca descobriremos o que é *a* realidade. As ciências naturais investigam, de fato, algo de real. Elas não investigam, porém, o que é *a* realidade. Elas nem mesmo buscam por isso. Ciências naturais respondem sempre apenas perguntas singulares bem definidas. Desse modo, elas trabalham com peças de um quebra-cabeças, das quais se pode, então, deduzir de maneira mais ou menos certa o que pode ser visto em uma parte determinada do quebra-cabeças.

Com base nisso, o filósofo norte-americano David Kellogg Lewis (1941-2001) formulou a doutrina, que toma o nome de David Hume (1711-1776), de **superveniência *humeana***. Essa doutrina diz "que tudo que ocorre no mundo se resume ao fato de ele ser um mosaico gigante de fatos locais particulares, simplesmente uma coisinha e, então, ainda outra"[206]. Alguns filósofos (em particular o próprio Hume) supõem, com base nisso, que não há, na realidade, leis naturais, mas apenas acontecimentos singulares que nós, então, colamos em modelos das ciências naturais que nos permitem emitir previsões mais ou menos bem fundamentadas. Isso vale não apenas para Lewis, que propôs a sua própria teoria das leis naturais, que não deve, porém, nos ocupar mais aqui, pois sua tese pressupõe o trabalho detalhado e complicado na investigação dos assim chamados condicionais contrafactuais e uma teoria dos mundos possíveis.

Se Lewis tem ou não razão é controverso. O que precisamos, aqui, é simplesmente a intelecção correta de que a física fez progressos impressionantes porque ela não tenta explicar a realidade. Antes, ela se contenta em ser uma ciência empírica, que desenvolve equipamentos teóricos para poder apreender cada vez mais exatamente as estruturas do universo. Não se trata de conhecer a realidade como um todo ou o mundo como tal, mas sim da resposta de

---

206. "It is the doctrine that all there is to the world is a vast mosaic of local matters of particular fact, just one little thing and then another" (LEWIS, 1986, p. ix; trad. minha).

perguntas bem definidas que pode, a princípio, ser encontrada por meio de experimentos.

Infelizmente, justamente isso é o que o pobre Fausto não entende, desesperando-se com a compreensão de que nunca podemos responder definitivamente perguntas metafísicas no âmbito da pesquisa empírica.

> Estudei, ah! Filosofia
> Direito e Medicina
> E também (que pena!) Teologia
> Inteiramente, com ardente suor.
> E aqui estou, entre os pobres ignorantes!
> Tão sagaz quanto antes;
> Sou professor, mesmo doutor,
> E já arrasto pelas décadas com dor
> Ali, acolá e aqui, como sempre fiz
> Meus alunos pelo nariz –
> E vejo, que nada podemos saber!
> Quero simplesmente queimar meu coração
> Fracassei de fato como todos os leigos,
> Doutores, professores, escritores e padres
> Não me atormenta nenhum escrúpulo nem dúvida,
> Não temo nem o inferno nem o diabo –
> Por isso também toda minha alegria foi a se perder
> Não penso mais algo certamente saber
> Não penso mais algo poder ensinar
> Para os homens melhorar e transformar
> Também não tenho nem bens nem dinheiro
> Nem honra e magistralidade do mundo;
> Que nenhum cão viva tanto assim!
> Por isso me entreguei à magia
> Se por espírito forte e corajoso
> Nenhum segredo se anunciar;
> De modo que não precisa mais com amargor dizer
> Que nada sei nem posso saber
> Que conheço o que mantém o mundo
> Em seu íntimo coeso,
> Vejo todas as forças atuantes e suas lavras
> E não faço mais embaraços em palavras[207].

---

207. Goethe, 2014, p. 13.

O que é a realidade?

Realidade é a circunstância de que há objetos e fatos sobre os quais podemos nos enganar, pois eles não se resumem ao fato de que temos certas opiniões sobre eles. O real corrige as nossas opiniões. Por causa da realidade de nossos pensamentos, podemos nos enganar, mas também podemos ter razão. É preciso atentar, aí, ao fato de que a realidade não é uma coisa ou *container* em que as coisas se encontrariam. Trata-se, antes, com a realidade, de uma categoria modal. Outros exemplos para categorias modais são necessidade, possibilidade, impossibilidade e contingência (sobre contingência, cf. p. 290).

Platão e Aristóteles foram, como mencionado acima, os primeiros a listar categorias modais e as distinguir umas das outras. Por **Categoria** se entende, em geral, um conceito sem o qual não poderíamos formar outros conceitos. Na filosofia contemporânea, porém, é controverso se há, de algum modo, categorias, e, caso haja, quantas[208].

A ideia que se encontra, aqui, no plano de fundo, poderia ser tornada compreensível da seguinte maneira: um conceito é algo por meio do que podemos distinguir algumas coisas de outras (cf. p. 40s.). O conceito de cão distingue cães de gatos, mas também de leões e lóbulos. Quem está um pouco familiarizado com o conceito de cão sabe disso. Não é difícil de contar conceitos como: peixe, (um) espeto de peixe, plástico-filme, crise financeira, e assim por diante. Também não é difícil elaborar uma lista de objetos que não são conceitos: peixes, (vários) espetos de peixe, plástico-filmes, crises financeiras. O conceito de peixe é uma coisa, um peixe é outra.

Pode-se transformar conceitos em pensamentos e peixes em espetos de peixe. Infelizmente, não se pode fazer, com o conceito

---

208. Quem quiser saber mais detalhes dessa discussão, cf. Westerhoff, 2005.

de peixe, um espeto de peixe (seria, então, muito fácil resolver ou problema da fome ou reconstituir a maravilhosa rede de peixes de Jesus). Também não se pode ligar espetos de peixe em um pensamento. Assim, está provado que conceitos se distinguem de não conceitos (às vezes, a filosofia teórica é infantilmente fácil).

Ademais, também está provado que não podemos construir a realidade por meio de nossos conceitos. Isso porque, caso contrário, seria muito difícil reconhecer que peixes não são idênticos com o conceito de peixe.

Se conceitos se distinguem de não conceitos, há, porém – e, agora, as coisas se tornam um pouco mais delicadas –, um conceito do conceito. Se não houvesse um conceito de conceito, não poderíamos distinguir conceitos de não conceitos.

Platão, que foi o primeiro a reconhecer tudo isso, chamou o conceito de conceito, em seu diálogo *Sofistas* (no qual, aliás, trata-se, em seu início, do conceito de pescador) de *Logos*, do que se derivou, posteriormente, a lógica. Há, então, um conceito do conceito. No que ele consiste pode, todavia, felizmente, ser deixado em aberto aqui, pois queremos primeiramente saber o que é a realidade, o que já é por si mesmo, em alguma medida, ambicioso o bastante.

E exatamente aqui entra Platão. Ele percebe, a saber, que o conceito do conceito tem de se distinguir de outros conceitos. Há, então, uma característica distintiva que o separa de todos os outros conceitos. Visto exatamente, é preciso, segundo ele, haver uma série de tais características, que ele designa como "os gêneros superiores"[209].

Essas características distintivas são chamadas por seu aluno, Aristóteles, de categorias. A expressão categoria vem da palavra grega antiga *katēgoria*, o que significa autuação ou libelo. Uma categoria cuida para que um conceito se distinga do conceito de concei-

---

209. Cf. *Sofistas*, 254c (PLATÃO, 1990, p. 143; trad. minha).

to. Todos os conceitos são em geral, desse modo, determinados por categorias; ou seja, pelo fato de que eles se distinguem do conceito de conceito.

A categoria da realidade consiste em que algo participa de uma ideia, tal como Platão se expressa. Participo, por exemplo, do conceito de ser vivo, assim como você. Todavia, é consideravelmente difícil dizer o que é o conceito de ser vivo. Não temos nenhuma definição real universalmente válida que nos diga exatamente quando um ser vivo é. As ciências da vida atuais não respondem essa questão clara e univocamente. São, de fato, listadas características que caracterizam seres vivos, como troca de material, crescimento, estimulação por um meio ambiente e coisas semelhantes. Mas não há uma definição de "vida" por meio da qual possamos distinguir univocamente matéria viva de matéria não viva em todo o universo.

A minha realidade não é nada mais e nada menos do que a circunstância de que sou um ser vivo espiritual; ou seja, um ser humano. Pode haver outros seres vivos espirituais. Nesse caso, seria preciso acrescentar ainda outros conceitos para caracterizar o meu ser-humano. Mas, na medida em que sou, ao menos, um ser vivo espiritual, sou real. O ser-real da Audi consiste em que a Audi é uma empresa multinacional que produz certos produtos e satisfaz uma série de prescrições legais que estabelecem o *status* legal da Audi. O ser-real do livro que você lê neste momento consiste em que ele foi escrito por mim, que ele expressa pensamentos filosóficos, que a Ullstein Verlag copidescou meu manuscrito e então, depois de me consultarem, enviaram-no para impressão.

O que é real está inserido em uma rede de conceitos. Cada conceito aponta para o outro. Quem conhece um conceito conhece, assim, também outros conceitos. Essa tese é conhecida como **holismo semântico** e diz que só se pode estar em condições de se usar um conceito quando se pode usar uma série de conceitos que se encontram em relações lógicas com esse conceito.

Essa posição é defendida, de maneira especialmente refinada teoricamente, na filosofia contemporânea do filósofo norte-americano Robert Boyce Brandom (* 1950). Ele a expos de maneira universalmente compreensível em sua introdução *Justificar e compreender*[210]. Quem sabe que Havannah é uma cachorra fraldiqueira (mais exatamente, um dos cachorros de nossa família) sabe que ela foi provavelmente criada por seres humanos. Uma cachorra fraldiqueira e muito provavelmente ter surgido por meio de reprodução seletiva estão interligados logicamente. Pode-se inferir um a partir do outro. Conceitos formam, então, uma rede.

Com isso, pode-se atribuir a Platão a descoberta involuntária da ideia de internet. Ele caracteriza, a saber, a interligação de nossos conceitos como "a conexão de ideias"[211], com o que foram dados os primeiros passos para as bases lógicas da era da informação. O que designamos hoje como "informação" corresponde de maneira consideravelmente exata à doutrina das ideias de Platão. In-formação significa, afinal, ter uma determinada forma lógica, por meio da qual uma relação entre remetente e destinatário de uma mensagem pode ser descrita como código.

A internet é um espaço lógico. Podemos viajar de uma posição para outra na rede, porque há endereços lógicos que são codificados e decodificados por meio de princípios lógicos. Essa também é a razão, como talvez você se lembre, pela qual qualquer código pode, a princípio, ser quebrado, e não pode haver uma Firewall eterna por trás da qual se possa esconder de uma vez por todas informações. O que pode ser codificado também pode ser decodificado.

---

210. Cf. Brandom, 2004.

211. *Sofistas*, 259e4-6 (PLATÃO, 1990, p. 163; trad. minha).

Independentemente de quanta informação esteja à nossa disposição, o real sempre fornece ainda mais informação. Para que a informação possa ser de algum modo interpretável por um destinatário, algo tem de ser deixado de fora. Informação interpretável tem uma forma conceitual. Formas conceituais são abstratas; ou seja, elas extraem [*abziehen*] algo do não conceitual (latim *abstrahere* = extrair). O pensar conceitual pode, por isso, pôr em relação objetos que não são de modo algum idênticos, e igualar, em certos aspectos, o que é, na realidade, desigual. A minha mão esquerda se distingue em muitos detalhes da minha mão direita, para não falar da minha mão esquerda e da mão esquerda de Heidi Klum. Todavia, as minhas mãos e as mão de Heidi Klum são, todas elas, mãos. Só há informação se as relações reais podem ser simplificadas.

A realidade hermafrodita

A realidade tem duas facetas. Por um lado, nada pertence à realidade que não participe de algum conceito. Por outro lado, nada que é real é tal que não possamos nos enganar sobre ele. Levado a um contraste acentuado, isso tem a seguinte aparência. De um lado, encontra-se a posição do idealismo absoluto, defendida por Georg Wilhelm Friedrich Hegel. Ele resume essa concepção em uma famosa passagem (**dupla proposição de Hegel**):

O que é racional é real, e o que é real é racional[212].

A **ideia central do** idealismo enuncia que algo só é real se ele indica [alguma] informação; ou seja, se ele é, a princípio, interpretável por algum sistema. A nossa era de informação é fortemente baseada nessa ideia central. A revolução digital e a conexão total que se coloca à vista é, justamente, uma aplicação tecnológica do idealismo.

---

212. Hegel, 1989, p. 24.

Mas isso apreende apenas um lado da realidade. Idealistas se limitam, não por acaso, à descrição de nossa capacidade de apreender a realidade e modelar as nossas representações de modo correspondente. Na forma mais radical do assim chamado trans-humanismo, o idealismo se esforça até mesmo pela superação de nossa natureza corporal. Contra isso se volta a filosofia contemporânea da Escola de Leipzig de Idealismo (entre outros, sobretudo James Conant, Andrea Kern, Sebastian Rödl e Pirmin Stekeler-Weithofer), que ligam o idealismo com um humanismo que vê a vida humana autoconsciente como a fonte do conceito de conceito[213].

O **trans-humanismo** é a tentativa de concretizar as fantasias do super-homem, de Friedrich Nietzsche, por meio do avanço tecnológico. Ele busca uma forma de existência superior do ser humano como pura informação que vive em uma infoesfera não mais biológica. Pense aqui, a perfeita inteligência artificial Samantha, do filme de Spike Jonzes *Her*, ou alguma outra representação futurista de, por exemplo, *Black Mirror* ou *Eletric Dreams*. O idealismo apoia indiretamente uma visão de mundo trans-humanista, por mais que tanto Hegel como também os idealistas alemães contemporâneos (representados paradigmaticamente pelas universidades de Leipzig e Heidelberg) tentem ancorar a realidade fundamentalmente no ser humano como um tipo de cume insuperável do universo[214].

O outro lado da realidade, a saber, aquele de que podemos nos enganar, não é apreendido adequadamente, em conformidade com a natureza, no âmbito do idealismo absoluto.

O realismo vê como uma característica decisiva da realidade que as nossas opiniões têm de se adequar às circunstâncias reais. O real não é, desse modo, recortado para o nosso aparato de conhe-

---

213. Cf., a esse respeito, Kern e Kietzmann, 2017, assim como especialmente Stekeler-Weithofer, 2012.

214. Cf. os livros monumentais de Anton Friedrich Koch; entre outros, Koch, 2006; 2016.

cimento. Ele poderia mesmo ser inteiramente diferente de como aparece para nós. O realismo adequa o seu entendimento do real, nessa medida, à circunstância de que ele pode continuamente nos surpreender. Segundo o realismo, mostra-se, de fato, que o real é conhecível e que não nos enganamos continuamente. Mas isso não significa que o real, por isso, é recortado para nós, mas simplesmente que conhecemos algumas coisas e outras, não. A pergunta sobre se a realidade é, por princípio, conhecível ou não é superada pelo novo realismo, pois despede-se de maneira consequente da ideia de que a realidade seria um âmbito de objetos que abrangeria a tudo. Na medida em que a realidade, em contrapartida, é uma categoria modal, ela é, por princípio, conhecível.

Na filosofia francesa contemporânea fala-se, nesse contexto, tomando empréstimo da filosofia tardia de Heidegger, de "acontecimento". Heidegger, por sua vez, tomou, aqui, empréstimo de Henri Bergson (1859-1941), de quem ele, todavia, demarca a sua distância. Bergson é subestimado na Alemanha, e, de fato, porque Heidegger falou mal dele. Ele disputou no mesmo nível, em seu tempo, com Albert Einstein e outros, e, entre outras coisas, ganhou, em 1927, pela alta qualidade de seus escritos, o Prêmio Nobel de Literatura. Bergson e Einstein também não se davam muito bem, o que, em última instância, igualmente prejudicou a reputação de Bergson (injustamente nesse respeito).

A realidade tem, segundo o realismo, o caráter de um acontecimento. Isso significa que, por princípio, nunca é inteiramente previsível que desenvolvimento o real tomará. Independentemente do quão exatamente os nossos modelos estão adequados ao recorte da realidade cuja estruturas eles devem apreender, nunca se conseguirá tornar a realidade, desse modo, inteiramente transparente. Ela, pode, de fato, ser inteiramente estruturada – como exatamente, porém, ela é estruturada, isso nunca poderemos averiguar inteiramente. Por isso, Heidegger também não confia na filosofia antiga para apreender a realidade, pois ela, supostamente, não tem espaço para o acontecimento. Por essa razão, ele gostaria de superar a filosofia e substituí-la por um pensamento inteiramente diferente, que ele caracteriza como o "outro começo". Nisso, novamente, não deveríamos segui-lo.

Considerações sobre o acontecimento e sobre o alcance do idealismo levaram, nas últimas décadas da filosofia contemporânea, primeiro ao realismo especulativo e, depois, ao novo realismo. O filósofo francês Quentin Meillassoux (* 1967) levou o tema do acontecimento à sua culminação em sua obra divisora de águas, *Após a finitude*[215]. O **realismo especulativo de Meillassoux** supõe que a realidade poderia, a todo instante, ser radicalmente diferente de como ela apareceu até então. Desse modo, sem nenhuma razão, poderia surgir agora, ao lado de meu sofá, Aladim, e violar todas as leis da natureza consideradas como válidas até então. O universo poderia se tornar repentinamente silencioso e um novo deus surgir do nada, e assim por diante. A única coisa que, segundo Meillassoux, podemos conhecer com certeza, é a contingência radical da realidade.

Contingência é poder-ser-diferente [*Anders-sein-Können*]. O que é contingente pode ser assim, ou também pode ser diferente. Isso significa que ele, de todo modo, não é necessariamente como ele é no momento. A única necessidade é, segundo Meillassoux, a necessidade da contingência.

Todavia, tanto os idealistas absolutos quanto os realistas especulativos exageram um lado da realidade. Uns (os idealistas absolutos) superestimam a conhecibilidade da realidade, e os outros (os realistas especulativos) a subestimam.

Por isso, o novo realismo e refere à posição intermediária, segundo a qual a realidade é um hermafrodita. Hermafrodita sig-

---

215. Meillassoux, 2014.

nifica, em latim, *neutrum*; ou seja, nem um, nem outro. Por isso, designo a minha própria contribuição para a teoria do conhecimento também como **realismo neutro**; ou seja, como a tese de que a realidade não é nem conhecível como um todo pelo ser humano, nem se remova, por princípio, inteiramente ao conhecimento humano[216]. A realidade é o que ela é, "essa é a sua definição", como um aliado do novo realismo, o filósofo francês Jocelyn Benoist (* 1969) notou ironicamente[217]. Podemos nos enganar sobre ela precisamente porque ela não se deixa desfazer pelo fato de que simplesmente mudamos nossa opinião sobre ela.

Peixe, peixe, peixe

A expressão "peixe" pode ser usada, no mínimo, de três maneiras:

1) "Peixe" pode designar uma *palavra* que tem cinco letras. Nesse sentido, é possível soletrar "peixe".

2) A palavra "peixe" pode expressar o *conceito* de peixe, por exemplo na proposição: "Golfinhos não são peixes".

3) O conceito de peixe se refere, em pensamentos sobre peixes, a certos seres vivos, a saber, peixes. Chamamos disso a *coisa* [*Sache*] que o conceito de peixe delineia.

Estabeleçamos isso conceitualmente. Uma palavra é algo que se pode soletrar e que se pode traduzir em outras línguas. "Peixe" se diz, em inglês, "*fish*", e, em espanhol, "*pescado*". Um conceito é um elemento de um pensamento que nos permite produzir relações lógicas (cf. p. 94). Assim, o conceito de peixe se distingue do conceito de mamífero. Ele abrange muitas espécies. E assim por diante. Uma **coisa** [*Sache*] que se pode designar por meio de uma

---

216. Buchheim, 2016.

217. Cf. Benoist, 2017, p. 62.

palavra é aquilo de que um conceito trata, conceito que é parte de um pensamento.

Refletimos, em conceitos, sobre coisas, e expressamos isso com palavras. Nossos pensamentos são formatados conceitual, mas não linguisticamente. Não se pensa em espanhol ou em alemão, mesmo se se sonhe às vezes, por exemplo, em espanhol. Os pensamentos são sem língua.

As linguagens naturais que falamos como língua materna – eu, por exemplo, alemão – marcam nosso pensamento. Mas elas não o restringem. Por isso podemos aprender línguas estrangeiras e inventar continuamente novas sentenças. A maior parte das sentenças que se deixam verificar neste livro que você lê agora nunca foram expressas ou impressas antes. Todo dia, incontáveis falantes do alemão usam incontáveis sentenças que ninguém nunca usou antes.

Isso é possível porque a linguagem não restringe nosso pensamento. A interligação decisiva entre linguagem natural e pensamento consiste em que a linguagem natural nos auxilia a delinear melhor nossos pensamentos e distinguir nitidamente entre diferentes pensamentos que, frequentemente, só temos em mente de modo vago e indistinto. Por isso, um poema também pode ser mais preciso do que um enunciado sóbrio, pois ele nos permite apreender nuanças de pensamento mais exatamente. Tomemos como exemplo a expressão extremamente precisa de um pensamento na oitava *Elegia de Duíno*, de Rainer Maria Rilke:

> E o quão assombrado é aquele que tem de voar
> E veio de um tiro. Como que assustado
> Diante de si mesmo, lançado ao ar, como quando um salto
> Passa por uma xícara. Assim, o rastro do morcego
> Parte a porcelana da noite
>
> E nós: espectadores, sempre, em todo lugar,
> Voltados a tudo e sem nunca sair!
> Nos preenchemos. Ordenamos. Desfaz-se.

Ordenamos novamente e nos desfazemos nós mesmos[218].

Rilke descreve, aqui, como é ser um morcego. Em um dos artigos filosóficos mais famosos do último século "Como é ser um morcego?", o filósofo norte-americano Thomas Nagel afirmou que ele não poderia imaginar como seria ser um morcego[219]. Isso se deve ao fato de que lhe falta a linguagem para tanto. Naturalmente, nenhum de nós pode, no momento, ser um morcego, ou sentir a experiência de um morcego, por assim dizer, de dentro. Isso pode ser pensável no futuro, caso consigamos influenciar as bases neurofisiológicas de nossa vida consciente por meio de intervenções cirúrgicas, de modo que possamos alucinar ou sonhar realmente ser um morcego. Mas algo assim é pura ficção científica e, visto exatamente, faria de nós, em última instância, um morcego, em vez de apenas nos deixar nos sentir como se fôssemos.

Rilke consegue aqui algo que parece ser impossível, se restringimos nossa expressão linguística: ele captura um sentimento. O voo de morcego interrompe a monotonia de uma noite que Rilke descreve como "porcelana". Muito ressoa aí: pode-se facilmente imaginar uma cena de verão na qual se senta em silêncio em um terraço e se bebe chá de uma xícara de porcelana. Sente-se de um determinado modo [a experiência de] beber relaxadamente o seu chá. De repente, surge um morcego, e se é assustado. Talvez a xícara até mesmo quebre. Mas basta que a nossa experiência relaxada, por assim dizer suave, seja interrompida espontaneamente pelo morcego. Essa quebra na superfície da realidade experienciada é posta em uma analogia com a irritação do morcego. O próprio morcego deixa para trás, em nossa experiência, um rastro de sua experiência, exatamente como a mosca de que se falava no início da estrofe que citei:

---

218. Rilke, 2006, p. 710.

219. Nagel, 2016.

Ó bem-aventurança da criatura *pequena,*
Que sempre *permanece* em tiros que ela distribui;
Ó felicidade da mosca, que ainda saltita *por dentro,*
Mesmo quando se casa; pois o tiro é tudo[220].

A expressão poética auxilia uma série de pensamentos a serem articulados de maneira mais clara. A poesia não é uma práxis da imprecisão, mas, frequentemente, pelo contrário, a tentativa de expor pensamentos que, até então, permaneceram não ditos. Desse modo, ela amplia o nosso pensar, no qual pululam incontáveis pensamentos que não apreendemos conscientemente porque eles, literalmente, escapam às nossas palavras.

O conceito de conceito, que se encontra no centro aqui há algumas páginas, é apreendido primeiramente pelo fato de que se encontrou uma linguagem apropriada. "Conceito" [*Begriff*] é, originariamente, uma metáfora, e tem algo a ver com "pegar" [*greifen*]. Pode-se "apreender" [*erfassen*] pensamentos, [enquanto] temos "acesso" [*Zugriff*] ou "entrada" [*Zugang*] para a realidade. A "metáfora" é, ela mesma, uma metáfora.

Já vimos que muitas expressões da filosofia e da ciência são metafóricas. É indispensável na história do pensar que, para articular novos pensamentos, sejam cunhadas novas expressões que, originariamente, são metáforas; ou seja, pontes entre pensamentos e proposições. Uma **metáfora** é, traduzida literalmente (do grego antigo *metapherein*), um trans-porte [*Über-Tragung*]. Uma metáfora transporta, então, algo de uma margem para outra (para usar uma metáfora para o conceito de metáfora sobre o qual falo neste momento). Uma margem é a realidade dos pensamentos, a outra é a realidade da linguagem. Sem metáforas, não poderíamos expressar novos pensamentos.

Assim que pensamentos são por sua vez expressos, podemos traduzi-los. Podemos, por isso, desenvolver sistemas formais, que

---

220. Rilke, 2006, p. 710; destaques no original.

podem contar como traduções de proposições da linguagem natural. Eu posso traduzir a proposição "Dois mais dois é quatro" na proposição "2 + 2 = 4". O pensamento de que 2 + 2 = 4 também pode, porém, ser expresso de maneira inteiramente diferente, por exemplo, por meio da contagem de dedos ou por meio de dispor um par de maçã e um par de pêssegos um ao lado do outro.

A nossa capacidade expressiva está interligada com a nossa capacidade linguística. Mas disso não se pode concluir que a linguagem determina como pensamos. Ludwig Wittgenstein não tem razão com a sua famosa sentença: "*Os limites da minha linguagem são os limites de meu mundo*"[221]. Aliás, ele mesmo compreendeu isso mais tarde e, por isso, apresentou uma filosofia da linguagem que se aproxima mais do nosso uso linguístico.

Conceitos como, por exemplo, o conceito de conceito ele mesmo, só se deixam expressar por nós em metáforas. Por isso, as primeiras manifestações filosóficas tanto na Grécia antiga como também na China ou na Índia são todas elas, segundo os critérios atuais, poéticas. As primeiras teorias filosóficas do Ocidente, que foram transmitidas fragmentariamente, falam, todas elas, em versos ou enigmas. Os pré-socráticos tinham de inventar primeiramente uma linguagem apropriada, a saber, a da filosofia, antes que Platão e Aristóteles pudessem, então, caracterizar e sistematizar essa atividade como "filosofia". Nisso, eles usam novas metáforas para auxiliar novos pensamentos a serem expressos, o que, nos diálogos platônicos, é sempre transmitido com metáforas de nascimento. O filósofo romântico Friedrich Wilhelm Schelling (1775-1854) chega mesmo a descrever o próprio pensar como uma contínua sala de parto:

> Todo nascimento é nascimento da escuridão para a luz: a semente tem de ser afundada na terra e morrer na escuridão, a fim de que a figura de luz mais bela

---

221. Wittgenstein, 1984b, p. 67 (5.6); destaques no original.

se eleve e floresça com os raios de sol. O ser humano é formado no ventre materno; e da escuridão do sem entendimento (do sentimento, da saudade, a majestosa mãe do conhecimento) crescem primeiramente os luminosos pensamentos[222].

É um grande erro, que se espalhou no século XX na filosofia teórica, que a lógica matemático-formal seja o exemplo paradigmático de expressões claras de pensamentos. Chama especialmente a atenção o fato de que não há uma única teoria da clareza que prova que essa suposição está correta.

O que, afinal, é a clareza? A esse respeito há, na história da filosofia, contribuições decisivas, em particular de Descartes, Leibniz e Wittgenstein. Na filosofia contemporânea, a expressão "clareza" é usada, infelizmente, diferentemente do que ocorre nessas teorias, a maior parte das vezes, de maneira completamente não clara. O erro que está no fundamento dessa obviedade ofuscante no trato com a palavra "clareza" é facilmente identificável. Ele remete ao fato de que, hoje, dispomos de instrumentos formais avançados (cálculos) que elucidam para nós, em um âmbito abstrato, uma interligação lógica entre pensamentos.

Pense em um caso simples das aulas de escola. Aprendemos em algum momento que $2 + 3 = 3 + 2, 7 + 4 = 4 + 7, 5 + 1 = 1 + 5$ têm algo em comum. Pode-se expressar isso da seguinte maneira: $a + b = b + a$. A expressão algébrica nos mostra algo que era antes oculto para nós, uma lei matemática que determina o nosso pensamento sobre números, antes de sequer o percebermos. Obtemos clareza quando entendemos que $a + b = b + a$, e nos poupamos, desse modo, de um bocado de trabalho de pensamento.

Podemos caracterizar esse processo como abstração. **Abstração** é o apreender de uma regra universal com base em uma série

---

222. Schelling, 1975, p. 55.

de exemplos. Porque podemos abstrair, podemos expressar pensamentos abstratos. Aqui, estamos lidando com um processo de tradução. Traduzimos pensamentos, que expressamos anteriormente de outro modo, em uma linguagem formal.

Há, porém, também o processo inverso do pensar, que é no mínimo tão importante quanto. Chamemos esse processo de **concreção**, que é o processo de encontrar um exemplo adequado para a ilustração de uma regra ou de uma conjuntura [*Zusammenhang*] teórica.

A tarefa da filosofia não se limita à abstração. A concreção é igualmente importante. O sentido do pensar filosófico consiste, entre outras coisas, em fazer a mediação diplomática entre o reino de pensamentos abstratos e o reino de pensamentos concretos.

Kant começa o seu maravilhoso artigo *O que significa se orientar no pensamento?* com a sua versão dessa diferença:

> Podemos atracar nossos conceitos tão alto e, assim, abstrair tanto da sensibilidade quanto quisermos, todavia, eles ainda dependem, aí, sempre de representações *imagéticas*, cuja determinação própria é tornar esses conceitos que, ademais, não são derivados da experiência, apropriados para o *uso na experiência*. Porque como poderíamos também querer obter sentido e significado para nossos conceitos se não for colocada em sua base alguma intuição (que, em última instância, sempre tem de ser um exemplo de alguma experiência possível)? Se nós, mais tarde, removemos desse ato concreto do entendimento a mistura da imagem, primeiramente da percepção contingente pelos sentidos, depois mesmo da pura intuição sensível em geral: assim, resta aquele puro conceito do entendimento, cuja extensão agora é ampliada e que contém uma regra do pensamento em geral. É dessa maneira que mesmo a lógica geral veio a ser; e talvez alguns métodos *heurísticos* para pensar ainda jazam escondidos no uso na experiência de nosso entendimento e da razão, métodos que, se soubermos extraí-los cautelosamente

daquela experiência, podem muito bem enriquecer a filosofia com algumas máximas úteis, mesmo no pensar abstrato[223].

A filosofia não é nem tão abstrata como a matemática nem tão concreta quanto a poesia, mesmo se alguns pensadores do século XX tenham querido identificá-la com a matemática ou com a poesia. Ambas as posições extremas e absurdas foram defendidas proeminentemente. A favor da primeira se encontram especialmente Bertrand Russel e Rudolf Carnap (1891-1970), a favor da segunda, Ludwig Wittgenstein e Martin Heidegger. Russel considera a filosofia como uma espécie de matemática e cunha, por isso, a expressão enganosa de uma "filosofia matemática". Heidegger, em contrapartida, queria igualar poesia e pensar, com o que ele pensava representar a herança de Nietzsche, que disse, antes dele, que ele seria "Apenas um tolo! Apenas um poeta"[224]. Russell tentou comprometer a filosofia com a abstração, e Heidegger, com a concreção, o que Wolfram Hogrebe analisou em um livreto bem-sucedido e bem formulado como uma "proximidade perigosa"[225].

Ambas as manobras são inadmissíveis, e uma forma de **reducionismo ruim**. Este reduz um tipo de pensamento a outro tipo de pensamento, deixando algo essencial de fora e, por isso, leva a perspectivas distorcidas. Um exemplo em proliferação hoje de uma forma particularmente ruim de reducionismo é aquela que caracterizei, em *Eu não sou meu cérebro*, como "neurocentrismo"; ou seja, a identificação de processos de pensamento e processos cerebrais. Se eu, por exemplo, como Heinrich Heine outrora, penso, nestes dias (crise governamental 2017/2018) de noite na Alemanha, sou levado ao sono. Pensar na Alemanha não pode ser idêntico com um

---

223. Kant, 1977d, p. 267.

224. Nietzsche, 1999a, p. 378.

225. Hogrebe, 2009.

processo cerebral. Se se pensa, a saber, na Alemanha, a Alemanha ocorre nesse pensamento. A Alemanha faz parte do pensamento sobre a Alemanha. Caso contrário, ele seria um pensamento sobre alguma outra coisa. A Alemanha, porém, não faz parte do meu cérebro. Simplesmente não há lugar, sob o meu crânio, para a Alemanha, o território dela é grande demais para isso.

Se se reduz o pensar à nossa capacidade apreender abstratamente pensamentos matemáticos ou, inversamente, à nossa capacidade de entender pensamentos abstratos por meio da concreção (por meio de exemplos), comete-se o erro de um inadmissível – e, portanto, ruim – reducionismo. A filosofia permanece filosofia, mesmo se alguns membros da corporação filosófica acadêmica de hoje teriam preferido serem matemáticos ou poetas.

A frequência cambiante da realidade

De volta à realidade! Nesse meio-tempo, ficou claro que peixe não é igual a peixe. Apliquemos, agora, a diferença entre palavra, conceito e coisa (cf. p. 291) à realidade. A palavra "realidade" expressa o conceito de realidade. A coisa de que se trata chamo de *o real*, para evitar uma confusão que hoje é extremamente comum. Uma **visão de mundo** é uma concepção de como tudo que existe está interligado com tudo que existe. Uma visão de mundo trabalha com uma teoria de absolutamente tudo. Visões de mundo surgem pelo fato de que se toma algo real (p. ex., a matéria bariônica ou os genes) e, com base nisso, faz-se um retrato de como é tudo mais que seja real; então, toma-se algo de real e o considera como um modelo universalmente válido. Visões de mundo significam que há uma realidade e a identificam ou com um grande *container* ou, pelo menos, com um traço fundamental que todo real compartilha.

Duas visões de mundo estão especialmente disseminadas hoje: de um lado, um materialismo grosseiro e, de outro, um fundamentalismo religioso. O **materialismo grosseiro** pensa que a realidade consistiria apenas em estruturas material-energéticas. O **fundamentalismo religioso** considera as estruturas material--energéticas como apenas um mundo da aparência dos sentidos, que Deus encena para testar as nossas almas. Por trás desse mundo dos sentidos deve estar, portanto, um outro mundo, que Nietzsche já caracterizou ironicamente como o "mundo de trás"[226].

Ambos os partidos dessa disputa estão errados. Eles cometem, a saber, o seguinte erro: eles escolhem algo que, de fato, é real, e concluem, de sua escolha (consideravelmente arbitrária), que eles encontraram o "paradigma de todo o real". Com base nisso, eles montam uma visão de mundo. No âmbito dela surge, então, a representação de um âmbito de objetos gigantesco chamado "*a* realidade". Quem pensa que há *a* realidade, a uma massa total de coisas, massa que abrange a tudo, confunde conceito e coisa.

O conceito de realidade é ele mesmo, não apenas real. Naturalmente, a realidade pertence ao real, pois podemos nos enganar sobre ela. Como há diferentes teorias da realidade que se excluem reciprocamente, pode ser que um dos partidos tenha razão que, assim, os outros se enganem (naturalmente, aqui, o novo realismo tem razão...). Por conseguinte, a realidade é, de fato algo real, mas, justamente, não apenas isso, pois, sem realidade, não poderíamos de modo algum pensar.

O materialismo grosseiro se apoia, às vezes, na sugestão de que só existe aquilo que está inserido em interligações-de-causa--e-efeito. A palavra em alemão *Wirk-lichkeit* sugere que só é real [*wirklich*] aquilo que surte efeito em alguma outra coisa [*einwirkt*]. A expressão técnica para a interligação-de-causa-e-efeito é **causalidade**. O materialismo grosseiro reduz a realidade, portanto, à causalidade. Todavia, ele não consegue ir muito adiante assim.

---

226. Nietzsche, 2007, p. 272.

Para tirar conclusões sobre a realidade a partir da causalidade é necessária, a saber, uma teoria da causalidade. Há, a esse respeito, teorias concorrentes, que são desenvolvidas e discutidas não apenas na filosofia, mas também nas ciências naturais e sociais[227]. Exigiria demais passar por todas as teorias da causalidade aqui. Os pontos relevantes da teoria da causalidade para a realidade, porém, enunciam, no resultado final, que a causalidade não deve ser entendida pelo fato de que uma coisa material empurra outra coisa material (cf. p. 132-135), pois a causalidade não é, em todos os casos, um processo de transmissão de energia.

Relações causais entre dois sistemas A e B são, de todo modo, mais do que meras correlações. Um exemplo simples mostra isso. Desde que vivo, o sol se levanta toda manhã. Desde que vivo, como quase todo dia alguma coisa. Todavia, o nascer diário do sol não é a causa de meu pão de todo dia (embora, naturalmente, também não houvesse pão sem sol). De fato, o nascer do sol está correlacionado com o fato de minha alimentação, mas não a causa. Inversamente, a minha alimentação também não causa o nascer do sol. Nem tudo que ocorre regularmente ao mesmo tempo se encontra em uma relação-de-causa-e-efeito. Por isso, distingue-se de *mera correlação* (uma ocorrência simultânea e regular de acontecimentos) e *causação verdadeira*.

Não há causação verdadeira apenas no âmbito da física. O cosmólogo sul-africano George Francis Rayner Ellis (* 1939) que, na década de 1970, escreveu um livro muito renomado sobre a estrutura do espaço-tempo com Stephen Hawking, apontou, mais recentemente, que há causação de cima para baixo (*top-down causation*)[228]. Assim, a decisão de um juiz, por exemplo, de condenar uma pessoa com uma punição, leva a que essa pessoa se encontre, agora, em um

---

227. Para a introdução nessa problemática, recomenda-se Hütteman, 2018.

228. Ellis, 2016; Ellis e Hawking, 1973.

lugar determinado (na prisão). O processo abstrato do julgamento pode, assim, causar uma transformação na distribuição espaçotemporal de matéria. Desse modo, não é verdade que toda causação vai do material para o espiritual (de baixo para cima). Menos verdadeiro ainda é que haja apenas o material, pois só se chega primeiramente a essa ideia absurda depois de se arranjar uma falsa teoria da causalidade que seduz a reconhecer como real apenas aquilo que é material-energético. O contexto determina conjuntamente o comportamento dos elementos que estão inseridos nele. Isso também é verdadeiro para o universo, que não consiste simplesmente de partículas elementares, já que elas, por sua vez, vieram das condições iniciais do *big-bang*, que, por sua vez, constituem um contexto que é organizado de cima para baixo (do todo para as suas partes).

Ciências naturais, sociais e humanas verdadeiras não fornecem, em última instância, nenhum suporte para uma visão de mundo materialista. Além disso, elas não se apoiam em uma tal visão de mundo. O materialismo grosseiro tem, de fato, muitos aderentes, mas não é, por isso, uma teoria científica que deve ser levada a sério. O materialismo grosseiro é, antes, uma forma de superstição que, na melhor das hipóteses, tira conclusões pseudocientíficas a partir de resultados científicos.

Nenhum resultado das ciências naturais, sociais ou humanas já teve alguma vez a consequência de que dela se seguiria uma tese metafísica sobre a estrutura da realidade como um todo. Por isso, o naturalismo ainda muito difundido hoje, que quer recortar toda a realidade em um formato das ciências naturais e promete, assim, dar reforço para um materialismo grosseiro, não é uma verdadeira tese científica, mas apenas pseudociência[229].

Não se deve, porém, agora, por causa disso, passar para o lado oposto do fundamentalismo religioso. Acreditar que se segue, da fal-

---

229. Cf., a esse respeito, Tetens, 2015.

sidade do materialismo, que Deus é a causa da existência da matéria ou do universo, é, igualmente, uma forma de superstição. A história da criação das religiões monoteístas e politeístas (como do hinduísmo) não contém nenhuma teoria científica sobre a origem do universo, pois o conceito do universo como a esfera de objetos da investigação das ciências naturais não era de modo algum conhecido no tempo em que as histórias clássicas de criação foram redigidas.

Aqui, de nada serviria invocar o fato de que o autor dos escritos sagrados teria sido inspirado diretamente por Deus ou pelos deuses. Nem os autores dos escritos sagrados tinham uma visão de mundo materialista, nem o próprio Deus em pessoa. Por isso, a história de criação não pode, também segundo um fundamentalista religioso, consistir na descrição do surgimento do universo puramente material. A história da criação não é uma física em forma de verso. Visto exatamente, simplesmente não há, de todo modo, a uma história da criação válida, mas sim histórias diferentes no detalhe, por exemplo na Bíblia ou no Corão, sem falar das muitas histórias de criação que estariam, por exemplo, no fundamento do hinduísmo.

É tema das teologias, da filosofia da religião, da literatura, das ciências das religiões, da história e ainda de algumas outras, fornecer informações exatas sobre o significado as histórias de criação e dos mitos de criação que podem ser verificados em muitas altas culturas da Pré-modernidade. Aqui, não quero me fixar em nenhuma filosofia da religião. Só gostaria de apontar uma coisa. Acreditar que o deus no qual as religiões monoteístas acreditam é uma espécie de feiticeiro que tira, em um ato completamente incompreensível para nós, a matéria bariônica e a matéria escura do seu chapéu, é uma forma de superstição. Que Deus criou no início o céu e a terra não significa que Deus criou no início a matéria bariônica e a matéria escura. Não se fala disso de modo algum em todos esses textos. O monoteísmo caracteriza Deus como o criador; o que, porém, de modo algum significa que Deus produziu a realidade puramente material, pois ele é considerado como o criador dos seres vivos e do ser humano, no que é atribuída aos últimos por muitos crentes uma alma imortal, que certamente não deve consistir de matéria bariônica ou de matéria escura.

O conflito entre uma visão de mundo supostamente científica e uma visão de mundo supostamente religiosa que se dá, no momento, particularmente nos Estados Unidos com alguma verve e com consequências sociopolíticas, é, portanto, um conflito entre duas formas de superstição. Nem a verdadeira ciência nem a verdadeira religião se estabelecem em uma visão de mundo materialista (ou de outro tipo).

Muito é real, não apenas a matéria. Chamemos essa circunstância de **heterogeneidade do real** (do grego antigo *heteros* = outro, múltiplo e *genos* = espécie). O real é de tipos múltiplos. Todavia, temos um conceito homogêneo de realidade. Ele consiste em que podemos nos enganar sobre o real, mas também o apreendê-lo [corretamente]. Conhecemos alguns reais, outros não. Muito do real nunca iremos conhecer, e algumas coisas serão para nós, por razões variadas, para sempre impossíveis de serem conhecidas.

O cabelo de César, o tampão de bueiro da Índia e a Alemanha

Circunstâncias inteiramente terrenas permanecem para sempre removidas ao nosso conhecimento. Pensemos em César; ou seja, em Caio Júlio César. Ele, certamente, atravessou o Rubicão em 10/01 do ano 49 a. C. – ou seja, antes da nossa contagem de tempo –, o que está interligado com a história da guerra civil romana. Imaginemos, então, como César põe, nesse momento, os seus pés do outro lado da margem do Rubicão e seus cabelos esvoaçam com o vento. Nesse instante, César tem um número determinado, para nós para sempre desconhecido, de cabelos em sua cabeça, na medida em que ele não era completamente careca. Mesmo no último caso, o número de seus cabelos ainda seria exatamente determinado, a saber, 0. Parto do princípio de que, em seu tempo, no instante da travessia do Rubicão, ninguém contou os cabelos de César. Se, todavia, alguém o fez, o relato dessa contagem, de todo modo, desapareceu, e não é mais acessível para nós.

Tomemos um outro exemplo, que não nos coloca na história romana. Enquanto escrevo esta sentença, há na Índia tampões de bueiros. Mas quantos tampões de bueiros há, neste momento, na Índia? Eu escrevo esta sentença no dia 01/02/2018 às 11:39 (MEZ). Imagine agora que queiramos descobrir exatamente quantos tampões de bueiro havia no momento da redação da sentença que você acabou de ler. Não é preciso muita imaginação para constatar rapidamente que seria algo impossível encontrar a reposta para a pergunta pelo número exato de tampões de bueiro. E mesmo se você conseguisse fazê-lo, então se colocaria ainda a pergunta sobre os tampões de bueiro na China, na Coreia do Norte, em Hamburgo, em Roma, e assim por diante. Sabemos: há um número consideravelmente exato de tampões de bueiro no Planeta Terra, mas também sabemos que ninguém sabe qual é exatamente esse número.

Talvez você já veja aonde eu quero chegar. Há muitos fatos que não podem ser conhecidos por nós, seres humanos, por mais que não se trate de uma circunstância transcendental. Processos completamente terrenos permanecem, por causa da complexidade dos fatores a serem considerados, não conhecíveis por nós.

Desenvolvemos métodos para contornar essa incerteza. Uma função da burocracia consiste, desde a ideia da contagem da população, em registar o máximo de fatos relevantes possíveis. Na era digital, isso é parcialmente mais fácil, pois é simplesmente mais fácil e custa menos registrar números. Já nas mais antigas altas culturas, registravam-se em tábulas de argila dados sobre o número de objetos socioeconômicos relevantes e, assim, sobre fatos. Naturalmente, não se pode falar aqui, todavia, de completude.

A ordem econômica mundial, que nos assola hoje com produtos, tem por consequência uma divisão de trabalho simplesmente não abarcável. Corporações globais se valem disso ao tentar, no interior do âmbito da vigilância e regulamentação burocrática, criar fatos que não são registrados. O grande semimonopólio californiano do admirável mundo novo da era digital produz novos produtos (como as mídias sociais ou produtos da *shared economy* [economia partilhada] como troca de moradia e oportunidades de carona) para os quais ainda não há um sistema de vigilância estatal e fiscal suficiente. Desse modo, elas lucram com uma vantagem de saber. Elas são, entretanto, as únicas que conhecem certos fatos (p. ex., algoritmos ou casos legais para nós, clientes), por meio dos quais elas literalmente apunham capital.

E agora imagine em que situação se encontra um governo, digamos, um governo federal. Obviamente, nenhum único membro de um governo dispõe de uma visão total do sistema social chamado de "Alemanha". Ninguém sabe, em algum momento do tempo, nem mesmo aproximadamente tudo sobre ele. Todo governo opera, por isso, sob condições de amplo não saber. Por essa razão, governos operativos precisam de ministérios, secretários de Estado, comitês, repartições; ou seja, de um aparato burocrático. Esse aparato filtra a informação disponível segundo critérios de relevância que são parcialmente prescritos pelo governo, a fim de que o governo, inversamente, possa intervir na produção de fatos. Nisso, ele irá seguir determinadas representações de valor, que são parcialmente prescritas pelo programa do partido. Essa estrutura desmoronaria se não se contasse, em todos os âmbitos, com o fato de que o saber é transmitido, por mais que cada âmbito saiba que há, justamente, uma quantidade infinita de coisas que ninguém sabe.

Não há escapatória dessa situação. A fascinação por modelos de Estado totalitários, que deu para os europeus os estilhaços humanitários do último século, baseia-se, por isso, entre outras, no fato de que o totalitarismo promete uma burocracia da omnisciência por meio da total vigilância e controle de todas as transações sociais. Desse modo, põe-se a ordem à vista. Todavia, uma tal omnisciência é, por uma questão de princípio, impossível.

O sociólogo Niklas Luhmann (1927-1998) cunhou a expressão "demoburocracia"[230]. Com isso caracteriza-se uma estrutura que pode ser vista como característica para a ideia estatal-republicana do federalismo. No lugar da fantasia de um único centro de poder a partir do qual todo o Estado é controlado (segundo o exemplo de Paris ou Londres), entram centros e processos de decisão múltiplos.

Essa estrutura apenas funciona na medida em que ela produz saber que é filtrado da maneira apropriada e transportado pelos âmbitos os mais distintos. Por isso, a política de formação desempenha um papel central, e por isso também pode ser visto como dotado de sentido que tenhamos, como um todo, um forte sistema estatal de escolas e de ensino superior. Isso porque esperamos agora, justamente, na situação econômica global, que o governo esteja em uma posição de saber que, no caso ideal de uma democracia, é usado para proteger a nós, cidadãos, de intervenções danosas na ordem socioeconômica. Isso concerne especialmente, na era digital, também a intervenções digitais. Muitos pensam mesmo que a eleição norte-americana de 2016 foi realizada no âmbito de uma guerra cibernética na qual diferentes agentes participaram, a fim de influenciar o resultado das eleições. Se isso é verdade é investigado, no momento, pelos próprios Estados Unidos.

---

230. Luhmann, 2009, p. 216.

Não posso, como filósofo, reivindicar o julgamento exato desse estado de coisas. Aqui se trata, simplesmente, da interligação de princípio entre saber e poder. O sentido do pensar tem a tarefa de conseguir uma imagem clara de quais são as armadilhas na reflexão sobre a realidade social e política. Decisivo, aí, é que vivemos, na realidade, em uma sociedade do saber, que produz mais-valia econômica por meio de ciência, tecnologia e burocracia. Essa mais-valia só pode continuar a ser usada de maneira dotada de sentido se outras formas de saber são igualmente consultadas.

Caso se deixe as ciências naturais e a técnica avançar intocadas por questões de valor, a próxima bomba nuclear ou o próximo Dieselgate se encontram na próxima esquina. Foi ilustrada de maneira particularmente impressionante a responsabilidade da ciência diante do pano de fundo da Guerra do Vietnã no influente filme de Harun Farocki, *Fogo não extinguível*, de 1969. Questões de valor não se deixam ser trabalhadas pelas ciências naturais ou tecnologicamente. Quem somos e queremos ser como seres humanos, como nos comportamos com outras espécies de animais, com o nosso planeta, com seres humanos estrangeiros que falam outras línguas, com as múltiplas formas de vida que estão todas reunidas sob o muito fino e frágil teto de nossa atmosfera, só pode ser julgado com o auxílio do conhecimento das ciências humanas e da filosofia. Ninguém sabe o que é, por exemplo, a Alemanha. A Alemanha é, querendo ou não, complexa de um modo não abarcável e não redutível a alguma coisa. Nisso, ela é igual ao cabelo de César ou aos tampões de bueiro da Índia – para não falar da complexidade dos processos de globalização, que não podem ser desfeitos pelo fato de que nos colocamos em busca da essência do Ocidente, já que algo assim simplesmente não existe.

A elegante teoria dos fatos de Frege

Gottlob Frege, que já mencionei aqui muitas vezes (cf. p. 85ss.), foi um dos maiores lógicos de todos os tempos. Como matemático, ele contribuiu decisivamente para a invenção da lógica simbólica moderna; ou seja, para o sistema de símbolos matemáticos que usamos hoje para expressar os pensamentos abstratos da matemática. Frege inventou a sua própria linguagem escrita para, desse modo, poder representar de modo mais nítido a relação lógica entre pensamentos. Ele chamou essa linguagem escrita de "escrita conceitual" [*Begriffschrift*][231].

Sem a escrita conceitual de Frege não haveria, hoje, nenhuma revolução digital. Graças à formalização da lógica no século XIX, que ele fez progredir de maneira decisiva, surgiram novas possibilidades de decodificação por meio das quais, pela primeira vez, as interligações lógicas entre pensamentos puderam ser apresentadas de uma maneira simples e programável.

Frege também escreveu um dos textos mais importantes sobre o pensar, seu modesto e pequeno artigo "O pensamento", de 1918. O que se ignora de bom grado é que Frege admite, aí, que só podemos falar metaforicamente do pensar. Por "pensar" ele entende o "capturar de pensamentos"[232]. Chamemos isso da **teoria do pensar de Frege**. Nela Frege distingue, entre três disposições distintas em relação ao pensamento, o que nos leva um pouco adiante:

1) O capturar do pensamento – o pensar.

2) O reconhecimento da verdade de um pensamento – o juízo.

3) A manifestação desse juízo – a afirmação[233].

---

231. Cf. Frege, 1993.

232. Ibid., p. 35.

233. Ibid.

O pensamento genial de Frege sobre o pensamento está no fundamento dessa simples distinção. Segundo ele, pensamentos são formações [*Gebilde*] passíveis de serem verdadeiras. Quem ou o que é passível de ser verdadeiro não precisa de modo algum ser verdadeiro, mas apenas poder ser verdadeiro.

> Sem querer assim dar uma definição chamo de pensamento algo em que se pode de algum modo colocar em questão a verdade. O que é falso conto entre os pensamentos tanto quanto aquilo que é verdadeiro. Desse modo, posso dizer: o pensamento é o sentido de uma proposição, sem querer assim afirmar que o sentido de toda proposição seria um pensamento. O pensamento em si não sensível se traja na veste sensível da proposição e se torna assim apreensível para nós. Dizemos: a proposição expressa um pensamento[234].

Trocando em miúdos: um pensamento é algo que é ou verdadeiro, ou falso (cf. p. 84ss.). Quando capturamos um pensamento, refletimos sobre algo. Pense agora sobre a pergunta sobre se é Pequim ou Nova Déli que tem mais habitantes! Se você fez o que eu pedi, você capturou um pensamento. Esse pensamento trata, entre outras coisas de Pequim, Nova Déli e de habitantes. Se esse pensamento tiver sido, por assim dizer, trazido em português para a sua consciência, você possivelmente deve ter tido a impressão de que uma voz quase inaudível (que soa presumivelmente como a sua) surgiu em seu fluxo de consciência e sussurrou: "É Pequim ou Nova Déli que tem mais habitantes?" O truque de pensamentos é que podemos apreendê-los de muitas maneiras – em proposições, línguas e sistemas diferentes de todos os tipos. A proposição

> (S1) "Pequim tem mais habitantes do que Nova Déli"

e a proposição

> (S2) "Mais seres humanos têm sua morada em Pequim do que em Nova Déli"

---

234. Ibid., p. 33.

expressam um pensamento semelhante. Esse pensamento se ocupa com coisas [*Sachen*]. Podemos apreendê-lo na forma de perguntas, assim como na forma de afirmações.

Com essa base, Frege fornece uma das teorias mais elegantes dos fatos. Em sua concisão única e agudez argumentativa, pelas quais muitos de seus contemporâneos o admiravam, Frege refuta, em menos de uma página, que algo como uma era pós-fática possa de algum modo surgir. Saboreie lentamente a seguinte passagem, antes que eu a explique, a fim de dar mais um passo adiante:

> O capturar de pensamentos tem de corresponder a uma capacidade espiritual especial, à faculdade de pensar [Aí temos, então, o sentido do pensar!, M.G.]. No pensar, não produzimos os pensamentos, mas sim os capturamos. Isso porque aquilo que chamei de pensamento se encontra em estreita ligação com a verdade. O que reconheço como verdadeiro, isso eu julgo que seja verdadeiro, independentemente de se penso nele. Não faz parte do ser-verdadeiro de um pensamento que ele seja pensado. "Fatos! Fatos! Fatos!", exclama o pesquisador da natureza, se ele quer afiar a necessidade de uma fundamentação mais segura da ciência. O que é um fato? Um fato é um pensamento que é verdadeiro. Como base mais segura da ciência, porém, o pesquisador da natureza certamente não reconhecerá algo que dependa dos estados de consciência alternantes de seres humanos. O trabalho da ciência não consiste em um criar, mas sim em um descobrir de pensamentos verdadeiros. O astrônomo pode aplicar uma verdade matemática na pesquisa de circunstâncias há muito passadas, que ocorrerão quando na Terra ninguém, ao menos ainda, reconhecia aquela verdade. Ele pode fazer isso porque o ser-verdadeiro de um pensamento é atemporal. Aquela verdade não pode, portanto, ter surgido primeiramente com o seu descobrimento[235].

235. Ibid., p. 49.

Podemos manter com Frege, então, que a realidade consiste essencialmente de pensamentos, a saber, de pensamentos verdadeiros. Segundo Frege, não haveria o real se não houvesse pensamentos. Nesse aspecto ele é, certamente, idealista. Pensamentos não são nele, porém, conteúdos da consciência. Eles não pertencem a nenhum ser vivo pensante. Antes, pensamentos são estruturas que existem objetivamente, por meio das quais objetos se encontram em relações. Se capturamos um pensamento, podemos nos enganar, porque o real pode ser diferente do que pensamos. Pensamentos podem ser falsos. Nesse aspecto, Frege é, certamente, realista.

O pensamento de que 2 + 2 = 5 é falso. Se eu o considero verdadeiro, cometo um erro. O próprio pensamento não comete nenhum erro, ele apenas é falso. Assim que eu afirmo que um certo pensamento é verdadeiro ou falso, posso me enganar. Por meio de nosso pensar humano, a falibilidade entra em jogo. Frege tem razão quando ele entende o pensar como o ter de pensamentos; deixa passar desapercebido, porém, infelizmente, que a nossa falibilidade não consiste em que alguns de nossos pensamentos são falsos. Isso porque o ser-falso de um pensamento não é, ainda, um erro. O erro entra primeiramente em jogo se o nosso sentido do pensar pode ser perturbado ou exercido.

O filósofo de Leipzig Sebastian Rödl (* 1967) tem inteiramente razão, quando ele aponta para o fato de que há uma explicação para como e por que alguém se engana, enquanto um pensamento verdadeiro não precisa de outra explicação do que a sua verdade[236]. Se eu me engano em um assunto determinado, então, isso se deve ao fato de que eu calculei errado, de que eu me aferrei às minhas opiniões adquiridas, não vi corretamente ou fui ofuscado pelos meus preconceitos, e assim por diante. Há incontáveis maneiras de se enganar em um certo assunto, mas apenas uma maneira de

---

236. Rödl, 2018.

ter razão. Caso se pense um pensamento verdadeiro, a razão para isso é que o pensamento é verdadeiro e que não se está enganado, nada mais do que o pensar de um determinado pensamento com esse determinado conteúdo. No caso de sucesso, não é necessária nenhuma outra explicação. Quem diz a verdade não precisa de nenhuma desculpa.

Além dos limites de nosso conhecimento

Porque somos falíveis, é preciso haver fatos. É impossível ser falível se não há fatos que se pode apreender incorretamente. Desse modo, pode-se nocautear o ceticismo radical em poucos passos. O **ceticismo radical** é a suposição de que não podemos saber absolutamente nada. Se ele fosse verdadeiro, naturalmente, não poderíamos saber que ele é verdadeiro. Mas deixemos essa famosa dificuldade de lado por um momento e tentemos imaginar como seriam as coisas se o ceticismo radical fosse verdadeiro. Nesse caso, nos enganaríamos com todo juízo. Julgar significa, a saber, realizar um ato de pensar que vê um pensamento como verdadeiro. Ver um pensamento como verdadeiro pressupõe que imaginamos como seria confirmar a sua verdade, pois, caso contrário, não teríamos de modo algum entendido o pensamento.

Com isso, quero dizer o seguinte. Tome o seguinte pensamento banal, como:

> O céu sobre Paris está, hoje (02/02/2018, 15:52 horário local), nublado; não chove, no momento, na Rue Suger.

Posso facilmente confirmar que o pensamento é verdadeiro ao olhar para fora do apartamento em que trabalho no momento. Há muitas (uma quantidade até mesmo ilimitada) de possibilidades de confirmar o pensamento mencionado. Se você entende o pensamento, lhe ocorre imediatamente alguma variante de confirmação.

Entender um pensamento significa, a saber, poder se representar como seria descobrir se ele é verdadeiro.

Esse é, aliás, um pensamento central da filosofia da religião. Com base nisso, filósofo de Oxford Sir Michael Anthony Eardley Dummet (1925-2011) chegou mesmo, em seu livro *Pensamento e realidade*, a pensar que poderíamos e teríamos de imaginar um ponto de vista de Deus[237]. Isso porque há uma quantidade ilimitada de pensamentos cuja verdade nenhum ser humano jamais poderá confirmar ou refutar. Todavia, podemos formular e entender proposições sobre esses fatos. Podemos, por exemplo, entender a **Muito Geral Proposição de Fatos (M.G.P.F.):**

> Há uma quantidade ilimitada de pensamentos cuja verdade nenhum ser humano jamais poderá confirmar ou refutar.

A (M.G.P.F.) não diz muito mais do que que nós, seres humanos, não sabemos tudo que há para saber. Ela confirma, simplesmente, que não somos omniscientes. Para entender que não somos omniscientes, temos de entender proposições que ninguém jamais poderá confirmar ou refutar.

Isso, porém, significa, segundo Dummett, que podemos nos representar que alguém (que seria Deus) poderia confirmar ou refutar essas proposições. O nosso entendimento de proposições vai, por isso, muito mais longe do que a nossa capacidade de conhecimento factual. Desse modo, também o nosso pensamento vai muito mais longe do que a nossa capacidade testável de conhecimento. Sem essa suposição, não poderíamos esclarecer a nossa obtenção de conhecimento.

Agora, Dummett monta, com base nisso, uma prova da existência de Deus que não se pode aceitar. Na melhor das hipóteses, ele

---

237. Dummett, 2008. Cf. tb. Dummett, 2010. Cf., a esse respeito, a reconstrução de famosa prova da existência de Deus, de Anselmo de Cantuária, em Gabriel, 2012.

mostra que temos de pensar um ser que sabe, para cada fato, que esse fato existe. Disso, porém, não se segue que haja um tal ser. E mesmo se se pudesse provar isso de algum modo (mas não se pode!), desse modo não se estaria nem perto de provar que esse ser é Deus. O tema de Deus é, todavia, um outro assunto, de modo que gostaria primeiramente de voltar, aliviado, para as questões mundanas.

Sabemos agora, então, que não sabemos tudo. Ao saber isso, sabemos, ao mesmo tempo, que apenas entendemos uma proposição se podemos imaginar como seria confirmá-la ou refutá-la.

Dummett se tornou famoso na filosofia por, entre outras coisas, ter complementado o conceito de pensamento de Frege com uma teoria do entendimento. Como deveríamos, a saber, capturar de algum modo um pensamento se não pudermos entender proposições?

A expressão técnica para a teoria do entendimento é **hermenêutica**. A expressão técnica para a teoria do significado linguístico é **semântica**. Não há semântica razoável sem hermenêutica. Não se pode separar nitidamente a teoria do significado linguístico do fato de que estamos em posição para entender palavras e proposições. Nesse sentido, o Dummet tardio concorda com o filósofo de Heidelberg Hans-Georg Gadamer, que apontou, por toda a sua vida, para o fato de que há limites do saber. Esses limites do saber não separam, porém, a realidade, por exemplo, em duas regiões fixas: o conhecível e o não conhecível. O que não podemos saber ainda hoje saberemos possivelmente amanhã. Não há um limite estável do saber. Exatamente por isso também nunca sabemos exatamente o que já sabemos e o que ainda não sabemos.

Um dos primeiros documentos disponíveis nos quais se pode verificar a expressão grega antiga para o significado linguístico é uma observação do filósofo Heráclito. No fragmento 93 segundo a contagem clássica, lê-se:

> O senhor de que faz parte o oráculo que se encontra em Delfos nem diz algo nem o oculta, mas apenas sugere (*sêmainei*)[238].

Significado linguístico se assemelha ao processo da expressão de enigmas. Tudo que alguém diz pode, a saber, ser entendido ou mal entendido. Não há nenhuma possibilidade de impedir de antemão que se entenda mal uma expressão. Por essa razão, também não há nenhuma expressão que seja 100% clara; ou seja, nenhuma expressão com conteúdo linguístico que ninguém pode entender mal. O nosso pensar e falar pertencem, desse modo, ao real. Podemos nos enganar sobre o que pensamos e dizemos. Ninguém é jamais infalível, quando se trata da questão de como uma coisa real, por exemplo, a coisa do pensar, é constituída.

A realidade do pensamento não é nenhuma lição sobre a base do crânio

O pensar não é um processo no interior de nosso crânio que é familiar apenas a nós mesmos. Na medida em que o pensar é, a saber, o apreender de pensamentos, é preciso haver estruturas que não são a nossa propriedade privada espiritual. O pensar é algo real. Ele realmente ocorre. Por isso, também podemos, às vezes, compreender melhor o que e como outro pensa do que ele próprio. Sem essa pressuposição toda a disciplina científica da psicologia estaria arruinada e não haveria nenhuma esperança de intervenção terapêutica na vida espiritual de seres humanos que desejam mudar seus processos de pensamento.

Como refletimos sobre algo tem efeitos. Isso vale, em particular, no âmbito do autoexame. Quem somos em um determinado momento de nossa vida está estreitamente ligado com como refle-

---

238. DK 22 B 93; trad. e destaques meus. Cf. tb. a reprodução do fragmento em Mansfeld e Primavesi, 2012, p. 252s.

timos sobre nós mesmos e refletimos sobre os arredores sociais e naturais (não sociais) que nos envolvem.

Esse simples fato mina em seus fundamentos uma representação hoje muito disseminada do pensar. Reconhece-se, por causa de algumas manifestações e observações influentes de Sigmund Freud e, em geral, por causa do desenvolvimento da psicologia empírica e das neurociências desde a segunda metade do século XIX, que os nossos processos de pensar não são de modo algum sempre tal como pensamos que eles sejam. Não enxergamos através deles pelo fato de que voltamos, por assim dizer, o nosso olho espiritual para dentro.

Isso pode ser facilmente colocado à vista. Toda proposição que escrevo neste momento vem de algum lugar. As proposições deste parágrafo não brilham já em minha tela antes de eu as ter escrito, mas sim tive de que me dar ao trabalho de redigir este livro. De onde vêm, então, as proposições deste parágrafo?

É fácil supor que formei as proposições antes da escrita (ou durante a escrita) em meu espaço interior espiritual (em uma câmara de silêncio da minha alma). Mas como isso, por sua vez, deveria acontecer? Certamente, não pelo fato de que as tornei presentes para mim antes do seu surgimento em meu espaço interior espiritual. Isso significa, porém, que eu não posso formular as proposições de maneira intencional pelo fato de que eu as convoco para diante de meus olhos espirituais, já que já tenho de saber antes que proposição quero convocar. Tenho, então, de ter um acesso às proposições, antes que elas estejam aí.

Mais uma vez, lentamente: aqui está uma proposição (que começa com "mais uma vez"). Eu a escrevi (e ela foi, então, a partir do meu arquivo, multiplicada em impressões). Essa proposição me ocorreu. Isso não pode significar que eu, por assim dizer, a escrevi em minha alma ou a disse para mim antes da escrita. Isso porque ela teria, então, me ocorrido antes da escrita espiritual.

Parece, em vista desse estado de coisas, repentinamente questionável, como eu poderia realmente ser o autor de meu pensamento linguisticamente codificado. Isso foi levado ao seu extremo pelo pesquisador da natureza e matemático Georg Christoph Lichtenberg (1742-1799), em um famoso aforismo:

> É pensado [*Es denkt*], se deveria dizer, como se diz: *lampeja*. Dizer: *cogito* já é demais, assim que se o traduz por *eu penso*. Supor, postular o *eu* é uma necessidade prática[239].

Ainda mais longe do que Lichtenberg vai Schelling, quando ele, em suas preleções de Munique *Sobre a história da nova filosofia*, nota brevemente: "Pensa-se em mim, é pensado em mim, [isso] é o puro fato"[240].

Mesmo se ele é algo real, também podemos nos enganar sobre nosso próprio pensar do mesmo modo que podemos nos enganar sobre o pensar dos outros.

O que e como pensamos não diz respeito ao fato de que pensamos algo a respeito disso. Se penso algum pensamento P determinado, não posso ter certeza de que penso P sem adicionar no pensamento P que penso P e não P*. Por isso, podemos experimentar o nosso próprio pensar como algo estranho, que nos ocorre. O nosso pensar é parte dos acontecimentos e não um processo aéreo distante da realidade, como um tipo de respiração espiritual.

Lichtenberg e Schelling, todavia, exageram; exagero que é, então, repetido da psicologia profunda até as neurociências e ciências cognitivas atuais, quando elas afirmam que, por isso, nunca determinamos a nós mesmos. O que pensamos, de fato, nos ocorre, pois não podemos entrar atrás de nossos processos de pensamento e

---

239. Lichtenberg, 1971, p. 412.

240. Schelling, 1985, p. 428.

controlá-los. Isso não significa, porém, que eles surgem de maneira inteiramente involuntária.

O pensar se realiza ininterruptamente enquanto estamos conscientes. Se a psicanálise tem razão, há, além disso, processos de pensamento inconscientes, que se manifestam em nossa consciência sem que percebamos. Porque o pensar é algo real, não estamos inteiramente familiarizados com as suas condições de surgimento. Como exatamente um pensamento determinado nos ocorre e é processado, como corre exatamente um processo de pensamento, só pode ser apreendido por meio de um outro pensamento. Nenhum pensamento pega a si mesmo no ato.

A diferença entre *champignons*, champanhe e o pensar do pensar

Desde a descoberta do inconsciente pela psicologia profunda no século XIX se reconhece, em larga medida, que nossos processos de pensamento correm de maneira inteiramente diferente do que pensamos, quando relatamos sobre eles. Isso corresponde à ideia corrente de que a psicanálise teria provado que o nosso eu não é "Senhor em sua própria casa"[241]. Naturalmente, sabemos, de fato, desde os avanços na psicologia empírica, que, entre outras coisas, levaram à psicanálise, que os nossos processos de pensamento têm pressupostos que não enxergamos no ato do pensamento. Disso poderíamos ser tentados a concluir que o nosso pensar e vivenciar consciente são um tipo de simulação que o nosso corpo e os nossos processos vitais inconscientes produzem para, por assim dizer, observarem a si próprios.

Nietzsche contribuiu decisivamente para uma tal concepção ao caracterizar "o espiritual como a linguagem simbólica do

---

241. Freud, 1917, p. 7.

corpo"[242]. Seriam nossos processos cerebrais possivelmente símbolos que nosso corpo gera para, desse modo, controlar a si próprio? Nesse momento, sinto, por exemplo, sede, e, mais cedo ou mais tarde (provavelmente mais cedo), irei à geladeira e beberei algo. – Pronto, agora estou de novo na escrivaninha. Enquanto a impressão de sede aumentou lentamente em mim, meus pensamentos foram direcionados a ela, sem que isso fosse minha intenção. A sede surgiu em minha consciência não como um objeto arbitrário x, mas sim, a partir de uma determinada onda de estímulos, tomou minha atenção para si.

Sobre o que refletimos e como refletimos sobre o estado de coisas que nos ocupa não pode ser inteiramente controlado. De certo modo, somos constantemente distraídos e nos recompomos novamente, para nos demorarmos em um objeto que examinamos sempre de novo a partir de outra perspectiva. Toda a nossa vida espiritual se realiza como local de entrega de determinadas tensões cuja estrutura pode ser examinada por meio de experimentos psicológicos e desenvolvimento de teorias.

Há uma razão profundamente filosófica para isso. Por princípio, não é possível refletir sobre algo que não é, ele mesmo, um pensamento (digamos *champignons* ou champanhe) e, no mesmo instante, refletir sobre o pensamento que reflete sobre algo que não é, ele mesmo, um pensamento. Chamemos esse objeto, que não é, ele mesmo, um pensamento. Se se reflete sobre **não pensamentos**, evidentemente, não se reflete sobre o próprio pensamento.

A maior parte das vezes, pensamos sobre não pensamentos. Mesmo filósofos profissionais que passam o seu dia de trabalho refletindo sobre pensamentos refletem, durante esse tempo, sobre não pensamentos. ("Quem ligou?" "Onde está meu bloco de notas?" "Eu odeio quando meu laptop não funciona!" "*Ops*, a xícara de café

---

242. Nietzsche, 1988, p. 285.

virou".) Naturalmente, isso não é tudo que ocorre diante de nosso aparato físico. Pensamentos que podemos traduzir imediatamente em proposições simples não são, em casos normais, processos de pensamento. Os nossos processos de pensamento fáticos correm, a maior parte do tempo, mais como processos de busca imprecisos.

Para isso, Aristóteles cunhou a expressão decisiva *orexis*, o que significa, basicamente, desejar. O verbo correspondente *oregomai* significa se estender para algo. Daí surgiu, então, na filosofia latina medieval, a assim chamada intencionalidade (cf. p. 102s.). Nós, seres humanos, estamos, em cada momento de nossa vida, em busca de algo. No sono sem sonhos, o nosso organismo se mantém no estado de ausência de sonhos; neste momento busco terminar esta proposição, que é parte de minha intenção de expressar um pensamento sobre pensamentos. Naturalmente, menciono, neste livro, sempre apenas minhas intenções mais ou menos inocentes, ou invento exemplos inofensivos para aquilo que nós, seres humanos, desejamos. O que deixo de lado é, segundo a psicanálise, entre outras coisas, um efeito de meu inconsciente em meu mundo de pensamentos. Aquilo que relato aqui de meus processos de pensamento está submetido à censura psíquica, mesmo que não, felizmente, à censura prussiana ou norte-coreana. Isso não é uma deficiência, mas sim um sinal de normalidade psíquica suficiente, que é necessária para satisfazer as tarefas cotidianas.

Ademais, é característico dos escritos de Freud que suas descrições de caso parem, a maior parte das vezes, [justo] quando se tornam interessante para os leitores. Também a produção de textos no campo do desenvolvimento psicológico de teorias se apoia na censura psíquica. Mas, não satisfeito com isso, todo processo psicoterapêutico, assim como todo experimento psicológico, pressupõe que todos os envolvidos se submetam a uma censura. O que Freud chama de "o Eu" é local de entrega do processo de censura por meio

321

do qual relações de forças psíquicas surgem. Dessa maneira, a teoria de Freud gera uma representação de processos de pensamento normais: "A saúde não se deixa, justamente, ser descrita de outro modo senão metapsicologicamente, referida a relações de forças entre as supostas instâncias conhecidas e, caso se queira, acessíveis, do aparato da alma"[243].

Lembre-se: a intencionalidade é, na filosofia contemporânea, o nome para a orientação de nossos pensamentos para objetos, no que a teoria da intencionalidade se interessa predominantemente por pensamentos sobre não pensamentos (cf. p. 102s.). A ligação entre a teoria do desejo de Aristóteles e a teoria moderna do pensar se tornou, ademais, proeminente por meio do professor de Freud na disciplina de Filosofia, Franz Brentano (1838-1917), que lecionava na Universidade de Viena. Toda a psicologia moderna se apoia na simples compreensão de que nossos atos de pensamento se direcionam a algo, sem que, com isso, possamos concluir, apenas a partir da experiência desse ato, por que eles se dirigem justamente àquilo com que eles se ocupam. No pensamento sobre o não pensamento, os pensadores de pensamentos são parcialmente desconhecidos para si.

Todavia, não se pode permanecer aí e se entocar no próprio inconsciente. Não somos como que vítimas de nossa própria consciência. O pensar consciente não é nenhuma simulação que, por algumas razões, o inconsciente deixa rodar. Se todos os processos de pensamento fossem controlados por impulsos aos quais não temos, por uma questão de princípio, acesso, se, então literalmente nunca fôssemos senhores na própria casa, seria completamente incompreensível como alguém poderia descobrir isso.

Para isso, deve ser introduzida, aqui, a designação **teoria da alienação do pensar**. Essa teoria afirma que todos os nossos processos de pensamento são determinados pelo fato de que ocorrem

---

243. Freud, 1982, p. 366 (nota 3).

processos inconscientes em nosso corpo, conjuntamente com pré-disposições inconscientes que foram fixadas na primeira infância, geneticamente, por meio de conexões cerebrais ou seja como for. Segundo esse modelo, aquilo que nos ocorre agora, seria, na verdade, sempre consideravelmente surpreendente. A impressão de que levaríamos uma vida própria espiritual racionalmente controlável seria simplesmente uma ilusão, que é produzida pelo fato de que os nossos pensamentos nunca enxergam completamente a própria maneira com que eles vêm a ser.

O problema, agora, é que essa teoria falha, caso se aplique ela a si mesma. Se realmente *todos* os nossos processos de pensamento fossem controlados por meio de impulsos inconscientes, então, também os processos de pensamento sobre processos de pensamento o seriam. Que ocorra uma descoberta psicológica seria, então, sempre apenas um feliz acaso, para o qual não se pode realmente contribuir em nada. Ou nos tornamos psicólogos ou não, e caso se torne psicólogo por causa das circunstâncias da própria vida, então ou ocorre por acaso a alguém algo mais ou algo menos, ou não.

Se isso fosse verdadeiro, não se poderia, por exemplo, ensinar a disciplina de Psicologia (e também nenhuma outra!). Não haveria métodos, padrões, nenhum conhecimento universalmente válido, mas sim ideias arbitrárias de personalidades de pesquisa individuais. Algumas delas talvez tivessem, então, um tal carisma que outras a seguiriam, pois elas, secretamente, querem se submeter, como uma manada, a um líder.

Não contesto que o empreendimento científico da obtenção de conhecimento pode ser explicado, com alguma plausibilidade, como uma batalha de egos. Há um confronto de força que, em parte, só pode ser explicado psicologicamente no empreendimento da autoafirmação acadêmica, o que o filósofo de Frankfurt Axel Honneth (* 1949), apoiando-se em Hegel, caracterizou como "batalha por reconhecimento"[244]. Mas nenhuma sociologia do trabalho ou do saber explica como o desenvolvimento de teorias funciona. Na melhor das hipóteses, ela explica sob que condições sociais e psicológicas se chegar à aceitação de resultados e de sistemas de pensamento que têm pouco a ver com a questão da verdade.

Toda constelação que reduz qualquer vontade de saber a uma vontade de poder resulta da problemática teoria da alienação do pensar. Quem reduz o pensar ao refletir sobre não pensamentos se prende na lógica do inconsciente, pois, no pensar sobre não pensamentos, demandamos, de fato, parâmetros sem os quais nós, seres humanos, não poderíamos pensar e conhecer absolutamente nada como seres vivos. A ativação desses parâmetros não se deixa, a princípio, ser completamente abarcada e conhecida.

Todavia, as coisas são completamente diferentes se refletimos não sobre não pensamentos, mas sobre pensamentos, se, então, fazemos filosofia. Nos bons velhos tempos da filosofia grega e do idealismo alemão, nossos antepassados se permitiam mesmo tomar a filosofia por divina, pois eles, na reflexão sobre a reflexão, saíam das estruturas de preocupação cotidianas da vida humana. Filósofos se tornaram, dessa maneira, modelos para o monasticismo medieval, e não é por acaso que, nos monastérios medievais, os tesouros de saber da filosofia antiga foram transmitidos ao longo dos séculos e sempre novamente interpretados, o que, por fim, culminou nos impulsos modernos do Esclarecimento.

Quer queiramos ou não, a idade medieval europeia é o fundamento espiritual e cultural da Modernidade, no que se deve registar incontáveis influências "não europeias" dos reinos islâmicos e mesmo da Ásia. Essa história prévia da Modernidade foi reconstruída, no âmbito linguístico alemão, decisivamente nos livros de Hans Blumenberg (1920-1996), Kurt Flasch (* 1930) e nos trabalhos de meus

---

244. Honneth, 1994.

colegas de Bonn da cátedra de filosofia medieval (lá, sobretudo por Ludger Honnefelder [* 1935] e Wouter Goris (* 1968). Em seu volume final publicado postumamente pela primeira vez em 2018 sobre a história da sexualidade, *As confissões da carne*, Foucault deriva a nossa situação psíquica moderna como um todo das práticas medievais, de modo que, segundo ele, toda a sociologia e psicanálise de seu tempo seriam um eco de técnicas de confissão, embora elas se considerem modernas; ou seja, especialmente não mais medievais[245]. Se Foucault tem razão, isso mina em seus fundamentos a demarcação que separa a Modernidade da idade medieval.

O que é relevante aqui, antes de tudo, é o fato, notado por Platão e Aristóteles, que a reflexão sobre a reflexão funciona de um modo inteiramente diferente do que a reflexão sobre não pensamentos. Em seus livros que foram transmitidos como *Metafísica* ou como *Sobre a alma*, Aristóteles desenvolve uma teoria do pensar sobre o pensar cujos traços fundamentais não foram superados. O nono capítulo dos doze livros da *Metafísica* de Aristóteles contém algumas das proposições mais influentes da filosofia, que, como dito, ecoam há milênios em tudo que foi dito até aqui sobre o pensar (também por mim).

Aristóteles se coloca, lá, a pergunta sobre por que, afinal, vemos o pensar tendo valor. Afinal, o ser humano se compreende até hoje por meio de sua capacidade de pensar, sua inteligência. Por isso, nos irritamos em vista dos avanços da pesquisa de IA e da tecnologia, pois o privilégio do ser humano é, de repente, transmitido ao não humano. Os nossos artefatos nos superam aparentemente em esferas que considerávamos, antes, um direito exclusivo do ser humano.

Mas o que, afinal, é tão especial no pensar? Porque ele conta, para citar Aristóteles, justamente como "o fenômeno mais divino

---

245. Foucault, 2018.

de todos"?[246] Nessa passagem, Aristóteles distingue três aspectos do processo de pensamento:

1) O pensante (*nous*).

2) O pensado (*noumenon*).

3) O ato de pensamento (*noêsis*).

Aquilo sobre o que refletimos, o pensado, não pode ser a razão para darmos valor ao pensamento. Isso porque refletimos, por fim, também sobre "o pior"[247] – por exemplo ditadores totalitários, afogamento simulado, violência brutal e muito que não gostaria de nomear aqui por compaixão pelas vítimas. Aristóteles diz a esse respeito, laconicamente: "é melhor não ver algumas coisas do que ver"[248]. O pensar não seria, então, de nenhum modo, uma coisa muito animadora se nós sempre pensássemos sobre o pavoroso. Então, é preciso que esteja ou no pensante, ou no ato de pensar aquilo que valorizamos no pensamento.

E aqui, Aristóteles chega à sua conclusão digna de nota de que o nosso pensar é, no melhor dos casos, constituído de tal modo que ele pensa sobre si próprio. Se pensamos a nós mesmos como pensantes ao, por exemplo, distinguir entre pensante, pensado e ato de pensar, apreendemos, assim, a realidade do pensar. "Ele pensa a si próprio, portanto, se ele é o melhor [pensar], e o pensar é o pensar do pensar"[249]. Chamemos isso de **puro pensar**, que consiste em que o ato de pensar se apreende como tal. Isso ocorre pelo fato de que nos ocupamos não com não pensamentos, mas com a forma do próprio pensar. A filosofia é uma formulação de teorias que investiga, do ponto de vista do puro pensar, todos os outros pensamentos.

---

246. *Metafísica*, 1074b15s (ARISTÓTELES, 1970, p. 320; trad. minha).

247. Cf. ibid.

248. Cf. ibid., 1074b432s.

249. Cf. ibid. (1074b33-35).

Se você leu até este ponto, já está bastante habituado a refletir sobre o pensar. A proposição de Aristóteles lhe parece talvez, então, mais ou menos plausível. Mas então, porém, também se tornou claro que nem todo pensar se ocupa com não pensamentos e, por isso, também nem todo pensar pode ser explicado por processos inconscientes. Temos de supor que estamos em condições de desenvolver teorias do pensar que não são, elas mesmas, joguetes de relações inconscientes de forças, pois, caso contrário, não teríamos mais nenhum critério para distinguir entre obtenção de conhecimento e lutas de poder intelectualmente sublimadas.

Isso vale também para Foucault e seu mestre Nietzsche, que não podem explicar como chegaram às suas intelecções sobre a vontade de poder inconsciente ou sobre as práticas de disciplinamento subterrâneas que devem estruturar todo o nosso pensar consciente. Eles reclamam para si uma condição de exceção, o que Nietzsche, ademais, usa de maneira desavergonhada para legitimar a escravidão[250].

Temos, então, a escolha: ou nos despedimos inteiramente da ideia de que nós, como seres vivos espirituais e racionais, estamos em condições de dar às vezes prioridade à verdade e aos fatos frente a nossos interesses egoístas, ou reconhecemos que o puro pensar existe.

Todavia, o puro pensar é uma atividade de seres vivos. O ser humano não é apenas razão ou puro pensar, mas um ser vivo, cujas atividades vitais, às vezes, tomam a forma de reflexão sobre os nossos processos de pensamento. "Pois a realidade do puro pensar é a vida"[251].

---

250. Cf. Nietzsche, 1999b.

251. *Metafísica*, 1072a26s (ARISTÓTELES, 1970, p. 312; trad. minha).

O ser humano é uma inteligência artificial

Como seres vivos, dispomos de um equipamento sensorial; ou seja, de um equipamento fundamental de capacidades sensíveis, sem as quais não poderíamos tomar nenhum contato com o real. Esse equipamento fundamental não é, de modo algum, inteiramente conhecido. Também nunca poderemos mapeá-lo inteiramente. Isso porque ele é inseparável de nosso nicho ecológico e, em última instância, conectado com uma quantidade não abarcável de muitas condições de sobrevivência que se desenvolveram em milhões de anos de evolução de espécies e de sua interação com a atmosfera de nosso planeta que foi gerada, entre outras coisas, por suas atividades de vida. A isso se acresce o papel parcialmente conhecido por nós que a radiação cósmica desempenha na evolução (ela intervém, como sabemos hoje, nos processos biológicos de nosso planeta), os fenômenos geológicos que influenciam conjuntamente a nossa atmosfera e, hoje, especialmente pela mudança climática levada a cabo pelo ser humano.

Tudo isso se manifesta no âmbito de nossa experiência consciente da realidade, sem que possamos enxergar inteiramente esses fatores em seus detalhes e em sua atuação conjunta. Pertence à essência do real que nunca possamos simulá-lo inteiramente.

Todavia, o ser humano não é, de modo algum, um animal que se enfia cognitivamente em seu nicho e tenta, de algum modo, sair dele por meio de modelos. O nosso componente biológico não é uma restrição, ele não nos força a pôr uma venda que não podemos tirar. Pelo contrário, ele é o pressuposto para que tenhamos criado uma forma de inteligência que se emancipou de nossas bases biológicas: a nossa própria inteligência artificial.

É polêmico se há uma psicometria de um coeficiente universal de inteligência que possa medir o quão inteligente um ser humano ou outro ser vivo é[252]. Está tudo menos provado que aquilo que se apreende por meio de um teste de inteligência em seres humanos é aquilo que também se apreende em outros seres vivos. Evidentemente, há uma diferença entre a inteligência humana e a inteligência de outros seres vivos, que consiste em que nos movimentamos em campos de sentido que estão fechados a outros seres vivos. Disso faz parte, em particular, que façamos testes de inteligência, enquanto outros seres vivos não. Pesquisamos os movimentos migratórios de baleias, mas baleias não pesquisam os nossos. Somos, presumivelmente, o único ser vivo em nosso planeta que sabe, de algum modo, que somos seres vivos que nos encontramos em um planeta.

Isso não é nenhuma diminuição de outras formas de vida. Indico isso apenas para apontar para a seguinte circunstância: a nossa inteligência humana não é inteiramente biológica, por mais que ela não pudesse existir se não fôssemos seres vivos.

O ser humano é, essencialmente, um ser vivo histórico. Como o animal que não quer ser um, o ser humano inventa histórias sobre como os episódios que ele vive estão interligados. Essas histórias levaram, por milhares de gerações de narrativa, para as florescências da alta cultura, com que nos confrontamos a partir do momento da invenção da escrita no passado profundo do ser humano. O épico de Gilgamesh, o Antigo Testamento, os épicos de Homero e Hesíodo, o Mahabharata e o Ramayana na Índia dão testemunho de uma estrutura profunda de autoexame humano, que dificilmente pode ser superada em refinamento. Pode-se passar uma vida inteira com a pesquisa das estruturas narrativas e da linguagem extremamente complexa desses épicos. Por isso, a psicologia profunda busca, desde os seus inícios, por esclarecimentos sobre a vida anímica do ser humano nos testemunhos arqueológicos de nossos antepassados, e aqui, antes de tudo, em seus paradigmas narrativos.

---

252. Cf., a esse respeito, as contribuições em Sternberg, 2018.

O que os grandes épicos documentam é a maneira e o modo humano de fazer um retrato sobre quem ou o que somos realmente. O ser humano nos confronta aqui como um ser que está emaranhado em espessas redes de narrativas, que servem para distinguir humano de não humano. O ser humano se torna si mesmo pelo fato de que ele conta histórias sobre por que ele não é apenas um animal, nem uma pedra ou um deus. Ele se torna um narrador de histórias.

Nunca poderemos escapar inteiramente de nossas histórias. Todavia, conseguimos, na Modernidade, nos aproximar do infinito, que não pode ser apreendido por nenhuma história, mas por meio da construção de teorias científicas. Esse processo começa, ele mesmo, na era dos grandes mitos, na Grécia, por meio da distinção de mito e *logos*, de história e puro pensar.

O ser humano, ao traçar essa distinção, inventa uma nova forma de inteligência, que não havia antes. Por meio da criação e do ensino, programamos nossos descendentes e transmitimos a eles aqueles algoritmos que inventamos para otimizar nosso reconhecimento de padrões. A matemática que se aprende hoje na escola é muito superior a tudo aquilo que os nossos antepassados mais inteligentes podiam conhecer, pois passamos adiante, por meio de nosso sistema de educação, nossa inteligência obtida artificialmente.

O avanço científico da humanidade se apoia no fato de que nós mesmos temos uma inteligência artificial. A *nossa* inteligência é, a saber, em grande parte, um artefato de nossos entornos culturais; ou seja, sociais. Naturalmente, há pressupostos biológicos para nosso acesso à inteligência artificial do ser humano. Isso não significa, porém, que se nasce com a inteligência. Nasce-se com pressupostos biológicos que podem facilitar ou dificultar apreender as estruturas lógicas que estão no fundamento da uma esfera de pensamento e narrativa humanos. Nasce-se com o sentido do pensar, não com como ele é praticado e treinado.

Os programas instalados por nós, seres humanos, em bases não biológicas, são modelos das relações entre inteligência biológica e artificial do ser humano. Eles simulam essas relações. Por isso, não deveríamos mais falar aqui de inteligência artificial, mas sim de inteligência artificial artificial. Aquilo que se chama hoje de IA é, desse modo, na realidade, uma IA de segundo nível. Chamemos isso de **a tese da IAA**. – Uma IAA é, desse modo, um *modelo de pensamento*, e não uma *cópia de pensamento*. Desenvolvemos esses modelos. Eles são artefatos do ser humano, cuja própria inteligência é um artefato.

O ser humano tem dois componentes que, todavia, se influenciam reciprocamente e, por isso, não se dividem, como o dualismo pensa, em duas esferas separadas da realidade.

Podemos chamar um componente de animal humano. O **animal humano** é uma espécie biológica que surgiu por meio da evolução. Ele não muda já há muito tempo. Somos, ainda, a mesma espécie de muitos de nossos antepassados. Se pudéssemos colocar em uma máquina do tempo os bardos que cantaram milhares de anos antes das formas prévias dos épicos apenas posteriormente escritos e trazê-los para a Tóquio de hoje, poderíamos ensiná-los como se toma o metrô. Eles não seriam biologicamente distintos de nós. Em contrapartida, não podemos explicar para elefantes que Tóquio é a capital do Japão. Um *homo sapiens* do século XX a. C. poderia a princípio, em contrapartida, nos entender.

Sabemos isso factualmente pelo fato de que, na Modernidade, contato entre seres humanos pré-modernos e seres humanos modernos foi feito e continua a ser feito. Isso, infelizmente, tem efeitos fatais em nossos conterrâneos pré ou não modernos. A razão para isso é que a Modernidade proveio literalmente de uma corrida armamentista que foi uma otimização contínua de nossa inteligência artificial com o objetivo de submeter e destruir inimigos políticos.

A tecnologia moderna surgiu no laboratório das guerras por todo território da Europa que no século XX se tornaram em guerras mundiais. Já houve, todavia, antecedentes no início da Modernidade, no qual os "estrangeiros" que foram encontrados nas viagens de descoberta nas ilhas ibéricas foram subjugados de modo imperialista. A nossa própria inteligência artificial humana se desenvolve, infelizmente, não apenas no âmbito da narrativa, mas também, ao mesmo tempo, no campo de batalha. E, assim, não é de se admirar que o tema de todos os grandes épicos seja a guerra. A guerra entre seres humanos ou a guerra entre seres vivos não humanos, deuses, animais fantásticos poderosos e pessoas como nós.

O segundo componente do ser humano é o retrato de quem ou o que ele é, e de onde todo ser humano tira instruções sobre quem ou o que ele deve ser. Isso deve ser designado aqui como o **retrato do ser humano**. Seres humanos são animais que não querem ser um, pois não é possível que nos identifiquemos com o animal humano. Como seres humanos, não somos apenas uma espécie que se diferenciou, no curso da evolução, em uma de suas ramificações. Isso porque não podemos evitar nos apreendermos com o nosso sentido de pensar, que não se deixa descrever de maneira inteiramente evolutiva, uma vez que ele é um artefato histórico sociocultural. Que autodescrições do ser humano, assim como que retratos do ser humano se impõem, varia tanto diacronicamente quanto sincronicamente. As transformações no retrato do ser humano não estão submetidos ao princípio de que seres vivos são moldados para a sua autopreservação, o que se vê no fato de que (infelizmente) a maior parte dos retratos do ser humano levam à sua autodestruição.

O desenvolvimento atual da IAA não é, aqui, uma exceção a essa regra. A nossa narrativa do futuro da inteligência artificial é marcial. Imaginamos que toda inteligência que pudermos criar estaria profundamente interessada na extinção da humanidade. Isso fala volumes.

Isso diz respeito não apenas aos europeus, mas pode ser estudado igualmente bem por meio da história da Ásia. O zen-budismo está estreitamente ligado com a cultura da espada. Os esportes marciais asiáticos amados mundialmente também são um exercício em IA; eles exercitam, por caminhos senso-motores, as bases da criação e do ensino. E não esqueçamos que, entre outras coisas, a Segunda Guerra Mundial não foi travada apenas na Europa.

A narrativa atual da IAA que ameaçaria a nós, seres humanos, é uma transposição de nossas próprias fantasias de violência para as máquinas inventadas por nós. Isso porque sabemos que a IAA surgiu, antes de tudo, em contextos militares e se deita sobre a sociedade humana na forma de uma rede de vigilância global. A revolução digital não é, de modo algum, simplesmente apenas um processo econômico, e de modo algum a libertação do ser humano do jugo de suas limitações físicas. Ela é uma gigantesca máquina de guerra, da qual podemos esperar, no melhor dos casos, que ela seja segurada pelas rédeas por meio da disseminação de cenários de horror, semelhantemente a como funcionam as coisas na guerra atômica que, felizmente, até agora, não aconteceu. Assim como o terror atômico graças a incontáveis filmes e narrativas apocalípticas contribuiu até aqui para evitar a autoextinção do ser humano, podemos, hoje, apenas esperar que a evocação de cenários ameaçadores da IAA tenha um efeito semelhante.

O ser humano ainda é o seu maior inimigo. Criamos, aí, sistemas autônomos de armas, que tememos porque eles são modelos do pensar de nosso próprio esforço de aniquilação e de poder.

O fim do ser humano – Tragédia ou comédia?

A palavra "máquina" vem da expressão grega antiga *mêchanê*, que significa meio, mas também artimanha e artifício. As nossas máquinas satisfazem a função de enganar a natureza, outros seres vivos e, sobretudo, outros seres humanos[253]. O exercício em algoritmos no sistema de educação nos fornece meios e caminhos para atingir vantagens competitivas. Por isso, a educação é um bem pelo qual se precisa pagar muito dinheiro em alguns estados. Entre nós, a educação é, em larga medida, um direito que todo cidadão tem e que também cidadãos de outros estados que estejam entre nós têm direito, com algumas limitações. Essa é uma conquista da Modernidade. A ideia da igualdade de chances não é nenhuma obviedade, mas a realização da compreensão de que o ser humano é a maior ameaça para o ser humano, motivo pelo qual criamos sistemas sociais que nos protegem uns dos outros. A igualdade de chances significa a minimização de riscos, na qual, idealmente, ninguém está excluído da possibilidade de cultivar o seu sentido do pensar em nome de uma coordenação de ações eticamente conduzida.

A Modernidade se apoia em um verdadeiro progresso. Um progresso verdadeiro não consiste apenas na ligação industrialmente valorizável entre ciência e técnica. Se não refletimos sobre o que realmente fazemos quando avançamos científica e tecnologicamente, mais cedo ou mais tarde nos destruiremos, e, no caminho da autoaniquilação, traremos o desastre em todo lugar onde o ser humano não puder se defender contra o predomínio tecnológico das nações industriais avançadas. Esse é, agora, o estado de coisas com que temos de lidar hoje e diante do qual não podemos fechar os olhos.

Kant se coloca regularmente a pergunta sobre como o ser humano, por um lado, pode ser "apenas um elo na cadeia dos fins da natureza" e, por outro lado, porém, encontre-se fora da natureza, pois ele trabalha contra a sua autopreservação. Autopreservação e vontade de sobrevivência não são propriedades naturais da huma-

---

253. Cf. a esse respeito o livro injustamente caído em esquecimento: *A antiquariedade do ser humano*, de Günther Anders (ANDERS, 2002).

nidade como um todo. Kant escreve, por isso, em uma visão sombria, "que o absurdo na situação natural" no ser humano

> o coloca ainda, em pragas autocriadas e ainda em outras de sua própria espécie, pela opressão do domínio, a barbárie da guerra etc., e em tal necessidade, e ele mesmo, pelo quanto está impresso nele trabalhar pela destruição de sua própria espécie, que, mesmo na natureza mais beneficente fora de nós, os fins da mesma, se ela estivesse disposta à bem-aventurança de nossa espécie, não seriam alcançadas em um sistema da mesma sobre a Terra, pois a natureza em nós não é receptível à mesma[254].

O ser humano não é feito por natureza para a felicidade. (O que Kant chama de bem-aventurança.) Nós, como humanidade como um todo, não podemos nunca nos tornarmos duradouramente feliz se os sistemas de satisfação de nossas carências levam, ao mesmo tempo, a que desumanizemos outros seres humanos. Por isso, a justiça social ainda é uma palavra-chave importante. Em uma sociedade injusta, na qual bens e chances estão distribuídos como, por exemplo, no Brasil de hoje, a dignidade do ser humano para a felicidade, para citar outra expressão de Kant (um pouco a contrapelo) está em jogo. Isso porque aqueles que lucram conscientemente da injustiça por meio da qual inocentes sofrem direta ou indiretamente ou mesmo têm de morrer sob condições indignas não são dignas da felicidade. Por isso, a razão para o valor da igualdade de chances não deve ser buscada apenas em um cálculo estratégico da vida conjunta, mas se ancorar no próprio conceito da humanidade, na medida em que nós, como seres humanos, somos capazes de intelecções morais. E essa capacidade caminha de mãos dadas com o nosso sentido do pensar.

Por isso, é uma ideia central do Esclarecimento que atingimos um verdadeiro progresso se fazemos a humanidade progredir. Isso pressupõe a reflexão filosófica, assim como artística e das ciências

---

254. Kant, 1974b, p. 388s.

humanas, que, por sua vez, têm de ser o fundamento para a nossa reflexão sobre a verdadeira justiça social. Apenas nesse âmbito se deixa determinar como devemos lidar com a revolução digital.

Neste livro, tentei empreender, de uma maneira universalmente compreensível, uma viagem pelo labirinto do pensar, a fim de que possamos trabalhar conjuntamente para continuar a desenvolver o nosso sentido do pensar e o calibrarmos de tal modo que possamos começar a tirar do caminho erros de pensamento que a condução industrial do avanço tecnológico irrefreado produz.

Aqui, gostaria de fazer um balanço e lembrar de um bom e velho experimento mental: o teatro. Para tanto, viajamos novamente para a Antiguidade. A primeira democracia de todos os tempos – que era tudo menos perfeita, já que ela, entre outras coisas, não funcionaria sem escravos – foi criada, como é conhecido, no solo de Atenas. A sociedade observou a si mesma na matemática, lógica, filosofia, física, teoria política, arquitetura, mas sobretudo também no teatro. O resultado foi o **humanismo**, a descoberta de que o ser humano se reflete em todas as suas atividades. O que fazemos é um espelho do que somos – quer percebamos isso, quer não. Essa ideia não é ultrapassada, mas tão atual quanto era no tempo de Péricles.

Platão apresentou uma interpretação genial da estrutura do teatro, que ele próprio, bem-visto, expôs na forma de peças de teatro, a saber, na forma de diálogos. Seu diálogo *O banquete* (em português claro: festança) se ocupa com o amor e a amizade. Trata-se, aí, especialmente da filosofia, já que ela é o amor à sabedoria. O diálogo culmina na compreensão de Sócrates de que um verdadeiro escritor de tragédias também teria de ser um verdadeiro escritor de comédias[255]. Eu interpreto isso da seguinte maneira: quem o ser humano é depende de como determinamos a nós mesmos. Está em nossa mão se o futuro é uma tragédia ou uma comédia.

---

255. Cf. Platão, 2006, p. 139 (223d4-8)

Se nos decidimos pela tragédia, seremos arruinados por nossa própria cegueira em acreditar que mais uma aceleração do progresso tecnológico triunfará de alguma maneira sobre os nossos problemas atuais. Assim, ainda não percebemos que, desse modo, estamos a caminho exatamente dos mesmos modelos de sociedade que são encenados com um realismo chocante em obras-primas de autoconhecimento como *Black Mirror* e *Eletric Dreams*.

Se, em contrapartida, nos decidimos pela comédia, temos de produzir as condições para que todos os seres humanos cheguem à posição de poder exercer a sua autodeterminação com todos os direitos humanos. Para isso, temos, antes de tudo, chegar a compreender que há um núcleo central do ser-humano: o desejo de não ser apenas um animal. Esse desejo nos liga com a realidade imaterial que exploramos hoje desavergonhadamente de modo tecnocrático. Isso funciona tão bem porque a visão de mundo materialista, em verdade ultrapassada, do século XIX se fixou em nossos aparatos de pensamento.

Temos de nos defender contra o pós-humanismo, a tentativa de desfazer o ser humano. Isso porque ele é uma cegueira que é beneficial para a autoaniquilação do ser humano por meio de seu aparato militar digital. Quem quer superar o ser humano em nome do super-homem despreza, em verdade, a vida. Mas o único sentido da vida está na própria vida. A vida bem-sucedida é o sentido da vida. As condições de uma vida bem-sucedida são, entre outras coisas, investigadas na reflexão sobre a reflexão, que, por meio de nosso sentido do pensar, liga-se com o fato de que não podemos escapar de nossa vida. Somos e permanecemos o ser vivo espiritual que não quer ser um animal e que, por isso, usa, de maneira demasiado frequente, a sua razão para "ser mais animal do que qualquer animal"[256].

---

256. Goethe, 2014, p. 10.

O fim do livro

Uma observação final patética

Argumentei, em todos os três livros da trilogia, contra uma visão de mundo e do ser humano poderosa, mas igualmente errada, e seus fundamentos filosóficos, o que me levou da pergunta pelo mundo como um todo (*Por que o mundo não existe*) para a pergunta pelo nosso eu (*Eu não sou meu cérebro*) até a autoapreensão do *Sentido do pensar*. Nesse meio-tempo, o novo realismo não se tornou menos, mas mais atual. Em retrospecto, parece até mesmo que a crise da representação e a desconfiança em relação ao universalismo ético se acentuou mundialmente desde a virada realista na filosofia contemporânea.

O absurdo dos fatos alternativos e da era pós-fática, a repressão da mídia e o desmantelamento da liberdade de imprensa em muitos países desta Terra nos últimos cinco anos confirmam que o novo realismo também tem uma incumbência moral. O ser humano não pode se determinar de maneira bem-sucedida se ele foge da realidade. Torna-se, então, fácil para os inimigos do ser humano, semear a discórdia entre seres humanos, ao disseminar as mentiras de que nós, seres humanos, seríamos essencialmente diferentes pela cor da pele, gênero, pertencimento a uma religião, nacionalidade ou tradição cultural. Seres humanos são diferentes, simplesmente porque eles se distinguem uns dos outros.

Hoje se dissemina um catálogo de características de distinção que não se sustenta diante de qualquer investigação das ciências humanas e historicamente informada. Quem conhece a história sabe que não há e nunca houve em lugar nenhum um povo natural. Ele também sabe que não há e nunca houve em lugar nenhuma uma identidade cultural unívoca. Quem acredita como, por exemplo, Viktor Órban, que a Europa teria um fundamento cristão, mostra, assim, um desconhecimento total da história da Europa e do cristianismo, que foi, ademais, fundado no Oriente Próximo por um judeu que foi executado justamente por aquele império europeu que, a seguir, foi conquistado ao longo de séculos pelo cristianismo. O cristianismo é uma consequência do movimento de migração espiritual e pessoal que não tem nada, mas absolutamente nada a ver com a essência da Europa, pois a Europa não tem essência.

O que a Europa pode ser no futuro depende de se nos desenvolveremos de maneira bem-sucedida e adequadamente medida por critérios morais. A exclusão de grupos de população inteiros cujos antepassados marcaram decisivamente a civilização europeia (de que fazem parte, como, na verdade, todos deveriam saber, um grande número de eruditos islâmicos) não corresponde aos padrões da razão humana universal e deve, por isso (não apenas, mas necessariamente também), ser refutada filosoficamente. A isso se acresce que, para ser um ser humano e para ter direitos humanos na Europa, não é necessário ter nenhum antepassado que tenha feito algo na Europa, pois nosso ser-humano não é medido por feitos.

A Europa se encontra em uma crise. Essa crise é parte de processos globais que, entre outras coisas, estão interligados com a revolução digital e com a guerra cibernética que é hoje conduzida. Em uma crise, não se sabe como se deve ir adiante. Em toda crise de vida nos perguntamos quem somos realmente e quem queremos ser no futuro. Refletimos sobre nós mesmos. Se a nossa reflexão sobre nós mesmos é falha, não saímos da crise incólumes. Quem somos realmente nós [os europeus], e quem queremos ser no futuro?

Seria inapropriado querer ainda, no fim deste livro, desenvolver uma visão para a Europa. Mas algo tem de ser esclarecido urgentemente: a Europa não é nem um construto tecnocrático – para o que muito de seus críticos têm Bruxelas diante de seus olhos –, nem é o ocidente cristão. Visto exatamente, ninguém sabe o que ela é. Por isso se coloca a pergunta sobre o que, afinal, ela deveria ser.

Para terminar de modo algo patético, quero assoprar forte na corneta de um universalismo incondicional. Há um núcleo essencial universal do ser humano, que é, de fato, a sua capacidade de autodeterminação. A capacidade de autodeterminação se manifesta em nossa autodefinição patogênica como o animal que não quer ser um. Todos os seres humanos experienciam a realidade, por causa de seus sentidos partilhados – ao que pertence o pensar – da mesma maneira fundamental. Por isso, temos a capacidade de imaginar como seria ser outra pessoa. Essa capacidade é a fonte da moral. Uma ação é moralmente relevante se ela é realizada com o conhecimento de que o que eu faço poderia ser feito comigo mesmo.

O fundamento da moral, o bem, deriva-se do fato de que todo mundo é um outro. Todo mundo é um estranho e o é para estranhos. Quando se reflete sobre estranhos mostra-se, então, quem se é realmente. Para os cristãos: justamente isso significa amar ao próximo como a si próprio. Aqui, ofereço, por isso, apenas um espelho no qual você pode reconhecer a si mesmo e medir o quanto você é da opinião (errada) de ter uma identidade fixa e valorosa que o justifica a fazer um retrato desvalorizador de estrangeiros.

A crise atual da Europa segue a patologia da xenofobia, o medo do estrangeiro. A xenofobia é, como a aracnofobia ou a claustrofobia, expressão de uma autorrepresentação distorcida. É, então, extremamente necessário reativar o sentido do pensar, a fim de nos mantermos em busca de possibilidades de terapia para os nossos erros de pensamento. É tempo de uma filosofia europeia, que, ademais, nunca existiu até agora, tampouco quanto uma Europa realmente unificada [já existiu].

Agradecimentos

Este livro deve o seu surgimento ao apoio de uma série de pessoas e instituições que gostaria de nomear em meus agradecimentos. Primeiramente, meu agradecimento vai à Instituição Alexander von Humboldt e à Universidade de Paris 1 Panthéon-Sorbonne. O manuscrito do livro foi completado no âmbito de uma bolsa Feodor-Lynen para cientistas experienciados e como professor visitante em Paris. O projeto de pesquisa do qual *O sentido do pensar* saiu se ocupa com a ontologia de objetos fictícios; ou seja, com a pergunta sobre em que medida objetos que imaginamos e sobre os quais contamos histórias realmente existem. Para lidar com essa questão se elabora o quadro do novo realismo, no qual, como se sabe, objetos fictícios como unicórnios são bem-vindos. Também gostaria de agradecer a minha universidade, a Rheinischen Friedrich-Wilhelms-Universität Bonn, pela generosa liberação de minhas obrigações em Bonn para a tomada da bolsa de pesquisa.

Além disso, no mesmo contexto, agradeço à CNRS, ao presidente da Universidade Paris 1, Prof. Georges Haddad, assim como ao reitor de minha universidade, Prof.-Dr. Michael Hoch, pela disponibilização do recentemente fundado Centro de Pesquisa Franco-Alemã sobre Novos Realismos (Centre de Recherches sur les Nouveaux Réalismes, CRNR), que foi financiado pela CNRS e por universidades parceiras. Nesse âmbito, a pergunta por uma filosofia realista da percepção toma um foco no qual eu, felizmente, posso trabalhar com, entre outros, os filósofos franceses Jocelyn Benoist e Quentin Meillassoux. Um agradecimento especial vai, aí, para Jocelyn Benoist, a quem devo a inspiração de escapar à cisão entre sujeito e objeto já no âmbito da percepção, para, desse modo, obter uma compreensão realista do sensível, para o que o próprio Benoist faz, com seus livros, algumas das contribuições mais importantes.

Além disso, agradeço profundamente ao senado da República do Chile pelo convite para o Congresso Futuro. Nessa oportunidade, pude conhecer Giulio Tononi, que, com a sua teoria não reducionista e realista da consciência no âmbito da pesquisa neurocientífica, vai igualmente além da dicotomia sujeito-objeto. Infelizmente, o manuscrito já havia sido concluído antes da minha visita ao laboratório de Tononi em Madison/Wisconsin, de modo que os resultados de nossos profundos diálogos não podiam mais ser incluídos neles.

Agradeço, além disso, a meus colegas do Center for Science and Thought (CST) da Universidade de Bonn e o Centro Internacional de Filosofia NRW pelos diálogos de muitas horas sobre temas de meu livro. Aqui, deve-se nomear especialmente Ulf-G. Meissner, Michael N. Forster e Jens Rometsch, com quem pude discutir por meses, muitas vezes por semanas inteiras, sobre a forma correta de um realismo na teoria da percepção e do pensamento. Aqui, gostaria de agradecer mais uma vez a Jocelyn Benoist, assim como Charles Travis, pelo prazer intelectual durante um seminário conjunto em Bonn sobre o manuscrito Frege de Travis, no qual ele defende a existência de um *"invisible realm"* [reino invisível] contra os erros de uma leitura linguística da realidade do pensar. Talvez um dia eu conte a Charles que, por trás de Frege, encontra-se o bom e velho projeto de uma "igreja invisível"[257]; ou seja, do idealismo alemão.

Agradeço, além disso, à equipe de minha cátedra, Walid Faizzada, Marin Geier, Mariya Halvadzhieva, Jens Pier, Jens Ro-

---

257. Hegel, 1969, p. 18.

metsch e Jan Voosholz, por seus comentários a uma primeira versão do manuscrito e pelo auxílio na elaboração da última versão.

Por último, mas não menos importante, gostaria de agradecer à Ullstein Verlag, especialmente às minhas revisoras Julika Jänicke e Ulrike von Stenglin, pela sua maravilhosa assistência nos três projetos de livro, que eu vejo como uma trilogia. Além disso, agradeço profundamente a Carla Swiderski pelas suas precisas sugestões de aprimoramento e pela sua revisão detalhada do manuscrito.

Referências

ADORNO, T.W. *Metakritik der Erkenntnistheorie* – Studien über Husserl und die phänomenologischen Antinomien [Metacrítica da teoria do conhecimento – Estudos sobre Husserl e as antinomias fenomenológicas]. Frankfurt a. M.: Suhrkamp, 1990.

_____. "Negative Dialektik" [Dialética negativa]. In: *Gesammelte Schriften* [Obras Completas]. Vol. 6. Frankfurt a. M.: Suhrkamp, 1973.

ANDERS, G. *Die Antiquiertheit des Menschen* [A antiquariedade do ser humano] – Vol 1: Über die Seele im Zeitalter der zweiten industriellen Revolution [Sobre a alma na era da segunda Revolução Industrial]. Munique: C.H. Beck, 2002.

ARISTOTELES. *Über die Seele* [Sobre a alma]. Griechisch/Stuttgart: Reclam, 2011.

_____. *Physik* – Vorlesung über Natur [Física – Preleção sobre a natureza]. Erster Halbband: Bücher I (A)-(Δ) [Primeiro volume: Livros (A)-(Δ)]. Hamburgo: Meiner, 1987.

_____. *Metaphysik* – Schriften zur Ersten Philosophie [Metafísica – Escritos sobre a primeira filosofia]. Stuttgart: Reclam, 1970.

BAUDRILLARD, J. *Amerika* [América]. Berlim: Matthes & Seitz, 2004.

_____. *Simulacres et simulation* [Simulacros e simulação]. Paris: Galilée, 1981.

BEIERWALTES, W. *Platonismus im Christentum* [Platonismo no cristianismo]. 3. ed. ampl. Frankfurt a. M.: Klostermann, 2014.

BENOIST, J. *L'adresse du réel* [O endereço do real]. Paris: Vrin, 2017.

BLOCK, N. "Troubles with functionalism" [Problemas com o funcionalismo]. In: *Minnesota Studies in the Philosophy of Science* [Estudos de Minnesota em Filosofia da Ciência], 9, 1978, p. 261-325.

BOGHOSSIAN, P. *Angst vor der Wahrheit* – Ein Plädoyer gegen Relativismus und Konstruktivismus [Medo da verdade – Uma defesa contra o relativismo e o construtivismo]. Berlim: Suhrkamp, 2013.

BORGES, J.L. *Das Aleph* [O Aleph]. Frankfurt a. M.: Fischer, 1992.

BOSTROM, N. *Superintelligenz*: Szenarien einer kommenden Revolution [Superinteligência: cenários da revolução por vir]. Berlim: Suhrkamp, 2016.

_____. "Are You Living in a Computer Simulation?" [Você está vivendo em uma simulação de computador?]. In: *Philosophical Quarterly*, 53/211, 2003, p. 243-255.

BOSTROM, N. & KULZYCKI, M. "A Patch for the Simulation Argument" [Um ajuste para o argumento da simulação]. In: *Analysis*, 71/1, 2011, p. 54-61.

BOSTROM, N. & YUDKOWSKY, E. "The Ethics of Artificial Intelligence" [A ética da inteligência artificial]. In: FRANKISH, K. & RAMSEY, W.M. *Cambridge Handbook of Artificial Intelligence* [Manual de Cambridge da Inteligência Artificial]. Cambridge: Cambridge University Press, 2014, p. 316-334.

BRANDOM, R. *Begründen und Begreifen* – Eine Einführung in den Inferentialismus [Fundamentar e conceituar – Uma introdução ao inferencialismo]. Frankfurt a. M.: Suhrkamp 2004.

BROMAND, J. & KREIS, G. (org.). *Gottesbeweise von Anselm bis Gödel* [Provas de Deus, de Anselmo a Gödel]. Berlim: Suhrkamp, 2011.

BUCHHEIM, T. (org.). *Neutraler Realismus*: Jahrbuchkontroversen 2 [Realismo neutro – Livro anual de controvérsias, 2]. Friburgo i. Br.: Alber, 2016.

BURGE, T. "Self and Self-Understanding" [Si e entendimento de si]. In: *The Journal of Philosophy*, 108/6-7, 2007, p. 287-383.

CHALMERS, D. *The Conscious Mind*: In Search of a Fundamental Theory [A mente consciente – Em busca de uma teoria fundamental]. Oxford: Oxford University Press, 1996.

CHALMERS, D. & CLARK, A. "The Extended Mind" [A mente estendida]. In: *Analysis*, 58/1, 1998, p. 7-19.

CIXIN, L. *Der Dunkle Wald* [A floresta negra]. Munique: Heyne, 2018 [Triologia-Trisolaris, vol. 2].

_____. *Die Drei Sonnen* [Os três sóis]. Munique: Heyne, 2016 [Triologia-Trisolaris, vol. 1].

CLARK, A. *Surfing Uncertainty*: Prediction, Action, and the Embodied Mind [Surfando na incerteza: predição, ação e mente incorporada]. Oxford: Oxford University Press, 2016.

_____. *Supersizing the Mind*: Embodiment, Action, and Cognitive Extension [Aumentando a mente: incorporação, ação e extensão cognitiva]. Oxford: Oxford University Press, 2008.

_____. *Natural-Born Cyborgs*: Minds, Technologies, and the Future of Human Intelligence [Ciborgues nascidos naturalmente: mentes, tecnologias e o futuro da inteligência humana]. Oxford: Oxford University Press, 2004.

DAVIDSON, D. "Was ist eigentlich ein Begriffschema?" [O que é afinal um esquema conceitual?]. In: *Wahrheit und Interpreta-*

tion [Verdade e interpretação]. Frankfurt a. M.: Suhrkamp 1990, p. 183-203.

DEBORD, G. *Die Gesellschaft des Spektakels* [A sociedade do espetáculo]. Berlim: Tiamat, 1996.

DE LA BARCA, C. *La vida es sueño / Das Leben ist Traum* [A vida é sonho]. Stuttgart: Reclam, 2009.

DESCARTES, R. *Meditationen über die erste Philosophie* – Mit sämtlichen Einwänden und Erwiderungen [Meditações sobre a primeira filosofia – Com objeções e réplicas]. Hamburgo: Meiner, 2009.

DEUTSCH, D. *The Beginning of Infinity* – Explanations That Transform the World [O início da infinitude – Explicações que transformam o mundo]. Londres: Penguin, 2011.

Die Bibel [A Bíblia]. Trad. de Martinho Lutero revisada. Stuttgart: Deutsche Bibelgesellschaft, 2017.

DRESLER, M. *Künstliche Intelligenz, Bewusstsein und Sprache* – Das Gedankenexperiment des "Chinesischen Zimmers" [Inteligência artificial, consciência e linguagem – O futuro mental do "quarto chinês"]. Würzburg: Königshausen & Neumann, 2009.

DUMMETT, M. *The Nature and Future of Philosophy* [A natureza e o futoro da filosofia]. Nova York: Columbia University Press, 2010.

_____. *Thought and Reality* [Pensamento e realidade]. Oxford: Oxford University Press, 2008.

ELLIS, G. *How Can Physics Underlie the Mind?* – Top-Down Causation in the Human Context [Como a física pode subjazer à mente? – Causação *top-down* no contexto humano]. Berlim: Springer, 2016.

ELLIS, G. & HAWKING, S. *The Large Scale Structure of Space-Time* [A estrutura de grande escala do espaço-tempo]. Cambridge: Cambridge University Press, 1973.

350

FERRARIS, M. *L'imbécillité est une chose sérieuse* [A imbecilidade é uma coisa séria]. Paris: Presses Universitaires de France, 2017.

_____. *Manifest des neuen Realismus* [Manifesto do novo realismo]. Frankfurt a. M.: Vittorio Klostermann, 2014a.

_____. "Was ist der Neue Realismus?" [O que é o novo realismo?]. In: GABRIEL, M. (org.). *Der Neue Realismus* [O novo realismo]. Berlim: Suhrkamp, 2014b, p. 52-75.

_____. *Documentality*: Why It Is Necessary to Leave Traces [Documentalidade: porque é necessário deixar rastros]. Nova York: Fordham University Press, 2012.

FEUERBACH, L. *Grundsätze der Philosophie der Zukunft* [Princípios da filosofia do futuro]. 3. ed. Frankfurt a. M.: Vittorio Klostermann, 1983.

FLORIDI, L. *The Philosophy of Information* [A filosofia da informação]. Oxford: Oxford University Press, 2011.

_____. *Information* – A Very Short Introduction [Informação – Uma breve introdução]. Oxford: Oxford University Press, 2010.

FOUCAULT, M. *Histoire de la Sexualité 4*: Les aveux de la chaire [História da Sexualidade 4: As confissões da carne]. Paris: Gallimard, 2018.

_____. *Sexualität und Wahrheit* – Zweiter Band: Der Gebrauch der Lüste [Sexualidade e verdade – Segundo volume: O uso dos prazeres]. Frankfurt a. M.: Suhrkamp, 1989a.

_____. *Sexualität und Wahrheit* – Dritter Band: Die Sorge um sich [Sexualidade e verdade – Terceiro volume: O cuidado de si]. Frankfurt a. M.: Suhrkamp, 1989b.

_____. *Sexualität und Wahrheit* – Erster Band: Der Wille zum Wissen [Sexualidade e verdade – Primeiro volume: A vontade de saber]. Frankfurt a. M.: Suhrkamp, 1987.

_____. *Die Archäologie des Wissens* [A arqueologia do saber]. Frankfurt a. M.: Suhrkamp, 1981.

_____. *Die Ordnung der Dinge* – Eine Archäologie der Humanwissenschaften [A ordem das coisas – Uma arqueologia das ciências humanas]. Frankfurt a. M.: Suhrkamp, 1974.

FREGE, G. "Über Sinn und Bedeutung" [Sentido e referência]. In: *Funktion – Begriff – Bedeutung* [Função – Conceito – Referência]. Göttingen: Vandenhoeck & Ruprecht, 2007, p. 23-46.

_____. *Begriffsschrift und andere Aufsätze* [Begriffsschrift e outros artigos]. Hildesheim: Olms, 1993.

_____. "Der Gedanke – Eine logische Untersuchung" [O pensamento – Uma investigação lógica]. In: *Logische Untersuchungen* [Investigações lógicas]. Göttingen: Vandenhoeck & Ruprecht, 1966, p. 30-53.

FREUD, S. *Das Unbehagen in der Kultur* [O mal-estar na civilização]. Stuttgart: Reclam, 2010.

_____. "Die endliche und die unendliche Analyse" [O finito e o infinito da análise]. In: *Schriften zur Behandlungstechnik* [Escritos sobre a técnica de tratamento]. Frankfurt a. M.: Fischer 1982, p. 351-392.

_____. "Eine Schwierigkeit der Psychoanalyse" [Uma dificuldade da psicanálise]. In: *Imago* – Zeitschrift für Anwendung der Psychoanalyse auf die Geisteswissenschaften V, 1917, p. 1-7.

GABRIEL, M. *Neo-Existentialism* [Neoexistencialismo]. Londres: Polity Press, 2018.

_____. *Sinn und Existenz* – Eine realistische Ontologie [Sentido e existência – Uma ontologia realista]. Berlim: Suhrkamp, 2016a.

_____. "What Kind of an Idealist (if any) is Hegel?" [Que tipo de idealista [se algum] é Hegel?]. In: *Hegel-Bulletin*, 27/2, 2016b, p. 181-208.

_____. *Ich ist nicht Gehirn*: Philosophie des Geistes für das 21. Jahrhundert [Eu não sou meu cérebro: filosofia do espírito para o século XXI]. Berlim: Ullstein, 2015.

_____. *Die Erkenntnis der Welt* – Eine Einführung in die Erkenntnistheorie [O conhecimento do mundo – Uma introdução à teoria do conhecimento]. 4. ed. Friburgo i. Br.: Alber, 2014a.

_____. *An den Grenzen der Erkenntnistheorie* – Die notwendige Endlichkeit des objektiven Wissens als Lektion des Skeptizismus [Nas fronteiras da teoria do conhecimento – A necessária finitude do conhecimento objetivo como lição do ceticismo]. 2. ed. Friburgo i. Br.: Alber, 2014b.

_____. *Antike und moderne Skepsis zur Einführung* [Introdução ao ceticismo antigo e moderno]. 2. ed. Hamburgo: Junius 2014c.

_____. *Warum es die Welt nicht gibt* [Por que o mundo não existe]. Berlim: Ullstein, 2013.

_____. "Ist der Gottesbegriff des ontologischen Beweises konsistent?" [O conceito de Deus da prova ontológica é consistente?]. In: BUCHHEIM, T.; HERMANNI, F.; HUTTER, A.; SCHWÖBEL, C. (orgs.). *Gottesbeweise als Herausforderung für die moderne Vernunft* [Provas de Deus como desafio para a razão moderna]. Tübingen: Mohr Siebeck, 2012, p. 99-119.

GABRIEL, M. & THELEN, F. "Schöne neue Welt?" [Admirável mundo novo?]. In: *Philosophie Magazin*, 02/2018, p. 58-65.

GANASCIA, J.-G. *Le mythe de la Singularité* – Faut-il craindre l'intelligence artificielle? [O mito da singularidade – Devemos temer a inteligência artificial?]. Paris: Du Seuil, 2017.

GLEICK, J. *The Information* – A History, a Theory, a Flood [A informação – Uma história, uma teoria, uma inundação]. Londres: HarperCollins, 2011.

GOETHE, J.W. *Faust* – Der Tragödie erster Teil [Fausto – A tragédia, primeira parte]. Stuttgart: Reclam, 2014.

_____. "Der Zauberlehrling" [O aprendiz de feiticeiro]. In: *Gedichte* [Poesia]. Munique: C.H. Beck, 2007, p. 276-279.

GÖRNITZ, B. & GÖRNITZ, T. *Von der Quantenphysik zum Bewusstsein* – Kosmos, Geist und Materie [Da física quântica à consciência – Cosmos, espírito e matéria]. Berlim: Springer, 2016.

GREENE, B. *Das elegante Universum* – Superstrings, verborgene Dimensionen und die Suche nach der Weltformel [O universo elegante – Supercordas, dimensões escondidas e a busca pela fórmula do mundo]. Munique: Goldmann, 2006.

GRÜNBEIN, D. *Zündkerzen* [Velas acesas]. Berlim: Suhrkamp, 2017.

HABERMAS, J. *Strukturwandel der Öffentlichkeit* – Untersuchungen zu einer Kategorie der bürgerlichen Gesellschaft [Mudança de estrutura da esfera pública – Investigações sobre uma categoria da sociedade civil]. Frankfurt a. M.: Suhrkamp, 1990.

HACKING, I. *Was heisst "soziale" Konstruktion?* – Zur Konjunktur einer Kampfvokabel in den Wissenschaften [O que significa construção "social"? – Sobre a conjuntura de uma batalha de vocábulos nas ciências]. Frankfurt a. M.: Fischer, 1999.

HARARI, Y.N. *Eine kurze Geschichte der Menschheit* [Uma curta história da humanidade]. Munique: Pantheon, 2015.

HEGEL, G.W.F. *Grundlinien der Philosophie des Rechts oder Naturrecht und Staatswissenschaft im Grundrisse* [Linhas fundamentais da filosofia do direito ou direito natural e ciência do Estado em suas linhas fundamentais]. In: *Obras*. Vol. 7. Frankfurt a. M.: Suhrkamp, 1989.

_____. *Phänomenologie des Geistes* [Fenomenologia do Espírito]. In: *Obras*. Vol. 3. Frankfurt a. M.: Suhrkamp, 1986.

_____. "Hegel an Schelling – Ende Januar 1795" [Hegel para Schelling – Final de janeiro de 1795]. In: HOFFMEISTER, J. (org.). *Briefe von und an Hegel* [Cartas de e para Hegel]. Hamburgo: Meiner, 1969, p. 15-18.

HEIDEGGER, M. *Bremer und Freiburger Vorträge* [Preleções de Bremen e Friburgo]. Frankfurt a. M.: Vittorio Klostermann, 2002 [*Gesamtausgabe III* [Obras completas III], vol. 79].

_____. *Was heisst Denken?* [O que significa pensar?] Frankfurt a. M.: Vittorio Klostermann, 2002 [*Gesamtausgabe I* [Obras completas I], vol. 8].

_____. *Unterwegs zur Sprache* [A caminho da linguagem]. Frankfurt a. M.: Vittorio Klostermann, 1985 [*Gesamtausgabe I* [Obras completas I], vol. 12].

_____. *Die Frage nach dem Ding* [A pergunta pela coisa]. Frankfurt a. M.: Vittorio Klostermann, 1984 [*Gesamtausgabe II* [Obras completas II], vol. 41].

_____. *Sein und Zeit* [Ser e tempo]. Frankfurt a. M.: Vittorio Klostermann, 1977 [*Gesamtausgabe I* [Obras completas I], vol. 12].

HOFFMANN, D.W. *Theoretische Informatik* [Informática teorética]. 3. ed. atual. Munique: Hanser, 2015.

HOGREBE, W. *Riskante Lebensnähe* – Die szenische Existenz des Menschen [Proximidade perigosa – A existência cênica do ser humano]. Berlin: Akademie Verlag, 2009.

HOMOLKA, W. & HEIDEGGER, A. (org.). *Heidegger und der Antisemitismus* – Positionen im Widerstreit [Heidegger e o antissemitismo – Posições na controvérsia]. Friburgo i. Br.: Herder, 2016 [Mit Briefen von Martin und Fritz Heidegger (Com *poster* de Martin e Fritz Heidegger)].

HONNETH, A. *Kampf um Anerkennung* – Zur Grammatik sozialer Konflikte [Luta por reconhecimento – Sobre a gramática de conflitos sociais]. Frankfurt a. M.: Suhrkamp, 1994.

HORWICH, P. *Truth* [Verdade]. Oxford: Oxford University Press, 1999.

HOUELLEBECQ, M. *Karte und Gebiet* [Mapa e território]. Colônia: DuMont, 2011.

HUXLEY, T. *Lessons in Elementary Physiology* [Lições em fisiologia elementar]. Londres: Macmillan, 1986.

HÜTTEMANN, A. *Ursachen* [Causas]. Berlim: De Gruyter, 2018.

JOHNSTON, M. *Saving God. Religion after Idolatry* [Salvando Deus – Religião após a idolatria]. Princeton: Princeton University Press, 2009.

JONAS, H. *Das Prinzip Leben* – Ansätze zu einer philosophischen Biologie [O princípio vida – Abordagens para uma biologia filosófica]. Frankfurt a. M.: Suhrkamp, 1997.

JUVENAL. *Satiren* [Sátiras]. Berlim: De Gruyter, 1993.

KANT, I. "Kritik der praktischen Vernunft" [Crítica da razão prática]. In: *Werkausgabe*. Vol. VII. Frankfurt a. M.: Suhrkamp, 2000.

_____. *Idee zu einer allgemeinen Geschichte in weltbürgerlicher Absicht* [Ideia de uma história universal de um ponto de vista cosmopolita]. In: *Werkausgabe*. Vol. XI. Frankfurt a. M.: Suhrkamp, 1977a, p. 33-50.

_____. *Immanuel Kants Logik* – Ein Handbuch zu Vorlesungen [A lógica de Immanuel Kant, um manual para preleções]. In: *Werkausgabe*. Vol. VI. Frankfurt a. M.: Suhrkamp, 1977b, p. 419-582.

_____. *Von den verschiedenen Rassen der Menschen* [Sobre as diferentes raças do ser humano]. In: *Werkausgabe*. Vol. XI. Frankfurt a. M.: Suhrkamp, 1977c, p. 11-30.

_____. *Was heisst*: sich im Denken orientieren? [O que significa se orientar pelo pensamento?]. In: *Werkausgabe*. Vol. V. Frankfurt a. M.: Suhrkamp 1977d, p. 267-283.

_____. "Kritik der reinen Vernunft 1" [Crítica da razão pura 1]. In: *Werkausgabe*. Vol. III. Frankfurt a. M.: Suhrkamp, 1974a.

_____. "Kritik der Urteilskraft" [Crítica do juízo]. In: *Werkausgabe*. Vol. X. Frankfurt a. M.: Suhrkamp, 1974b.

KERN, A. & KIETZMANN, C. *Selbstbewusstes Leben* – Texte zu einer transformativen Theorie der menschlichen Subjektivität [Vida consciente de si – Textos para uma teoria transformativa da subjetividade humana]. Berlim: Suhrkamp, 2017.

KOCH, C. "Lasst uns aufgeschlossen bleiben und sehen, inwiefern die Wissenschaft eine fundamentale Theorie des Bewusstseins entwickeln kann" [Permaneçamos abertos e vejamos até que ponto a ciência pode desenvoler uma teoria fundamental da consciência]. In: ECKOLDT, M. (org.). *Kann sich das Bewusstsein bewusst sein?* [A consciência pode ser consciente de si?]. Heidelberg: Carl-Auer, 2017, p. 179-196.

_____. *Hermeneutischer Realismus* [Realismo hermenêutico]. Tübingen: Mohr Siebeck, 2016.

_____. *Bewusstsein*: Bekenntnisse eines Hirnforschers [Consciência: relatos de um pesquisador do cérebro]. Wiesbaden: Springer Spektrum, 2013.

_____. *Versuch über Wahrheit und Zeit* [Ensaio sobre a verdade e o tempo]. Paderborn: Mentis, 2006.

KRAUSS, L.M. *Ein Universum aus dem Nichts ...und warum da trotzdem etwas ist* [Um universo criado a partir do nada... e por que, apesar disso, há algo]. Munique: Knaus, 2018.

KRIPKE, S.A. *Name und Notwendigkeit* [Nome e necessidade]. Frankfurt a. M.: Suhrkamp, 1993.

KÜNNE, W. *Conceptions of Truth* [Concepções de verdade]. Oxford: Oxford University Press, 2005.

KURZWEIL, R. *Menschheit 2.0*: Die Singularität naht [Humanidade 2.0: a singularidade se aproxima]. Berlim: Lola Books, 2014.

LATOUR, B. *Wir sind nie modern gewesen* – Versuch einer symmetrischen Anthropologie [Nunca fomos modernos – Ensaio de uma antropologia simétrica]. Frankfurt a. M.: Suhrkamp, 2008.

LAWSON, H. *Closure* – A Story of Everything [Encerramento – Uma história de tudo]. Londres/Nova York: Routledge, 2001.

LEIBNIZ. "Betrachtungen über die Erkenntnis, die Wahrheit und die Ideen" [Considerações sobre o conhecimento, a verdade e as ideias]. In: *Kleine Schriften zur Metaphysik* [Pequenos escritos sobre a metafísica]. Frankfurt a. M.: Suhrkamp, 1996, p. 25-47.

LESSING, G.E. *Die Erziehung des Menschengeschlechts und andere Schriften* [A educação do gênero humano e outros escritos]. Stuttgart: Reclam, 1980.

LEWIS, D.K. *Philosophical papers* [Artigos filosóficos]. Vol. II. Oxford: Oxford University Press, 1986.

LICHTENBERG, G.C. "Sudelbücher". In: *Schriften und Briefe* [Escritos e cartas]. Vol. 2. Munique: Hanser, 1971.

LINNÉ, C. *Des Ritters Carl von Linné Königlich Schwedischen Leibarztes* [A arte real suíça do corpo do cavaleiro Carl von Linné] *[et]c. [et]c.* –Vollständiges Natursystem: nach der zwölften lateinischen Ausgabe und nach Anleitung des holländischen Houttuynischen Werks mit einer ausführlichen Erklärung. Von den säugenden Thieren. Erster Theil, Band 1 [Sistema completo da natureza: a partir da edição latina e segundo a orientação da obra holandesa com uma explicação exaustiva – Dos animais mamíferos. Primeira Parte, Vol. 1]. Nürnberg: Raspe, 1773.

LUHMANN, N. *Soziologische Aufklärung 3* – Soziales System, Gesellschaft, Organisation [Esclarecimento sociológico 3 – Sistema social, sociedade, organização]. Opladen: Westdeutscher Verlag, 2009.

LYOTARD, J.-F. *Libidinöse Ökonomie* [Economia libidinosa]. Zurique/Nova York: Diaphanes, 2007.

MANSFELD, J. & PRIMAVESI, O. (org.). *Die Vorsokratiker* [Os pré-socráticos]. Griechisch/Stuttgart: Reclam, 2012.

MATURANA, H.R. *Biologie der Realität* [Biologia da realidade]. Frankfurt a. M.: Suhrkamp, 2000.

MATURANA, H.R. & VARELA, F.J. *Der Baum der Erkenntnis* – Die biologischen Wurzeln menschlichen Erkennens [A árvore do conhecimento – As raízes biológicas do conhecimento humano]. Frankfurt a. M.: Fischer, 2009.

MEILLASSOUX, Q. *Nach der Endlichkeit* – Versuch über die Notwendigkeit der Kontingenz [Após a finitude – Ensaio sobre a necessidade da contingência]. Zurique/Berlim: Diaphanes, 2014.

MOORE, A.W. *The Infinite* [O infinito]. Londres: Routledge, 1990.

NAGEL, T. *Wie ist es, eine Fledermaus zu sein?* [Como é ser um morcego?]. Stuttgart: Reclam, 2016.

_____. *Der Blick von Nirgendwo* [A vista de lugar nenhum]. 2. ed. Berlim: Suhrkamp, 2012.

NIETZSCHE, F. "Also sprach Zarathustra" [Assim falou Zaratustra]. In: *Kritische Studienausgabe* [Edição crítica]. Vol. 4. Munique: dtv, 2007.

_____. "Dionysos-Dithyramben" [Ditirâmbicos de Dionísio]. In: *Kritische Studienausgabe* [Edição crítica]. Vol. 6. Munique: dtv, 1999a, p. 375-411.

_____. "Homers Wettkampf" [A competição de Homero]. In: *Kritische Studienausgabe* [Edição crítica]. Vol. 1. Munique: dtv, 1999b, p. 783-792.

_____. "Nachgelassene Fragmente 1882-1884" [Fragmentos póstumos, 1882-1884]. In: *Kritische Studienausgabe* [Edição crítica]. Vol. 10. Munique: dtv, 1988.

PARFIT, D. *On What Matters* [Sobre o que importa]. Vol. III. Oxford: Oxford University Press, 2016.

_____. *On What Matters* [Sobre o que importa]. Vol. I. Oxford: Oxford University Press, 2011a.

_____. *On What Matters* [Sobre o que importa]. Vol. II. Oxford: Oxford University Press, 2011b.

PARZINGER, H. *Die Kinder des Prometheus* – Eine Geschichte der Menschheit vor der Erfindung der Schrift [Os filhos de Prometeu – Uma história da humanidade antes da invenção da escrita]. 2. ed. Munique: C.H. Beck, 2015.

PLATÃO. *Gorgias* [Górgias]. Stuttgart: Reclam, 2014.

_____. *Symposion* [O banquete]. Griechisch/Stuttgart: Reclam, 2006.

_____. *Timaios* [Timeu]. Griechisch/Stuttgart: Reclam, 2003.

_____. *Der Sophist* [O sofista]. Griechisch/Stuttgart: Reclam, 1990.

_____. *Apologie des Sokrates* [Apologia de Sócrates]. Stuttgart: Reclam, 1986.

PLATON. *Der Sophist* [O sofista]. Stuttgart: Reclam, 1990.

PRIEST, G. *Beyond the Limits of Thought* [Além dos limites do pensamento]. 2. ed. Oxford: Oxford University Press, 2001.

PUTNAM, H. *Vernunft, Wahrheit und Geschichte* [Razão, verdade e história]. Frankfurt a. M.: Suhrkamp, 1982.

_____. *Meaning and the Moral Sciences* [Significado e as ciências morais]. Londres: Routledge and Kegan Paul, 1978.

QUINE, W.O. "Ontologische Relativität" [Relatividade ontológica]. In: *Ontologische Relativität und andere Schriften* [Relatividade ontológica e outros escritos]. Frankfurt a. M.: Vittorio Klostermann, 2003, p. 43-84.

_____. *Wort und Gegenstand* [Palavra e objeto]. Stuttgart: Reclam, 1980.

RADISCH, I. "Was ist hinter dem Bildschirmschoner?" [O que está atrás da tela?]. In: *Die Zeit*, 26, 2014.

RANDALL, L. *Verborgene Universen* – Eine Reise in den extradimensionalen Raum [Universos ocultos – Uma viagem pelo espaço extradimensional]. Frankfurt a. M.: Fischer, 2008.

RILKE, R.M. "Duineser Elegien" [Elegias de Duíno]. In: *Die Gedichte* [Os poemas]. Frankfurt a. M./Leipzig: Insel, 2006, p. 687-718.

ROMETSCH, J. *Freiheit zur Wahrheit* – Grundlagen der Erkenntnis am Beispiel von Descartes und Locke [Liberdade para a verdade – Fundamentos do conhecimento ao exemplo de Descartes e Locke]. Frankfurt a. M.: Vittorio Klostermann, 2018.

RÖDL, S. *Selbstbewusstsein und Objektivität* – Eine Einführung in den absoluten Idealismus [Consciência de si e objetividade – Uma introdução ao idealismo absoluto]. Berlim: Suhrkamp, 2018.

RORTY, R. *Der Spiegel der Natur* – Eine Kritik der Philosophie [O espelho da natureza – Uma crítica da filosofia]. Frankfurt a. M.: Suhrkamp, 1987.

RUSSELL, B. *Probleme der Philosophie* [Problemas da filosofia]. Frankfurt a. M.: Suhrkamp, 1967.

SARTRE, J.-P. *Das Sein und das Nichts* – Versuch einer phänomenologischen Ontologie [O ser e o nada – Ensaio de uma ontologia fenomenológica]. Hamburgo: Rowohlt, 1993.

SCANLON, T.M. *What We Owe to Each Other* [O que devemos uns aos outros]. Cambridge (Mass.): Harvard University Press, 2000.

SCHELLING, F.W.J. *Zur Geschichte der neueren Philosophie* – Münchener Vorlesungen [Sobre a história da mais nova filosofia – Preleções de Munique]. In: *Ausgewählte Schriften* [Escritos selecionados]. Vol. 4. Frankfurt a. M.: Suhrkamp, 1985, p. 417-616.

_____. *Philosophische Untersuchungen über das Wesen der menschlichen Freiheit und die damit zusammenhängenden Gegenstände* [Investigações filosóficas sobre a essência da liberdade humana e dos objetos a ela ligados]. Frankfurt a. M.: Suhrkamp, 1975.

SCHMITZ, F. (org.). *Tierethik* – Grundlagentexte [Ética dos animais – Textos de fundamentação]. Berlim: Suhrkamp, 2014.

SEARLE, J.R. *Wie wir die soziale Wirklichkeit machen* – Die Struktur der menschlichen Zivilisation [Como fazemos a realidade social – A estrutura da civilização humana]. Berlim: Suhrkamp, 2017.

_____. *Seeing Things as They Are* – A Theory of Perception [Vendo as coisas como elas são – Uma teoria da percepção]. Oxford: Oxford University Press, 2015.

_____. "Aussichten für einen neuen Realismus" [Perspectivas para um novo realismo]. In: GABRIEL, M. (org.). *Der Neue Realismus* [O novo realismo]. Berlim: Suhrkamp, 2014, p. 292-307.

_____. *Die Konstruktion der gesellschaftlichen Wirklichkeit* – Zur Ontologie sozialer Tatsachen [A construção da realidade social – Sobre a ontologia de fatos sociais]. Frankfurt a. M.: Suhrkamp, 2011.

_____. *Intentionalität* – Eine Abhandlung zur Philosophie des Geistes [Intencionalidade – Um tratado sobre a filosofia da mente]. Frankfurt a. M.: Suhrkamp, 1991.

_____. "The Myth of the Computer" [O mito do computador]. In: *The New York Review of Books*, 29/7, 1982, p. 3-7.

_____. "Minds, Brains, and Programs" [Mentes, cérebros e programas]. In: *The Behavioral and Brain Sciences*, 3, 1980, p. 417-457.

SLOTERDIJK, P. *Du musst Dein Leben ändern* – Über Anthropotechnik [Você tem de mudar sua vida – Sobre a antropotécnica]. Berlim: Suhrkamp, 2012.

STEKELER-WEITHOFER, P. *Denken* – Wege und Abwege in der Philosophie des Geistes [Pensar – Caminhos e desvidos na filosofia do espírito]. Tübingen: Mohr Siebek, 2012.

STERNBERG, R.J. (org.). *The Nature of Human Intelligence* [A natureza da inteligência humana]. Cambridge: Cambridge University Press, 2018.

TAKAMI, K. *Battle Royale*. Munique: Heyne, 2012.

TAYLOR, C. & DREYFUS, H. *Die Wiedergewinnung des Realismus* [A redescoberta do realismo]. Berlim: Suhrkamp, 2016.

TEGMARK, M. *Leben 3.0*: Mensch sein im Zeitalter Künstlicher Intelligenz [Vida 3.0: ser humano na era da inteligência artificial]. Berlim: Ullstein, 2017.

_____. *Unser mathematisches Universum*: Auf der Suche nach dem Wesen der Wirklichkeit [Nosso universo matemático: em busca da essência da realidade]. Berlim: Ullstein, 2016.

TETENS, H. *Gott denken*: Ein Versuch einer rationalen Theologie [Pensar Deus: ensaio de uma ontologia racional]. Stuttgart: Reclam, 2015.

TONONI, G. & KOCH, C. "Consciousness: Here, There and Everywhere?" [Consciência: aqui, lá e em todo lugar?]. In: *Philosophical Transactions of the Royal Society*, B370: 20140167 [Disponível em http://dx.doi.org/10.1098/rstb.2014.0167 – Acesso em 2015].

TRAVIS, C. *The Invisible Realm* – Frege on the Pure Business of Being True [O reino invisível – Frege sobre o puro negócio de ser verdadeiro], 2018.

WESTERHOFF, J. *Ontological Categories* [Categorias ontológicas]. Oxford: Oxford University Press, 2005.

WITTGENSTEIN, L. *Über Gewissheit* [Sobre a certeza]. In: *Werkausgabe*. Vol. 8. Frankfurt a. M.: Suhrkamp 1989a, p. 113-257.

_____. *Zettel* [Bilhetes]. In: *Werkausgabe*. Vol. 8. Frankfurt a. M.: Suhrkamp 1989b, p. 259-443.

_____. *Philosophische Untersuchungen* [Investigações filosóficas]. In: *Werkausgabe*. Vol. 1. Frankfurt a. M.: Suhrkamp, 1984a, p. 225-580.

_____. *Tractatus logico-philosophicus* [Tratado lógico-filosófico]. In: *Werkausgabe*. Vol. 1. Frankfurt a. M.: Suhrkamp, 1984b, p. 7-85.

Zhuang Zi: Vom Nichtwissen [Do não saber]. Freiburg i. Br.: Herder, 2013.

Glossário

Abstração: A apreensão de uma regra universal com base em uma série de exemplos.

Algoritmo: Uma regra que prescreve que um processo deve ser executado em passos bem definidos para, desse modo, chegar a um resultado controlado, a uma solução de problema.

Alinhamento de valores (*value alignment*): O sistema de objetivos coordenados que um programa ou um agente segue.

Animal humano: Uma espécie biológica que surgiu por meio da evolução. O animal humano não muda já há muito tempo. Somos, ainda, a mesma espécie de muitos de nossos antepassados.

Animismo: A crença na onianimanidade [*Allbeseeltheit*] da natureza; hoje em dia, essa crença é também chamada de panpsiquismo.

Antigo realismo: A realidade consiste de coisas e não contém nenhuma perspectiva sobre as coisas. Realidade = mundo sem espectador.

Antropologia: A disciplina que se ocupa com a questão sobre como exatamente o ser humano se distingue de outros seres vivos e do âmbito inanimado do universo.

Antropomorfismo: A falsa projeção de estruturas humanas a esferas não humanas, ao que pertencem, entre outras coisas, a subdivisão do reino animal em seres vivos de que nos sentimos próximos (como animais domésticos, zebras) e seres vivos que nos parecem irrelevantes ou mesmo assustadores (como cobras, frieiras, insetos).

Aprender: A introdução sistemática de novos problemas para resolver problemas antigos.

Argumento cético: Deve provar que, por uma questão de princípio, não podemos conhecer algo determinado.

Argumento da linguagem privada: Diz que não podemos utilizar uma única palavra corretamente se não pudermos também utilizá--la incorretamente: se nós, a saber, não pudéssemos estar em contato com outros falantes que corrigem o nosso uso da linguagem, não poderíamos utilizar uma única palavra incorretamente.

Argumento da simulação (Nick Bostrom): Quer provar que é provável que vivamos em uma simulação, no sentido de que é racional acreditar que nos encontramos em uma simulação.

Argumento da verdade: Toma seu ponto de partida da observação de que aquilo que tomamos por real pode ser expresso em proposições. Proposições com cujas manifestações reivindicamos constatar algo que é o caso podem ser designadas como enunciados. Enunciados são, geralmente, ou verdadeiros ou falsos (deixemos de lado por hora os desprovidos de sentido). Eles são, de todo modo, algo em que se coloca em questão o ser verdadeiro [do enunciado].

Argumentos do sonho: Devem provar que não podemos saber se estamos acordados ou sonhando. Esses argumentos sempre pressupõem que os fenômenos no estado de vigília não são distinguíveis dos fenômenos no estado de sonho.

Armação: A representação de que a realidade é como um todo calculável e, assim, disponível para os nossos fins, e que, por isso, podemos tornar tudo que existe livremente acessível para o uso humano.

Arredores não intencionais de nossas vidas: São aqueles fatos que existem sem que ninguém tenha planejado anteriormente a sua existência.

Atomismo: A doutrina de que tudo que existe é composto das menores partículas, entre as quais se encontra apenas o puro vazio, por meio do qual ele explica que não haja apenas um único aglomerado de matéria.

Axiomas de Tononi: Tononi determina cinco axiomas: existência intrínseca, composição, informação, integração e exclusão.

Autoconsciência: Consciência de consciência.

Campo de sentido: É uma ordenação de objetos na qual eles se interligam de um modo determinado. Chamo de sentido o modo e a maneira da interligação de objetos.

Categoria: Um conceito sem o qual não poderíamos formar outros conceitos.

Causa: A causa de todas as causas.

Causalidade: A expressão técnica para a interligação-de-causa-e-efeito.

Ceticismo radical: A suposição de que não podemos saber absolutamente nada. Se ele fosse verdadeiro, naturalmente, não poderíamos saber que ele é verdadeiro.

Cibernética: A ideia fundamental da cibernética enuncia que podemos descrever muitos processos de processos de condução para os quais se pode desenvolver circuitos reguladores.

Cisão sujeito-objeto: Consiste na falsa concepção de que nós, como sujeitos pensantes, nos encontramos diante de uma realidade à qual não nos encaixamos. Ela resulta da suposição de que, por um lado, há uma realidade independente do sujeito (o objeto ou o objetivo) e, de outro lado, um sujeito que se volta para essa realidade.

Civilização: A organização da vida conjunta humana por meio da formulação explícita de regras do jogo.

Coerente: Um sistema de pensamento é coerente se as suas partes se interligam de maneira dotada de sentido.

***Cogito* cartesiano**: "Penso, logo existo".

Coisa [*Ding*]: Um objeto meso ou macroscópico estendido no espaço e no tempo. Coisas são aqueles objetos com que temos contato por meio de nossas terminações nervosas. Esses objetos são, em um sentido usual, a causa para que os percebamos.

Coisa [*Sache*]: Aquilo de que um conceito trata e que é parte de um pensamento.

Composição (Giulio Tononi): Consiste no fato de que a nossa experiência consciente tem uma estrutura.

Computador: Um sistema produzido por nós, cuja mudança de estado é regulada por programas.

Conceito: Aquilo que podemos separar de um pensamento para reutilizá-lo em um outro pensamento.

Conceito amplo de informação: Segundo esse conceito amplo, há informação em todo lugar onde uma pergunta pode ser respondida com "sim" ou "não".

Concreção: É o processo de encontrar um exemplo adequado para a ilustração de uma regra ou de uma conjuntura [*Zusammenhang*] teórica.

Condição de individuação: Uma ordenação de regras que estabelecem quando algo é em geral idêntico com algo, e isso quer dizer consigo mesmo.

Conjunto: Uma pilha de objetos que já existem e que simplesmente reunimos.

Consciência de nível objetual: Consciência de algo em nosso arredor ou em nosso organismo que não é, ele mesmo, uma consciência.

Consciência de nível superior: Consciência da consciência.

Consciência fenomênica: O estado mental, o ruído de fundo de nosso organismo como um todo. Para tanto contribuem incontáveis elementos, entre os quais as nossas chamadas correntemente entranhas; ou seja, o sistema nervoso entérico, que se encontra em nosso trato estomacal-intestinal.

Consistente: Um sistema de pensamento (uma teoria) é consistente se não se chega nele nem a uma contradição explícita nem a uma contradição dedutível a partir dele.

Construtivismo antropológico: O ser humano produz a si mesmo. Não há nenhuma verdade sobre nós independente dessa autoconstituição.

Construtivismo científico radical: Diz que, na realidade, não há cores e formas geométricas, mas apenas aquilo que a física nos ensina sobre o mundo exterior. Ele afirma que não existe realmente nada redondo e que, em vez do vermelho, existe apenas um espectro de cumprimentos de onda que nos aparece como vermelho.

Construtivismo das cores: Pensa que não existem realmente cores, que nós, antes, como que as produzimos por meio de processos cerebrais.

Construtivismo humilde da percepção: Nossos conceitos mudam nossa percepção.

Construtivismo radical da percepção: Afirma que os conceitos de que dispomos não apenas mudam a nossa percepção, mas atingem o próprio objeto percebido.

Construtivismo social: A ideia de que a sociedade é um construto social no sentido de que ela não é verdadeiramente real, mas apenas uma espécie de jogo de máscaras, que poderíamos, a princípio, transformar a qualquer momento por meio da mudança das regras do jogo.

Construtivismo super-radical: Afirma que a própria realidade não é como a física ou o conjunto das ciências naturais a descrevem, pois também elas são apenas uma construção do espírito humano ou do cérebro humano ou, como também se lê às vezes, de um determinado sistema social (da ciência).

Conteúdo do pensamento: O modo e a maneira como o pensamento trata de seu objeto.

Contingência: Designa poder-ser-diferente [*Anders-sein-Können*]. O que é contingente pode ser assim, ou também pode ser diferente. Isso significa que ele, de todo modo, não é necessariamente como ele é no momento.

Contradições: Pensamentos que são necessariamente falsos.

Contraste da objetividade: A marca de um pensamento é que ele é verdadeiro ou falso independentemente de nossa avaliação [sobre ele]. O contraste da objetividade separa consequentemente entre verdade e tomar por verdadeiro.

Definição de verdade de Aristóteles: "Dizer que aquilo que é o caso não é o caso, ou que aquilo que não é o caso é o caso é erro ou mentira, e dizer que aquilo que é o caso é o caso e aquilo que não é o caso não é o caso é verdade, de modo que aquele que afirma que algo seria ou não seria o caso, ou bem diz a verdade ou bem erra ou mente".

DEUS: O programa que pode decidir, para cada programa, se ele termina ou se ele não termina.

Diferenças contínuas: São diferenças intensivas. Assim, a capa vermelha de dois livros pode indicar vermelhos de intensidades diferentes. A nossa experiência do vermelho é contínua. Há diferentes graus ou intensidades do ser vermelho, exatamente como um som pode ser mais alto ou mais baixo sem que haja, por causa disso, duas ordenações unívocas (o alto e o baixo).

Diferenças discretas: Organizam algo em esferas claramente demarcadas.

Digitalização: A realização das intelecções lógicas do fim do século XIX e do século XX sobre uma base tecnológica nova desenvolvida.

Disjunção: Um enunciado da forma de que algo ou alguma outra coisa é o caso.

Dito da mediação de Adorno: "Tampouco, porém, quanto os polos [do] sujeito e [do] objeto se deixa a mediação hipostasear; ela vale unicamente em sua constelação. A mediação é mediada pelo mediado".

Dupla proposição de Hegel: "O que é racional é real, e o que é real é racional".

Empirismo: A tese de que tudo o que podemos saber sobre a realidade remete em última instância a uma interpretação de dados fornecidos por nossos sentidos.

Enunciados: Proposições com cujas manifestações reivindicamos constatar algo.

Espírito: A capacidade de conduzir uma vida à luz de uma representação do que o ser humano é.

Etiqueta de palavra: É, diferentemente de uma "expressão", uma sequência de sons ou outros signos que utilizamos em contextos linguísticos, com a qual, porém, poderíamos também fazer outra coisa do que expressar um significado.

Exclusão (Giulio Tononi): A consciência é inteiramente determinada, definida. Ela é sempre apenas aquilo que ela é, nada mais e nada menos.

Existência intrínseca (Giulio Tononi): Consiste em que algo sabe de si próprio que ele existe.

Existencialismo: Supõe que a vida humana não tem nenhum sentido absoluto determinado a partir de fora, mas sim que só damos a ela um sentido nos contextos em que nos encontramos.

Externalismo biológico: As expressões por meio das quais descrevemos e apreendemos nossos processos cerebrais se referem essencialmente a algo que tem componentes biológicos.

Externalismo semântico: Baseia-se no fato de que muitos elementos em enunciados por meio dos quais podemos nos voltar para algo que não é, ele mesmo, um enunciado, recebem sua direção, por assim dizer, de fora. "Significados não estão em nossa cabeça" (Hilary Putnam).

Ética: A disciplina que, entre outras coisas, reflete sobre como seria uma boa vida. E ética distingue, aí, entre ações proibidas, necessárias e permitidas, produzindo relações lógicas entre elas.

Facticidade: Do fato de que alguém percebe algo segue-se que esse algo é tal como a pessoa percebe. Objetividade e facticidade estão interligadas: podemos, em todas as ocasiões em que estamos em condição de conhecer as coisas como elas realmente são, também nos enganar.

Felicidade: O nome para uma vida bem-sucedida, para o que não há nenhum padrão universalmente válido que se deixa listar em um catálogo.

Fenômeno: Algo que que aparece para nós de modo inteiramente sem mediação e sem filtro.

Funcionalismo: A tese de que a inteligência humana é um sistema de regras para o processamento de dados, com a finalidade de resolver determinados problemas. Esse sistema de regras não precisa ser realizado em um hardware biológico.

Fundamentalismo religioso: Considera as estruturas material-energéticas como apenas um mundo da aparência dos sentidos, que Deus encena para testar as nossas almas.

Generalização existencial: Uma lei lógica como no exemplo: se um objeto a tem a propriedade F, então há algo que tem a propriedade F.

Hermenêutica: A teoria do entendimento.

Heterogeneidade do real (do grego antigo *heteros* = outro, múltiplo e *genos* = espécie): O real é de tipos múltiplos.

Hipótese da simulação: Retrata-se para si próprio que a realidade em que vivemos é, em verdade, uma simulação. Se se puder mostrar que a hipótese da simulação é falsa, o argumento da simulação é, assim, refutado.

Hipótese do sonho: Diz que não podemos dizer com certeza em nenhum instante se estamos acordados ou sonhando.

Holismo (do grego antigo *to holon* = o todo): Reduz todos os acontecimentos e estruturas do universo a sua estrutura total. O reducionismo, em contrapartida, quer, via de regra, explicar estruturas complexas por meio da atuação conjunta de estruturas mais simples, o que, no caso ideal de uma teoria completamente reducionista, levaria a uma explicação dos menores elementos constituintes do universo.

Holismo semântico: Diz que só se pode estar em condições de se usar um conceito quando se pode usar uma série de conceitos que se encontram em relações lógicas com esse conceito.

Humanismo: A descoberta de que o ser humano se reflete em todas as suas atividades. O que fazemos é um espelho do que somos – quer percebamos isso, quer não.

Humanismo esclarecido: Baseia-se em uma imagem do ser humano que por princípio não deixa sobrar nenhuma dúvida de que todos, sejam estrangeiros, nativos, amigos, vizinhos, mulheres, crianças, homens, comatosos ou transexuais contam como seres humanos em sentido pleno.

IA forte: a suposição de que poderíamos desenvolver uma IA que seria indistinguível da inteligência humana.

IA universal: Uma IA que pode alternar em um instante de uma atividade inteligente para qualquer outra.

Ideia central do idealismo: Algo só é real se ele indica [alguma] informação; ou seja, se ele é, a princípio, interpretável por algum sistema. O realismo, em contrapartida, admite que há algo real que jamais será apreensível para nenhum sistema inteligente.

Ideologia: Uma concepção distorcida do ser humano que cumpre uma função socioeconômica, via de regra a justificação implícita da divisão, em última instância injusta, de recursos.

Imaterialismo: O pensar é a apreensão de pensamentos. Pensamentos não são nem estados cerebrais nem alguma forma de processamento de informações que se pode medir fisicamente. Todavia, seres humanos não poderiam ter pensamentos sem serem vivos e se encontrarem em estados cerebrais ou em estados corporais.

Imprecisão (ou vagueza): Nossas linguagens naturais não são sistemas formais. O significado da maior parte das expressões, presumivelmente até mesmo o significado de todas as expressões, não é definido precisamente. Chama-se a isso, na filosofia da linguagem, de imprecisão.

Independência de substrato: Por isso, entende-se a suposição de que uma função como "ônibus 609" pode potencialmente ser preenchida por coisas que têm bases materiais inteiramente diferentes umas das outras; ou seja, substratos inteiramente diferentes.

Índice egocêntrico (Tyler Burge): É o modo como o seu próprio mundo aparece a um ser vivo.

Individualidade: Resulta da simples circunstância de que cada um de nós é si mesmo de maneira insubstituível.

Inferência a partir da melhor explicação: Consiste em se decidir, a partir da base de dados disponíveis, qual causa ou cadeia de causas é mais provável.

Infoesfera (Luciano Floridi): Nossos arredores digitais.

Inforgue: Um ciborgue que consiste apenas de informações digitais.

Informação: A circunstância de que toda experiência consciente é diferente de toda outra. Ela se distingue como altamente individual de toda outra experiência que eu ou alguma outra pessoa jamais fará.

Integração (Giulio Tononi): Toda experiência consciente tem uma estrutura que não pode simplesmente ser reduzida a suas partes.

Inteligência: A capacidade de pensar.

Lógica: Ocupa-se com as leis do pensar, na medida em que ele consiste em apreender pensamentos. A lógica determina, dessa maneira, a relação entre pensamentos.

Máquina de Turing: Originariamente, "*computer*" significa, simplesmente, "alguém que calcula", em particular um ser humano. Desde Turing, a expressão é aplicável a máquinas que compartilham determinadas propriedades com computadores humanos. Turing descreveu essas máquinas e, assim erigiu as leis fundamentais da informática.

Materialismo: A doutrina de que tudo que existe é constituído de matéria, como também a concepção ética de que o sentido de nossa vida humana consiste, em última instância, no acúmulo de mercadorias (carros, casa, parceiros sexuais ou de vida, smartphones) e no seu aniquilamento prazeroso (queima de combustível fóssil, luxo ostentoso, restaurantes cinco estrelas).

Materialismo grosseiro: A realidade consiste apenas em estruturas material-energéticas.

Metacognição: Tradicionalmente, isso é designado na filosofia simplesmente como autoconsciência; ou seja, como consciência da consciência.

Metafísica: Uma teoria da realidade no todo, que distingue entre um mundo real (o ser) e a aparência e engano em que nós seres humanos supostamente caímos.

Metáfora (do grego antigo *metapherein*): Trans-porte de uma forma de enunciado para outra.

Mídia: Uma intersecção que transmite informação de um código para outro.

Minimalismo: Uma teoria que entende, por verdade de enunciados, simplesmente que alguns poucos princípios facilmente compreensíveis se aplicam à verdade e constatam em que ela consiste.

Mitologia: Uma estrutura narrativa por meio da qual nós, seres humanos, fazemos uma imagem de nossa situação história e socioeconômica correspondente como um todo.

Modalidade dos sentidos: Uma tomada de contato passível de erro com objetos que ela pode, para além de lacunas da consciência, reconhecer novamente.

Modelo: Uma representação simplificada de uma situação real.

Modelo-modelo, simples: Um modelo de modelos, que sempre os divide em duas partes: modelos e o real que eles simplificam.

Muito Geral Proposição de Fatos (M.G.P.F.): Há uma quantidade ilimitada de pensamentos cuja verdade nenhum ser humano jamais poderá confirmar ou refutar.

Múltipla realizabilidade: Um sistema de regras é multiplamente realizável se ele for instalável em diferentes hardwares.

Mundo da vida: A nossa compreensão cotidiana das coisas que nos circundam, das pessoas e das relações culturais em que nos movimentamos assim que desfrutamos de uma criação mínima que nos permita não morrer imediatamente no trânsito, sustentarmos a nós mesmos em algum momento e assim por diante.

Não pensamentos: Objetos, que não são, eles mesmos, pensamentos.

Naturalismo: Ele afirma sobre o ser humano e, assim, sobre o nosso pensar, em sua forma-padrão, que somos descritíveis completamente aos moldes das ciências naturais e por isso também somos, em princípio, replicáveis.

Naturalismo biológico: A identificação de todos os meus estados mentais (do ser humano) com processos neuronais.

Novo realismo: Afirma (1) que podemos conhecer a realidade tal como ela é, e (2) que há infinitos campos de sentido, nos quais objetos e fatos existem.

Objetividade: Aquela característica de uma postura, que consiste em que podemos nos enganar ou também estarmos certos.

Objeto de um pensamento: Aquilo de que o pensamento trata.

Objetos sem sentido: Objetos que não aparecem em nenhuma mídia; que não seriam, em nenhum sentido, portadores de informação.

Ontologia social: A subdisciplina filosófica que se ocupa com a questão sobre por que, afinal, alguns objetos e fatos contariam como "sociais".

Ordem simbólica: A encenação pública de representações que fazemos do modo de funcionamento da sociedade como um todo.

Palavra: Algo que se pode soletrar e traduzir em outras línguas.

Palavras de pensar: Pertencem a palavras de pensamento, juntamente com pensar: inteligência, agudeza, esperteza, opinar, ponderar, supor. Elas designam processos de captura de pensamentos.

Panpsiquismo: A suposição de que tudo que é real tem um tipo de consciência.

Passível de ser verdadeiro: Um pensamento que pode ser verdadeiro ou também pode ser falso. Se um pensamento é passível de ser verdadeiro, ele trata, então, de algo. Aquilo de que um pensamento dotado de sentido trata é um objeto: a maneira com que ele o trata, seu sentido.

Penetração cognitiva (*cognitive penetration*): A influência recíproca de nossas modalidades dos sentidos (p. ex., se tem, no decolar de um avião, a impressão de se olhar para cima, por mais que não se muda a direção dos olhos, pois o sentido do equilíbrio penetra nosso campo de visão).

Pensamento: Algo que é ou verdadeiro, ou falso.

Pensamentos carentes de sentido: Aqueles que são uma tautologia ou uma contradição.

Pensamentos dotados de sentido: Os que são necessariamente verdadeiros ou falsos.

Personalidade: Um papel desempenhado de maneira variável de situação em situação, por meio da qual buscamos ou mantemos vantagens estratégicas na competição social.

Primeira proposição antropológica central: O ser humano é o animal que não quer ser um.

Primeira tese central do livro: O nosso pensar é um sentido, como nosso ouvir, sentir, saborear, nosso sentido de equilíbrio e muito mais do que conta hoje como parte de nosso sistema sensorial.

Principal problema do funcionalismo: Consiste em que ele não fornece nenhuma descrição daquilo que o pensar humano realmente é.

Princípio da conhecibilidade: O universo é conhecível pelo menos na medida em que o apreendemos de maneira correta do ponto de vista das ciências naturais.

Problema: Uma tarefa que um agente pode solucionar para alcançar um objetivo determinado, a solução.

Problema da formação: Não percebemos, por assim dizer, qualidades isoladas, mas, antes, fazemos delas uma unidade de experiências. Até o momento não foi esclarecido como é exatamente essa interligação entre o nosso cérebro e a conexão de nossos módulos sensoriais.

Problema da parada: É impossível escrever um programa que garanta para sempre que nenhum programa entre em um *loop* infinito.

Problema da realização extravagante: Nem tudo que podemos imaginar à primeira vista é, por isso, também realmente possível.

Programa (do grego antigo *pro* = pré e *graphein* = escrever): Literalmente traduzido, um programa é uma prescrição. Toda instrução de ação que se pode executar em passos compreensíveis é um programa.

Propriedade: Aquilo por meio de que algo se distingue de outra coisa.

Puro pensar: Consiste em que o ato de pensar se apreende como tal. Isso ocorre pelo fato de que nos ocupamos não com não pensamentos, mas com a própria forma do pensar.

Quale (plural: qualia): Uma vivência qualitativa singular.

Quarto chinês (*chinese room argument*): Um experimento mental que deve provar que nenhum computador pode processar informações de maneira inteligente, porque nenhum computador entende algo e, por isso, também não dispõe da capacidade de pensar.

Real: Aquilo sobre o que podemos nos enganar, porque ele, na maior parte das vezes, não pode simplesmente nos comunicar como deveríamos refletir sobre ele para não nos enganarmos a seu respeito.

Realidade: A circunstância de que há objetos e fatos sobre os quais podemos nos enganar, pois eles não giram em torno do fato de que temos certas opiniões sobre eles. O real corrige nossas opiniões sobre a realidade.

Realidade de base: O âmbito daquilo que não é, ele próprio, nem uma simulação, nem algo que surgiu por meio das intenções de um ser vivo.

Realidade de nível objetual: Aquilo de que enunciados tratam e que, por sua vez, não trata de enunciados.

Realismo: Vê como traço decisivo da realidade que nós temos de adequar nossas opiniões às circunstâncias reais.

Realismo especulativo de Meillassoux: Supõe que a realidade poderia, a todo instante, ser radicalmente diferente de como ela apareceu até então.

Reducionismo ruim: Reduz um tipo de pensamento a outro tipo de pensamento que deixa algo essencial de fora e, por isso, leva a perspectivas distorcidas.

Referência [*Bezugnahme*]: Significa uma referência linguística a algo.

Regresso perverso de modelos: Se só pudéssemos saber algo do real no modelo-modelo, isso também valeria para o modelo-modelo. Teríamos, então, um modelo-modelo-modelo e sempre assim por diante. Se se quiser evitar esse regresso ao infinito perverso, resta a alguém, nas regras de jogo dessa representação, apenas apostar, apenas adivinhar em algum lugar, o que, todavia, mina toda objetividade científica.

Retrato do ser humano: O retrato de quem ou o que ele é, e de onde todo ser humano tira instruções sobre quem ou o que ele deve ser.

Segunda proposição antropológica central: O ser humano é um ser vivo livre e espiritual.

Segunda tese central do livro; cf. Externalismo biológico.

Selecionismo da percepção: A suposição de que, graças aos conceitos adquiridos que estão à nossa disposição e dos [nossos] demais registros (no que se inclui o nosso equipamento da fisiologia dos sentidos como primatas superiores), percebemos algo apenas em distinção a outras coisas.

Semântica: A teoria do significado linguístico.

Simulação perfeita: Uma simulação que não podemos mais distinguir da realidade.

Singularidade: Ponto no qual os nossos sistemas de IA serão tão avançados que eles, por fim, continuaram a se desenvolver automaticamente, sem nós.

Solipsismo: A suposição de que só há a própria consciência e o resto se deixa conceber como o seu conteúdo.

Sujeito: Um ser vivo individual espiritual.

Superveniência humeana: Significa que "tudo o que ocorre no mundo se resume ao fato de ele ser um mosaico gigante de fatos locais particulares; simplesmente uma coisinha e, então, ainda outra" (David Lewis).

Tautologias: Pensamentos que são necessariamente verdadeiros.

Técnica: A realização de ideias por meio das quais produzimos coisas que não existiam já na natureza.

Tecnologia: Uma disposição para a produção de artefatos técnicos.

Teoria causal da percepção: Segundo essa teoria, há, no mundo exterior, que se encontra fora de nossa consciência ou de nossa superfície corporal, coisas que estimulam os órgãos dos sentidos. Os estímulos sensoriais são, então, trabalhados internamente pelo organismo e, graças ao processamento de informação no cérebro, convertidos em impressões.

Teoria da alienação do pensar: Todos os nossos processos de pensamento são determinados pelo fato de que ocorrem processos inconscientes em nosso corpo, conjuntamente com pré-disposições inconscientes que foram fixadas na primeira infância, geneticamente, por meio de conexões cerebrais ou seja como for.

Teoria da informação integrada (*Integrated Information Theory* = **IIT**): Uma teoria da consciência que tem sua origem em Giulio Tononi. Segundo ela, a consciência é um fenômeno unitário em algo grau, que não se deixa cindir em partes e, ao mesmo tempo, demonstra uma alta densidade informacional.

Teoria do conhecimento: A subdisciplina filosófica que se ocupa especialmente com a pergunta sobre o que é o conhecimento (humano) e o quão longe ele vai. O que podemos saber ou, em outras palavras, conhecer?

Teoria do contato: Introduzida por Hubert Dreyfus e Charles Taylor em seu livro *A redescoberta do realismo*. Não precisamos nos aproximar, por meio da percepção, de um mundo exterior estranho, mas já nos encontramos, graças à nossa percepção, em contato com o real.

Teoria do pensar de Frege: O pensar é o capturar de um pensamento.

Teoria mágica da referência: A suposição de que é possível se referir espiritualmente a algo sem conhecê-lo de modo algum. Nesse sentido, formigas poderiam, por exemplo, desenhar uma caricatura de Winston Churchill na areia, sem ter nenhuma ideia de quem, afinal, é Churchill (um exemplo de Hilary Putnam).

Tese da IAA: Nossa própria inteligência é uma IA, enquanto aquilo que é geralmente chamado de sistemas são artefatos que são apenas modelos de nossa própria inteligência. A IAA é um *modelo do pensar*, mas não uma *cópia do pensar*.

Tese da intencionalidade emprestada (John Searle): Pensamentos e proposições (e, assim, também textos e programas de computador) tratam de algo apenas porque lhes emprestamos a nossa intencionalidade, a nossa orientação para o real.

Tese da mente expandida (*extended mind*): Ela diz que a nossa realidade psicológica e mental já há muito tempo não está limitada a nosso corpo, mas se expande em nossos aparelhos de pensamento.

Tese da projeção: Dotamos a realidade de um significado que ela não teria sem o nosso equipamento.

Tese da simulação de Baudrillard: A globalização é um processo que é conduzido por sistemas de signos esvaziados, sistemas que produzem a si próprios.

Tese da *sôma-sêma* (Platão): Segundo Platão, o corpo humano é como uma prisão ou como uma sepultura da nossa alma.

Tese do nooscópio: O nosso pensar é um sentido por meio do qual espiamos e podemos representar matematicamente o infinito.

Trans-humanismo: A tentativa de concretizar as fantasias do super--homem, de Friedrich Nietzsche, por meio do avanço tecnológico.

Transparência aletética: (do grego *alêtheia* = verdade). Dizer que algo é verdadeiro sublinha simplesmente uma afirmação, mas não a transforma. O enunciado "É verdade que chove" diz, por isso, em última instância, o mesmo que "Chove".

Universo: O âmbito de objetos da física.

Uniware (GÖRNITZ & GÖRNITZ): Seres vivos são uma unidade de software e hardware; ou seja, um uniware.

Virada linguística: É a transformação do exame do real no exame de nossos instrumentos linguísticos para o exame do real.

Visão de lugar nenhum: A suposição de que a objetividade consiste em que tomamos um ponto de vista inteiramente neutro. A visão de lugar nenhum parte do princípio de que a verdadeira objetividade é inteiramente a-subjetiva.

Visão de mundo: Uma concepção de como tudo que existe está interligado com tudo que existe.

Vocabulário noético (do grego *noein* = pensar): As palavras de pensar de uma linguagem ou de um falante constituem, conjuntamente, um vocabulário.

Wetware: A matéria úmida de nosso sistema nervoso.

Índice de pessoas

Adorno, Theodor Wiesengrund 40, 246, 371

Agostinho (pai da Igreja) 271

Arendt, Hannah 12

Aristóteles 9, 12, 21, 51ss., 55-58, 74, 78, 86, 89, 133s., 149, 167, 206, 274, 277-279, 283s., 295, 321s., 325ss., 370

Aronofsky, Darren 258

Assad, Baschar al- 75

Bachelet, Michelle 224

Baudrillard, Jean 24, 254-257, 261, 384

Benoist, Jocelyn 291

Bergson, Henri 289

Berlusconi, Silvio 32

Block, Ned 129

Blumenberg, Hans 324

Boghossian, Paul 13

Boole, George 10

Borges, Jorge Luis 212

Bostrom, Nick 198, 263-267, 366

Brandom, Robert Boyce 286

Brentano, Franz 322

Burge, Tyler 193, 375

Calderón de la Barca, Pedro 91

Cantor, Georg 161s.

Carnap, Rudolf 298

César, Caio Júlio 304s., 308

Chalmers, David 310-132

Churchill, Winston 103ss., 106, 384

Clooney, George 258

Cohen, Ethan 258

Cohen, Joel 258

Collins, Suzanne 259

Conant, James 288

Cronenberg, David 252

Darwin, Charles 21

Davidson, Donald 72, 82

Debord, Guy 260

Demócrito 279

Dennett, Daniel 126

Descartes, René 225, 232, 235, 267, 269, 276, 296

Deutsch, David 47-51

Disney, Walt 24, 217

Dreyfus, Hubert 57, 165ss., 169, 172, 383

Dummett, Michael Anthony Eardley 314s.

Einstein, Albert 205s., 289

Ellis, George Francis Rayner 301

Epimênides 154

Farocki, Harun 308

Ferraris, Maurizio 137-142, 214, 242

Feuerbach, Ludwig 107, 116

Fishburne, Laurence 252

Flasch, Kurt 324

Floridi, Luciano 21s., 87s., 94, 110s., 375

Foucault, Michel 12, 76-81, 325, 327

Frege, Gottlob 10, 85ss., 89s., 94, 96, 117, 151, 156, 309, 310ss., 315, 344, 383

Freud, Sigmund 21, 115, 118, 194, 317, 321s.

Frisch, Karl von 210

Gadamer, Hans-Georg 72, 82, 315

Galilei, Galileu 184

Ganascia, Jean-Gabriel 144s.

Garland, Alex 258

Gates, Bill 22

Gödel, Kurt Friedrich 154, 161, 166

Goethe, Johann Wolfgang von 28, 68, 122, 211s., 217

Goris, Wouter 325

Görnitz, Brigitte 220-223, 385

Görnitz, Thomas 220-223, 385

Grünbein, Durs 27

Guetta, David 259

Habermas, Jürgen 12, 253

Harari, Yuval Noah 262

Hawking, Stephen 22, 301

Hegel, Georg Wilhelm Friedrich 12s., 144, 223, 287s., 323, 371

Heidegger, Martin 112, 169-175, 177, 179-181, 183, 186-188, 192, 256, 289s., 298

Heine, Heinrich 298

Heráclito 123, 315

Hesíodo 329

Hitler, Adolf 171

Hockney, David 39

Hofstadter, Douglas Richard 47

Hogrebe, Wolfram 55, 298

Homero 222, 329

Honnefelder, Ludger 325

Honneth, Axel 323

Houellebecq, Michel 22, 93, 96

Hume, David 281, 382

Husserl, Edmund 151, 163, 169, 224s.

Huxley, Thomas Henry 235

Jesus de Nazareth 171, 284

Johnston, Mark 40

Jonas, Hans 120

Jonze, Spike 288

Kant, Immanuel 11s., 19, 25, 54s., 184, 186, 194, 196, 297, 334s.

Kennedy, John F. 164

Kern, Andrea 288

Klum, Heidi 287

Koch, Anton Friedrich 161

Koch, Christof 225, 228

Kripke, Saul Aaron 28

Kubrick, Stanley 34

Kurzweil, Raymond 22, 139

Lacan, Jacques 260

Latour, Bruno 242

Lawson, Hilary 40, 144

LeBlanc, Matt 107

Leibniz, Georg Wilhelm 166s., 206, 263, 296

Lewis, David Kellogg 281, 382

Lichtenberg, Georg Christoph 318

Linné, Carl von 26s., 80

Liu Cixin 61

Luhmann, Niklas 307

Lutero, Martinho 154, 163

Lynch, David 132

Lyotard, Jean-François 194

Magnenat Thalmann, Nadia 233

Maturana, Humberto 120, 132, 170

McCulloch, Warren 170

McDonagh, Martin 258

Meillassoux, Quentin 290, 344

Merkel, Angela 83, 89, 149s.

Messner, Reinhold 201s.

Minsky, Marvin 22

Nagel, Thomas 60, 293

Napoleão Bonaparte 28

Neumann, John von 162

Newton, Isaac 206, 237, 263

Nietzsche, Friedrich 10, 12, 24, 288, 298, 300, 319, 327, 384

Nixon, Richard 256

Nussbaum, Martha 12

Obama, Barack 23, 103, 105s., 258

Orbán, Victor 340

Östlund, Ruben 112, 191

Parfit, Derek 18

Paulo, apóstolo 154, 156

Peele, Jordan 258

Péricles 336

Pitágoras 206

Planck, Max 37, 280

Platão 9, 12, 40, 78, 86, 133, 149, 167, 206s., 271, 274, 277s., 283-286, 295, 325, 336, 384

Priest, Graham 161

Putnam, Hilary 104s., 109, 178, 372, 384

Quine, Willard Van Orman 44, 61

Radisch, Iris 242

Reagan, Ronald 257

Reeves, Keanu 252

Rilke, Rainer Maria 292s.

Rödl, Sebastian 288, 312

Rometsch, Jens 276, 344

Rorty, Richard 237

Russell, Bertrand 87, 156ss., 275, 298

Sartre, Jean-Paul 12, 27, 201

Scanlon, Thomas M. 18

Schelling, Friedrich Wilhelm Joseph 295, 318

Schiller, Friedrich 212

Schopenhauer, Arthur 391

Scott, Ridley 34, 90

Searle, John Rogers 22, 98-103, 109, 139, 141, 165s., 167, 169, 384

Seehofer, Horst 150

Shannon, Claude 96

Sloterdijk, Peter 30

Smoot, George 264

Sócrates 11, 27, 76s., 336

Spears, Britney 83

Stahl, Georg Ernst 185

Stein, Edith 12

Stekeler-Weithofer, Pirmin 288

Takami, Kōshun 259

Taylor, Charles 57, 383

Tegmark, Max 127, 206

Teresa, madre 201

Thelen, Frank 22

Tito; cf. Paulo, apóstolo

Tononi, Giulio 224-230, 232, 276, 344, 367s., 372, 375, 383

Toro, Guillermo del 258

Torricelli, Evangelista 185

Travis, Charles 65, 106

Trier, Lars von 197

Trump, Donald 15, 23, 73, 106, 256s., 261

Turing, Alan 98, 158, 164, 166, 169s., 224, 376

Varela, Francisco 120

Wachowski, Lana 250

Wachowski, Lilly 250

Warhol, Andy 255

Watzlawick, Paul 170

Weizsäcker, Carl Friedrich von 220

Whitehead, Alfred North 87

Wiener, Norbert 170

Wittgenstein, Ludwig 65, 86s., 96, 164, 215, 238, 245, 269-272, 295s., 298

Wolff, Michael 261

Xenófanes 107

Yudkowsky, Eliezer Shlomo 217s.

Zhuang Zi 232

Índice geral

Sumário, 7

Prefácio, 9

Introdução, 17

1 A verdade sobre o pensamento, 35

   Complexidade sem fim, 35

   Pensar? O que é isso realmente?, 39

   Não só seres humanos podem pensar, 42

   A amplitude do universo, 45

   Os sentidos de Aristóteles, 51

   Common sense agora sensível, 53

   O sentido de "sentido" ou muitas maneiras de se enganar, 57

   Quem olha do exílio cósmico?, 60

   Nem todos os objetos são coisas, 63

   Há (realmente) uma tampa vermelha?, 66

   O pensar não é um estímulo de neurônios, 69

   Nada senão a verdade, 72

   O mundo como concerto de desejos, 83

   Os pensamentos de Frege, 85

   Sentido e informação e a insensatez de *fake news*, 87

   O nosso sexto sentido, 90

2 Técnica de pensar, 93

Mapa e região, 93

Computadores podem falar chinês?, 98

Fotos não se lembram de Creta, 101

Uma formiga rasteja pela areia, e por que isso não tem nada a ver com Winston Churchill, 103

O deus da internet, 106

Nosso mal-estar na cultura, 109

Inteligência emocional e os valores escondidos na selva de signos digital, 115

Uma religião de nome funcionalismo, 122

O pensamento não é uma máquina de cigarros..., 126

...e a alma não é um amontoado de latas, 129

Passo a passo até o compasso do cérebro?, 130

A ideia da técnica, ou: como construo uma casa?, 133

Completa mobilização de forças, 137

A sociedade não é um videogame, 139

O calcanhar de aquiles do funcionalismo, 143

3 A digitalização da sociedade, 149

É lógico sim, ou por acaso não?, 149

Jogo de pingue-pongue com os conjuntos, 153

Todos caem em algum momento, 157

Computadores são mesmo capazes de algo?, 161

O sussurro de Heidegger, 169

Muito milagre dá medo, 177

Em tempos de "completa encomendabilidade", 181

Presos em um *circle*?, 187

Visita de médico em Windern – A sociedade como usina nuclear, 192

Uma consciência para viagem, por favor, 197

Quem aqui tem um problema?, 200

4 Por que apenas seres vivos pensam, 204

O nooscópio, 204

A alma e o fichário, 207

"E venha agora, sua vassoura velha!", 215

Cérebros iluminados, 220

Consciência *first* – Tononi encontra (e supera) Husserl, 224

Dentro, fora ou em lugar nenhum, 230

Um pedaço emaranhado e úmido de realidade, 233

5 Realidade e simulação, 241

O cinema na cabeça encontra o smartphone, 245

A inevitável Matrix, 250

In memoriam: Jean Baudrillard, 254

Horror e jogos (Vorazes), 258

Admirável novo mundo – Bem-vindos aos Sims, 262

Você está acordado ou preso em sonhos e em conversas consigo mesmo?, 267

Você conhece a Holanda?, 273

Matéria e não saber, 276

O que é a realidade?, 283

A realidade hermafrodita, 287

Peixe, peixe, peixe, 291

A frequência cambiante da realidade, 299

O cabelo de César, o tampão de bueiro da Índia e a Alemanha, 304

A elegante teoria dos fatos de Frege, 309

Além dos limites de nosso conhecimento, 313

A realidade do pensamento não é nenhuma lição sobre a base do crânio, 316

A diferença entre *champignons*, champanhe e o pensar do pensar, 319

O ser humano é uma inteligência artificial, 328

O fim do ser humano – Tragédia ou comédia?, 333

O fim do livro – Uma observação final patética, 339

Agradecimentos, 343

Referências, 347

Glossário, 365

Índice de pessoas, 387

CULTURAL

Administração
Antropologia
Biografias
Comunicação
Dinâmicas e Jogos
Ecologia e Meio Ambiente
Educação e Pedagogia
Filosofia
História
Letras e Literatura
Obras de referência
Política
Psicologia
Saúde e Nutrição
Serviço Social e Trabalho
Sociologia

CATEQUÉTICO PASTORAL

Catequese
Geral
Crisma
Primeira Eucaristia

Pastoral
Geral
Sacramental
Familiar
Social
Ensino Religioso Escolar

TEOLÓGICO ESPIRITUAL

Biografias
Devocionários
Espiritualidade e Mística
Espiritualidade Mariana
Franciscanismo
Autoconhecimento
Liturgia
Obras de referência
Sagrada Escritura e Livros Apócrifos

Teologia
Bíblica
Histórica
Prática
Sistemática

REVISTAS

Concilium
Estudos Bíblicos
Grande Sinal
REB (Revista Eclesiástica Brasileira)

VOZES NOBILIS

Uma linha editorial especial, com importantes autores, alto valor agregado e qualidade superior.

VOZES DE BOLSO

Obras clássicas de Ciências Humanas em formato de bolso.

PRODUTOS SAZONAIS

Folhinha do Sagrado Coração de Jesus
Calendário de mesa do Sagrado Coração de Jesus
Agenda do Sagrado Coração de Jesus
Almanaque Santo Antônio
Agendinha
Diário Vozes
Meditações para o dia a dia
Encontro diário com Deus
Guia Litúrgico

CADASTRE-SE
www.vozes.com.br

EDITORA VOZES LTDA.
Rua Frei Luís, 100 – Centro – Cep 25689-900 – Petrópolis, RJ
Tel.: (24) 2233-9000 – Fax: (24) 2231-4676 – E-mail: vendas@vozes.com.br

UNIDADES NO BRASIL: Belo Horizonte, MG – Brasília, DF – Campinas, SP – Cuiabá, MT
Curitiba, PR – Fortaleza, CE – Goiânia, GO – Juiz de Fora, MG
Manaus, AM – Petrópolis, RJ – Porto Alegre, RS – Recife, PE – Rio de Janeiro, RJ
Salvador, BA – São Paulo, SP